M. LÉON HUBERT

PARIS. — IMP. V. GOUPY ET JOURDAN, RUE DE RENNES, 71

M. LÉON HUBERT

DOCTEUR EN MÉDECINE

SÉMINARISTE ET PRÊTRE DE SAINT-SULPICE

NOTICE BIOGRAPHIQUE

PAR

Un Prêtre de Saint-Sulpice

PARIS

JULES VIC, LIBRAIRE

11, RUE CASSETTE, 11

—

1878

A

LA

VIERGE

DE

SAINT-SULPICE

HUMBLE HOMMAGE

DE

PIETÉ FILIALE

—

Beatus quem elegisti et assumpsisti. Ps. 64.

PRÉFACE

La tombe de M. Léon Hubert n'était pas encore
fermée, et déjà le sentiment d'un pieux devoir à
remplir envers sa mémoire s'éveillait dans le cœur
de ses amis. Cette vie sacerdotale, moissonnée dans
sa fleur, devait-elle emporter avec elle tous ses parfums? Tant de touchants exemples, tant de vertus
élevées, que la maladie et la mort venaient de mettre
en leur plus belle lumière, devaient-ils tomber dans
l'oubli? N'en fallait-il pas au moins perpétuer le
souvenir dans les maisons de Saint-Sulpice, qui
pouvaient le réclamer comme un héritage de famille?

Ce que plusieurs se disaient auprès du cercueil
de l'humble prêtre fut répété par tous ceux qui
avaient eu le bonheur de le connaître pendant les
dernières années de sa vie. On ne vit jamais mieux
quel profond attachement, quelle tendre vénération
M. Hubert avait inspirés à ses anciens condisciples
et confrères de Saint-Sulpice. Partout d'ailleurs où
il avait passé, toujours oublieux de lui-même, il
avait laissé sa trace.

Le concours efficace de tant d'amis zélés pour sa
mémoire s'offrit bientôt à ceux qui semblaient le

mieux placés pour réaliser le vœu commun, et ce concours est devenu le principal auteur de la présente notice. Les fils qui s'entre-croisent à chaque page pour en former le tissu sont, d'une part, les souvenirs, les impressions, les lettres, communiqués par les amis de M. Hubert, et par sa famille, à laquelle on ne saurait exprimer ici trop de reconnaissance : d'autre part, les papiers du défunt lui-même, certaines notes intimes surtout, où se dévoilent plus que partout ailleurs le fond de sa belle âme, et les sources de cette vie sainte qui devait rester jusqu'à son terme une « vie cachée en Dieu avec Jésus-Christ. »

Mais en offrant cette vie à la jeunesse ecclésiastique, comme un modèle très-digne de son émulation, il paraît nécessaire de faire dès l'abord une réserve. Aucun de ceux qui ont bien connu M. Hubert n'a pu douter que par de trop généreuses imprudences et de trop rudes austérités, il n'ait abrégé la durée de ses jours et celle des services qu'il faisait espérer à l'Église : en ce point il n'est pas à imiter. Peut-être même n'est-il pas entièrement à excuser ; on ne fera rien pour éluder cette question délicate lorsqu'elle se présentera en son lieu. Pour préparer cependant le lecteur à la bien juger, qu'il soit permis de lui signaler, dès ce moment, un point de vue qui la domine.

Si saint Louis de Gonzague n'eût été, lui aussi, moissonné au printemps de son âge, on eût sans doute oublié quelle avait été dès lors la maturité de ses vertus ; la jeunesse religieuse aurait, par suite, ignoré l'un de ses plus parfaits modèles et manqué

de son plus illustre patron. Cette réflexion de
M. Mollevaut n'est-elle point, proportions gardées,
applicable à M. Hubert, auquel, assurément, saint
Louis de Gonzague ne l'a pas cédé en fait de mortifications et de saintes violences.

Sans sortir même de l'ordre des choses purement
humaines, n'a-t-on pas toujours compris et glorifié
dans les armées françaises un genre de dévouement
qui n'y a jamais fait défaut? Celui de ces soldats
d'élite qui, sur un champ de bataille, se jettent en
avant des rangs, tombent, si l'on veut, avant l heure,
mais ramènent à la victoire une troupe qui faiblis-
sait. Leur perte fait saigner le cœur de leurs frères
d'armes; elle arrache des larmes à des yeux qui
n'en versent guère ; on est fier d'eux cependant, on
subit leur noble influence, et l'on sent que Celui
qui fait bien toutes choses a suscité leur héroïsme.

Ne devons-nous pas aussi adorer sa Providence,
la bénir et la justifier lorsqu'elle permet qu'à nos
côtés s'immolent de saintes victimes, pour relever
dans nos rangs, en des jours mauvais, l'élan de la
foi pure et des vertus surnaturelles ?

Une heure après que M. Hubert eut rendu le dernier soupir, son digne père disait : « Il sera difficile
de marcher sur ses traces ; j'espère cependant qu'il
nous y aidera ». Si Dieu bénit cette notice, elle fera
partager à plus d'une âme, même désir et même
confiance.

Entièrement soumis d'esprit et de cœur à la sainte
Églîse notre Mère, nous sommes heureux de le déclarer ici. Nous déclarons en particulier, pour obéir
à ses prescriptions, que si nous appliquons parfois
dans cet ouvrage les noms de saint, de bienheureux ou de vénérable à des personnages auxquels
elle n'en a pas décerné le titre, nous ne le faisons
jamais que dans le sens large où ces mots sont
autorisés par l'usage de notre langue.

M. LÉON HUBERT

CHAPITRE PREMIER

SA JEUNESSE DANS LE MONDE.

Léon-Marie-Emile Hubert-Valleroux naquit à Paris, le 15 février 1847. Son père, originaire de la basse Normandie, avait d'abord été chirurgien de marine, puis s'était fixé dans la capitale. Il y exerçait avec distinction la profession médicale lorsqu'en 1844 il épousa, à Nancy, mademoiselle Joséphine, Froment, fille d'un conseiller à la cour royale de cette ville.

Léon-Marie, second enfant et second fils de ces époux chrétiens, reçut le baptême à l'église Saint-Thomas d'Aquin. Il eut pour marraine une parente de sa mère, et pour parrain le docteur Buchez, ami de son père. Le nom de Buchez appartient à l'histoire du siècle, et n'est pas étranger à celle des jeunes années de son filleul. Physiologiste et philosophe, catholique sincère, mais plus idéaliste que traditionnel, cet homme aux aspirations généreuses faisait alors école à Paris, et devint, l'année suivante, président de l'Assemblée constituante. On dut en grande partie à son influence l'attitude bienveillante que prit la république de 1848 à l'égard de la religion et du clergé.

Léon n'avait pas encore quatre ans, lorsque sa sainte mère porta sur son avenir un jugement qui semblerait presque prophétique : « Si Dieu me rappelait à Lui, » dit-elle à une dame de ses amies, « je serais sans inquiétude pour l'avenir de Léon ; il ne causera jamais de peine à personne, et fera tout ce qu'il voudra. » Le regard maternel avait dès lors pénétré le fond intime du caractère de l'enfant, et ce particulier alliage de douceur et d'énergie qui en formait comme l'essence.

Quatre autres années ne s'étaient pas écoulées, et déjà la prévision de cette pieuse dame commençait à se réaliser. Elle quittait ce monde, laissant à son mari cinq jeunes enfants, deux garçons et trois filles, qu'elle avait nourris de son lait. Léon, placé par la naissance entre son frère et ses sœurs, parut élu entre tous pour conserver à la famille l'image vivante de sa mère. A mesure que le caractère du jeune homme se dessina, on vit la ressemblance morale compléter une frappante ressemblance physique : calme, bonté, douceur, application continuelle à rendre tout son entourage heureux ; ces belles qualités de madame Hubert reparaissaient en son aimable enfant, sanctifiées, rehaussées, en lui comme en elle, par une grande piété et par une délicatesse d'âme qui jamais ne s'altéra. Cette sainte mère était au ciel l'ange gardien de sa famille : ce fut la douce confiance de ceux qui prirent soin de l'éducation de ses enfants. Les grâces répandues sur ceux-ci, tout spécialement sur celui qui devait le premier la rejoindre, avaient tant de rapport avec ses propres vertus, qu'elles paraissaient être un effet direct de sa protection.

L'absence d'une épouse et d'une mère aussi accomplie n'en demeurait pas moins une rude épreuve pour la famille qui ne la voyait plus à sa tête. Seul, pendant quatre années, le docteur Hubert-Valleroux fit face à toutes les difficultés de sa situation ; seul il soutint le poids de la double tâche, à la fois paternelle et maternelle, qui s'ajoutait chaque jour aux travaux de sa profession. Enfin, il fut secouru par le dévouement d'une nièce. Cette généreuse parente n'avait attendu que l'âge où elle pouvait prendre, à côté de son oncle, la direction de la famille et de la maison pour venir se consacrer tout entière à cette belle œuvre. Grâce aux soins de cette seconde mère, les plus jeunes enfants du docteur ignorèrent pour ainsi dire le malheur d'être orphelins. Il n'en fut pas de même pour Léon, âgé déjà de sept ans à l'époque où mourut sa mère. Sa nature, comme une fleur délicate que le retour du froid est venu contracter au moment où elle s'entr'ouvrait, parut toujours garder le pli de ce premier resserrement. Mais, à demi-close du côté de la terre, il semble que cette âme choisie n'en ait été que plus tôt attirée de Dieu à commencer avec le ciel ces entretiens intimes de la prière, auxquels furent réservées toutes ses confidences.

L'un des traits dominants de cette précoce piété
consista dans une dévotion des plus tendres envers
la très-sainte Vierge ; comme si l'âme de l'enfant,
se tournant pour chercher celle de sa mère vers le ciel
invisible où elle était montée, eût été conduite par
elle jusqu'à cette mère des âmes, qui est aussi la
mère de Dieu. Dans un sermon composé peu de
temps avant sa mort : « Nous portons au cœur, »
disait M. Hubert, « un besoin insatiable d'aimer et
d'être aimés. L'amour épanouit, dilate le cœur, le
remplit de suavité, de force, d'oubli de soi-même.
Dieu, pour répondre à ce besoin de tendresse, s'est
donné à nous comme père, Notre Seigneur, comme
frère et comme ami. Mais il est un sentiment, sinon
plus profond, du moins plus doux encore que celui
d'un enfant pour son père, d'un frère pour son
frère, d'un ami pour son ami, celui que nous réser-
vons à une mère ; et voilà pourquoi Dieu a fait de
Marie notre mère, mot suave et mystérieux, mot
que nous continuerons toute notre vie d'entendre et
de répéter, sans en saisir jamais toute la profondeur. »

Léon fut donc un enfant très-pieux ; de très-
bonne heure, accoutumé par son père à la fréquentation du saint tribunal, il y puisa la grâce d'une
grande délicatesse de conscience. Quand l'âge de la
première communion approcha, ce bon père, en vue
d'assurer à un si grand acte une préparation plus
suivie, crut sage de placer pour quelque temps son
fils dans un internat ; c'est ainsi que Léon entra au
collége Rollin, dont le respectable abbé Sénac, ami
de sa famille, était alors aumônier. Par une grâce

toute spéciale, l'innocence de cet enfant prédestiné ne fut nullement effleurée dans un milieu funeste à tant d'autres, et sa piété grandit de pair avec son intelligence. Il ne fit cependant sa première communion que le 10 juin 1859, à l'âge de plus de douze ans : une petite maladie avait mis obstacle à ce qu'il la fît un an plus tôt.

A la rentrée suivante, Léon passa, non plus comme interne, mais comme externe surveillé, du collége Rollin au collége Stanislas, où son frère l'avait précédé de deux ans. Ainsi commença-t-il à revoir chaque jour le foyer paternel, qui lui devint extrêmement cher. C'était à l'époque même où venait s'y fixer cette parente dévouée qui devait y remplir longtemps la place de la mère.

Qui ne sait quelle école providentielle est pour l'éducation des jeunes cœurs la vie intime d'une famille vraiment digne de ce nom ? Là, dans les relations journalières des enfants avec leurs parents, des frères avec leurs sœurs, se développent mille sentiments affectueux, délicats et généreux ; là, les âmes s'épanouissent sans danger de se flétrir, et, dans celle des fils, les exemples du père s'impriment profondément. Telle était la famille du docteur Hubert-Valleroux, fort retirée du monde et de ses relations frivoles : l'adolescence de Léon s'y forma sous de douces et salutaires influences, et lui-même, d'année en année, contribua de plus en plus à la paix et au bonheur de tous les siens.

Il n'était point sans doute, à treize ans surtout, exempt de tout défaut. Cependant on n'en trouve guère d'autre à citer qu'un certain esprit de taquinerie, qui s'exerçait particuièrement à l'égard de son frère aîné. Ces petites persécutions, sans malice, mais agaçantes, attiraient parfois à Léon une correction méritée. Il n'en gardait pas rancune, et s'en consolait aisément; quelque chose lui manquait même, disait-il, lorsqu'il avait passé deux ou trois jours sans se procurer ainsi une secousse un peu vive.

Ces légères saillies d'une nature active et fine n'empêchèrent pas que de bonne heure la douceur ne fût un trait dominant du caractère de Léon. On admirait surtout en lui une égalité d'humeur que rien ne déconcertait : il prenait toutes choses par le bon côté, s'arrangeait de tout, aimait tout, ne se plaignait de rien. Précieux héritage de sa mère, ces heureuses dispositions devinrent le germe des plus belles vertus du jeune homme; dès son enfance d'ailleurs, on ne peut douter que la grâce divine n'y eût une grande part, lorsqu'on voit de quelles faveurs elle le prévint, et combien il fut fidèle à y répondre.

Un petit trait, dont on a conservé le souvenir, montre sa délicatesse de conscience, à l'âge de treize à quatorze ans. La veille d'un jour où il devait communier, son père l'entendit se tourner et se retourner dans son lit, et le croyant indisposé, lui demanda ce qu'il avait. Léon répondit qu'après avoir reçu l'absolution il avait parlé dans les rangs, et il n'osait pas communier avec cette faute sur la conscience.

Vers le même âge, sinon plus tôt encore, une de ses lectures favorites était celle des *Gloires de Marie* de saint Liguori, livre qu'il continua d'aimer beaucoup jusqu'à la fin de sa vie. Sa dévotion envers la sainte Vierge le porta aussi, pendant une ou deux années de son enfance, à s'abstenir constamment de dessert le samedi. S'il renonça plus tard à cette pieuse pratique, ce fut sans doute pour détourner l'attention de ce qu'on appelait déjà son esprit de pénitence.

C'est encore entre treize et quatorze ans que se place la grâce décisive de sa vocation au sacerdoce. Il la reçut dans cette belle chapelle de la Sainte Vierge par laquelle M. Olier voulut autrefois commencer la construction de l'église Saint-Sulpice : rapprochement touchant pour la famille de M. Olier, au sein de laquelle cette grâce devait un jour amener M. Hubert.

Un jour donc que le pieux enfant récitait son chapelet devant l'autel de Marie, il fut profondément saisi de la pensée de consacrer sa vie à Dieu dans l'état ecclésiastique, et cette pensée fit dans son âme une impression si vive et si durable, que jamais elle ne s'effaça. Lorsque, dix ans plus tard, il vit le moment venu de suivre sa vocation, il déclara que depuis ce temps sa résolution était prise et qu'elle n'avait jamais varié.

C'est seulement dans l'année qui précéda sa mort, que M. Hubert fit part de ces détails, à une personne de confiance, sans dire sous quelle forme précise la première idée de sa vocation s'était présentée à lui. Tout porte à croire cependant que ce ne fut ni la crainte du monde, ni le zèle des âmes qui le frappèrent principalement, mais plutôt la beauté d'une vie tout unie à Dieu et séparée des vanités terrestres. C'est dans cet esprit, en effet, qu'il parle de sa vocation, quelques années plus tard, dans un journal intime qui sera bientôt cité, et l'idée de la vie parfaite demeura jusqu'à la fin l'idée maîtresse de son âme.

Il termina si heureusement son éducation classique, qu'à l'âge de 17 ans il avait conquis ses deux baccalauréats. Rentré complétement au foyer paternel, pour y achever la préparation de ses examens, il n'y avait pas trouvé un milieu moins favorable que celui du collége au développement de ses aptitudes : les relations de sa famille avec des hommes d'une culture distinguée élargissaient le cercle de ses vues ; des voyages de vacances en compagnie de son frère, des études d'agrément dans la société de ses sœurs, stimulaient son esprit souple et actif : les horizons de la littérature et des sciences, de la philosophie et des beaux-arts, s'ouvraient devant lui, et tous les genres d'étude lui paraissaient accessibles. On l'avait aussi appliqué aux exercices du corps, et il était devenu habile en équitation, en natation, en escrime ; mais il ne s'y livrait pas avec beaucoup d'ardeur ; surtout, il ne fut jamais grand chasseur. Quant à sa vocation, il y a toute apparence qu'il n'en avait encore parlé à qui que ce fût, pas même à son confesseur.

A l'occasion de ses voyages de vacances, on le voit commencer à se peindre lui-même dans sa correspondance de famille, avec son caractère à la fois si aimable et si sérieux. Il écrit de Valognes, le 15 septembre 1862, c'est-à-dire à l'âge de 15 ans et demi :

« Cher papa, j'ai lu attentivement les bons avis que

tu nous as donnés dans ta dernière lettre. J'espère les mettre à profit, et je vais continuer à bien travailler pour acquérir une instruction solide. »

Il explique ensuite, avec le style naïf de son âge, que voulant se faire réveiller de grand matin dans l'intérêt de ses études, il n'a d'abord réussi qu'à troubler le repos de son frère, alors son compagnon de chambre. Aussitôt la jeune imagination de Léon est devenue inventive. Il a percé la cloison d'un trou de vrille; et par le moyen d'une corde passée à son bras, il est tout heureux de pouvoir désormais se faire réveiller du dehors, à coup sûr et sans bruit.

L'année suivante, c'est des montagnes du Dauphiné qu'il adresse à son père les réflexions suivantes :

Saint-Laurent-du-Pont, 24 septembre 1863.

« Cher papa, j'ai lu avec attention la lettre que nous avons reçue de toi hier. Elle m'a fort servi à m'entretenir dans les pensées où j'étais, que la religion catholique bien observée entraîne le respect et l'admiration, non-seulement de ceux qui la pratiquent, mais encore de ses ennemis. Malheureusement, il en est trop peu qui suivent avec exactitude les divins préceptes de Notre-Seigneur. »

Le jeune homme montre ensuite comment il reconnaît déjà, dans la préoccupation excessive des intérêts temporels et dans le défaut d'abnégation, le mal auquel succombe l'esprit religieux de tant d'hommes; puis, dans la considération de la volonté de Dieu, le remède à toutes les agitations d'ici-bas.

Encouragé par des sentiments si élevés, le père de

1.

Léon le forma de bonne heure à l'usage de sa liberté, à l'habitude de réfléchir et de se déterminer par soi-même. La première fois cependant qu'une grande question fut remise à sa délibération, l'indécision du jeune homme parut extrême. Il ne s'agissait de rien moins que du choix d'une profession.

La cause foncière de cet embarras fut sans nul doute la vocation dont il portait le secret dans son âme. Personne, autour de lui, n'en reçut encore l'aveu, et voici les circonstances qui l'expliquent: le docteur Hubert n'était point d'avis, Léon le savait, que ses enfants prissent pour leur avenir un parti définitif avant l'âge de vingt et un ans. Il avait d'ailleurs connu un jeune homme qui, après être entré au séminaire, ne s'y était pas senti dans sa voie, et dont l'embarras avait été grand en se trouvant sans profession. Ce fait, cité devant Léon, contribua, sans doute, à le retenir dans une carrière provisoire, jusqu'au jour où il y eut acquis tous les titres, capables d'assurer son avenir dans le monde : il devait, au surplus, être alors évident à tous les yeux qu'il ne cédait qu'à un très-sérieux appel de conscience. Rien n'indique non plus que, jusqu'à ce jour, la voix de Dieu l'eût pressé d'exécuter plus tôt sa résolution. Si l'on était tenté de s'en étonner, qu'on songe à l'exemple de saint François de Sales, fixé sur sa vocation depuis l'âge le plus tendre, et attendant, jusqu'à vingt-six ans, un signe décisif de la Providence, pour y faire le premier pas.

Ce ne fut point sans tâtonnements que Léon Hubert aborda la carrière où il devait passer sept laborieuses années de sa jeunesse. Dans l'état d'indécision où il se trouvait, une impulsion assez fortuite le poussa d'abord vers l'Ecole des Beaux-Arts, dont il commença à suivre les études dans la section d'architecture. Mais ce milieu donna tant à souffrir à la délicatesse de ses sentiments, qu'au bout d'un an, il demanda grâce. Son professeur regretta son départ, et déclara que Léon était l'un des deux élèves de l'année, sur lesquels il avait fondé le plus d'espérances.

Pendant les vacances suivantes, le docteur Hubert, étant venu passer quelques jours en famille sur les côtes de Normandie, discuta longuement avec le jeune homme les avantages respectifs des différentes carrières. Le résultat de ces entretiens fut de les éliminer toutes, à l'exception de la médecine et de l'Ecole polytechnique. Le docteur, rentrant à Paris avant ses enfants, laissa Léon en présence de cette alternative, en lui donnant huit jours pour se décider. Au bout de ce temps, il reçut de son fils une lettre qui le ravit, par l'élévation d'idées et de sentiments dont elle témoignait :

Valognes, 11 septembre 1864.

« Cher papa, les réflexions que j'ai faites depuis ton départ n'ont fait que me confirmer dans l'idée d'étudier la médecine. Il me semble que tout chrétien doit se proposer avant tout d'être le plus possible utile aux autres. Celui qui n'agit ni ne travaille dans ce but désintéressé, et qui embrasse telle profession, non pour les services qu'il peut rendre en l'exerçant, mais parce qu'il espère y faire fortune, ou jouir de certains avantages, celui-là ne peut espérer la récompense promise aux simples de cœur, à ceux qui se sont oubliés pour leurs frères et ont tout quitté pour trouver tout. Je crois que pour moi, l'étude de la médecine est celle qui réunit le plus d'avantages moraux, et voilà pourquoi je désire l'entreprendre. »

Dans le journal intime qu'il commença à tenir peu après, le jeune homme complète ainsi sa pensée, à la date du 10 novembre : « La plus belle profession, après celle du prêtre, est celle du médecin. Ne pouvant suivre immédiatement la première, j'ai commencé à étudier la médecine, qui ne peut que m'être d'un grand service plus tard. »

On voit, à la même date, combien il se soumettait sincèrement, bien qu'avec regret, aux intentions présumées de son père : « On doit suivre sa vocation le plus tôt possible ; le Seigneur aime une âme qui se donne à lui dès qu'elle le peut. Je ne puis encore rompre avec tout ce qui n'est pas Dieu, et embrasser l'état qui m'est destiné : j'en suis fort affligé ; mais du moins, je me propose d'embrasser la vie religieuse aussitôt que je me serai fait une position. Mon père désire qu'avant de me séparer d'un monde que je ne connais qu'imparfaitement, j'aie acquis les moyens de vivre dans le monde, si toutefois mes idées venaient à changer. Assurément ce désir est sage. Pour ma part, je suis persuadé qu'avec l'aide de Dieu, je ne serais jamais revenu aux créatures ; mais il est si naturel de penser que de telles résolutions, prises dans un moment de ferveur, peuvent être à charge dans la suite, qu'il est bon de mûrir, pour ainsi dire, sa vocation. »

La nature sensible de Léon Hubert eut plus d'une épreuve à subir, aux débuts de ses études médicales. Après s'être familiarisé avec le spectacle des pansements et des moindres opérations de chirurgie, il lui fallut affronter celui de l'amphithéâtre. Le journal du pieux étudiant va nous montrer comment il s'y préparait en présence de Dieu.

« L'étude de la médecine est vraiment bien pénible, surtout au début, » écrit-il, encore à la date du 10 novembre. « Aujourd'hui je vais pour la première fois visiter l'amphithéâtre de dissection. Je n'aurais jamais le courage de supporter une telle épreuve si je comptais uniquement sur mes forces. Ce qui me fait espérer un peu de courage, c'est que je m'abandonne entièrement à la volonté de Dieu. »

A la vue des cadavres mutilés, les impressions de Léon furent très-violentes. Il dit, le soir, qu'en arrivant au fond de la salle, il eût volontiers sauté par la fenêtre pour éviter de revenir sur ses pas. Le lendemain matin, il écrivait dans son journal : « Vendredi 11 novembre. Je suis revenu hier de l'amphithéâtre avec un esprit plein de mélancolie et de tristesse. Les idées noires m'ont fait passer une assez mauvaise nuit. Enfin, j'ai offert mes souffrances au Seigneur, et j'espère qu'aujourd'hui ma visite à Clamart sera moins pénible. »

Il pouvait en effet, le jour suivant, écrire dans un sentiment d'actions de grâces : « Samedi 12 novembre. Ce que j'espérais hier est arrivé. J'ai supporté le spectacle de l'amphithéâtre avec beaucoup plus de courage. Mon âme est moins abattue maintenant. Je m'étais confié en Dieu, et Dieu ne m'a pas abandonné : comme je dois l'en remercier ! »

« C'est lundi prochain que je commencerai à disséquer. J'espère m'intéresser beaucoup à ce travail : rien n'est plus beau que les merveilles de la création, et l'homme n'est-il pas l'œuvre de Dieu par excellence? »

« Ce jour, continue-t-il (le samedi), est spécialement consacré par l'Eglise à la très-sainte Mère de Dieu, pour rappeler aux chrétiens la constance de Marie, dont la foi ne faillit pas un instant après la Passion de son divin Fils. J'ai assisté ce matin à la sainte messe et j'ai remercié Dieu des grâces dont il a comblé ma Mère bien-aimée. Je veux tous les samedis me remettre plus spécialement sous sa puissante protection et me consacrer à Elle. »

Rien ne pouvait mieux nous dévoiler que ces touchants épanchements et ceux qui vont suivre, ce qu'il y avait dès lors de sérieux et de solide, en même temps que de simple et d'affectueux, dans la piété de Léon Hubert. Il ne put longtemps continuer de confier au papier ses pensées les plus intimes. Son journal, commencé le 8 novembre 1864, se termine, après des lacunes nombreuses, au 13 décembre suivant. Aussi, la brièveté même de ces pages permet-elle d'en transcrire ici une partie notable. Les amis de M. Hubert béniront certainement l'espèce de précaution providentielle, à laquelle on doit cette vue sur les origines de la haute piété qu'ils ont plus tard admirée en lui.

« Mardi 8 novembre. Je mets donc enfin à exécu-

tion la résolution que j'avais prise depuis quelque
temps, d'écrire sous forme de journal mes pensées et
mes impressions. Ces quelques pages ne doivent
avoir que Dieu pour témoin. C'est pour lui seul que
j'écris : c'est à lui que je confie mes peines. Je les
verse dans le cœur de mon Jésus bien-aimé. Je lui
dévoile mon âme entière, comme un ami a coutume de faire avec son ami le plus cher. Je désire,
en relisant et même en écrivant ces pages, y puiser
une nouvelle force dans mes faiblesses, et comme un
excitant à suivre le bon chemin, sans m'écarter des
traces de mon divin Sauveur. »

« O Marie, ma mère, depuis longtemps je me suis
donné à vous tout entier, daignez donc protéger ma
résolution et m'encourager dans mon travail. Vous
savez si je vous aime, ô la bien-aimée de mon cœur.
c'est entre vos bras que je veux déposer tout ce qui
m'appartient, tout ce qui fait partie de moi-même. »

« Je veux, en commençant, dévoiler mon âme tout
entière, me scruter moi-même avec soin, voir où
j'en suis et où je tends. Si l'on ne se connaît pas, ou
si l'on ne se connaît que peu, il est bien difficile
d'avancer dans la perfection. J'ai aussi l'intention de
découvrir avec soin les dispositions où je me trouve,
afin de les modifier si elles pèchent par quelque
côté, ou bien de les entretenir et les cultiver si elles
sont selon ma conscience et l'esprit de Dieu. »

Dès ce moment, on le voit, travailler à sa perfection est le but bien positif que s'est proposé le jeune
homme. Les derniers mots laissent seulement entrevoir une lacune, dont souffrira longtemps le développement harmonieux de sa belle âme. Son travail

sur lui-même sera trop solitaire. Il consultera trop exclusivement la voix intérieure. Il ignorera le besoin de chercher au dehors une direction proportionnée à l'excellence même de ses attraits, et de soumettre ses élans les plus généreux au contrôle de la prudence.

Voici pourtant une circonstance où sa conscience l'a pressé de prendre conseil :

« Mardi 15 novembre. J'ai parlé hier à mon confesseur de ma vocation. Il m'a dit qu'il s'en était douté, et qu'il y croyait pleinement. Enfin, il m'a conseillé de faire cette première année de médecine sans en parler à mes parents, et de ne m'expliquer qu'à la fin de l'année. Si je pouvais espérer un heureux résultat pour l'année prochaine! Mais j'ose à peine y penser. Ce qui me fortifie un peu, c'est que je fais maintenant *la volonté de Dieu*, car obéir à son confesseur, c'est obéir à Dieu même. Cette pensée est très-propre à consoler dans les peines. Notre-Seigneur n'a-t-il pas obéi à son Père au milieu des plus affreux tourments? »

« Si donc nous voulons suivre les traces de ce divin Sauveur, il faut *porter courageusement notre croix*. Dieu ne demande de nous qu'*un cœur vide*, c'est-à-dire sans attache terrestre, sans affection charnelle : un tel cœur est tout disposé aux choses spirituelles et à l'amour divin. Que pouvons-nous faire de plus que de *nous donner sans réserve* au Seigneur, en lui disant : Me voici, mon Dieu, *prêt à faire tout ce qu'il vous plaira* de m'ordonner; tout ce qui me viendra de vous, *je le bénirai*, et vous en remercierai avec amour. »

Le projet de s'ouvrir à sa famille de sa vocation après une première année de médecine ne fut pas exécuté par Léon. Il eut sans doute occasion, dans cet intervalle, de sonder plus exactement le terrain, et prit alors le parti indiqué plus haut. Quant aux beaux sentiments qu'il exprime devant Dieu dans la page qu'on vient de lire, ils sont vraiment dignes de remarque. Il sort à peine de l'adolescence, et déjà il s'est approprié, par conviction personnelle, les principes de la plus solide piété. La sainte volonté de Dieu, règle de toute perfection, la croix courageusement portée, un abandon sans réserve à Dieu pour tout faire et tout souffrir, la fidélité à le bénir de tout, l'esprit d'actions de grâces : voilà les germes de la haute vertu à laquelle on le verra bientôt s'élever.

Ces aspirations généreuses, cependant, sont peut-être moins rares encore chez un très-jeune homme, que les réflexions pratiques auxquelles Léon Hubert va les associer, dans plusieurs articles de son journal. Le samedi 19 novembre, par exemple, il écrit le soir, après s'être confessé, et parlant à Notre-Seigneur de sa communion du lendemain : « Que ferai-je, dit-il, pour vous en remercier ? Je veux désormais m'efforcer de suivre avec courage le rude chemin de la croix. Je veux vivre comme si j'étais séparé du monde et fouler aux pieds la terre, qui n'est pas digne des regards d'un chrétien. Notre âme, comme notre visage, qui en est pour ainsi dire la copie, doit se tenir élevée vers le ciel. »

Voici maintenant la réflexion pratique : « Une chose est très nécessaire pour garder un esprit

calme et recueilli en Dieu, c'est un maintien extérieur modeste ; dès que la dissipation arrive, même
dans les moments de délassement, l'âme s'en ressent. » On verra dans toute la suite de sa vie, combien il restera attentif et fidèle à profiter de ses expériences intérieures pour avancer dans la perfection, ainsi qu'il se le proposait à la première page de
son journal.

Le 21 novembre, la fête de la Présentation de la
très-sainte Vierge avait été pour lui l'occasion d'une
communion extraordinaire. Le lendemain, il écrivait, tendant toujours aux fruits pratiques : « Je
veux, pendant cette semaine, m'appliquer à imiter
ma Mère bien-aimée dans sa Présentation : je veux
m'offrir à Dieu avec une entière volonté de me consacrer pour toujours à son service. »

L'étude assidue de la vie des saints devint au
séminaire un des plus puissants instruments de
la sanctification de M. Hubert. Son journal nous
montre encore comment, avant dix-huit ans, il
comprenait déjà le profit sérieux à tirer de pareilles
lectures.

« Mardi 29 novembre. J'ai eu occasion de lire, il
y a quelque temps, une faible partie de la vie de
saint François de Sales. Dès sa jeunesse, il se montra
d'une ferveur extraordinaire, et d'une grande sérénité au milieu de ses troubles intérieurs. Il travailla
avec une ardeur extrême, afin d'acquérir la science
et le talent qui devaient gagner tant d'âmes à Dieu ;
enfin il méprisa les honneurs et les séductions si
vives d'une haute noblesse et d'une grande fortune,
pour se consacrer au Seigneur. Voilà ce qu'avait

fait à mon âge saint François de Sales; et moi qu'ai-je fait?..... Et pourtant, je vise au même but que saint François, à la sainteté. Si j'arrive si bas en visant à une telle hauteur, que serait-ce donc si je visais plus près de la terre? La volonté est, je crois, ce qui me manque; une volonté ferme triomphe de tout, avec l'aide de Dieu. O mon Dieu! je vais redoubler mes supplications; je vais vous forcer en quelque sorte à exciter mes pas incertains, à m'enflammer d'ardeur pour vous. »

Au séminaire, la pratique de la retraite du mois lui sera recommandée comme une des plus propres à entretenir en soi le zèle du progrès. Mais déjà, l'instinct de sa conscience, l'inspiration de la grâce, la lui ont fait deviner :

« Mercredi 30 novembre. Voici encore un mois qui va finir; demain, il ne sera plus. C'est le moment de jeter un coup d'œil en arrière pour voir le chemin parcouru, et s'exciter à poursuivre avec plus de courage. O mon Dieu! qu'ai-je fait pendant ce mois pour vous être agréable ? ai-je avancé dans la perfection ? Combien d'heures n'ai-je pas perdues à m'occuper de vanités, sans utilité pour mon âme, et même à son détriment! Je vous en demande humblement pardon, ô mon doux Sauveur, et je vous supplie de me donner plus de courage pour le mois qui va commencer. Je ne vous demande qu'une chose : gravez profondément en mon âme l'amour que vous avez eu pour moi, afin que je sois transporté par la charité, et que je me donne à vous avec plus de générosité que je ne puis concevoir. »

Voici un dernier article, où peuvent trouver à ré-

fléchir tous ceux qui sont en danger de se familia-
riser à l'excès avec le plus sacré des dons divins.
« Mardi, 13 décembre. Depuis la dernière fois que
j'ai écrit, il s'est passé pour moi de *grands événements*. La semaine dernière, on a célébré la fête de
l'Immaculée Conception et j'ai beaucoup prié la
Sainte Vierge, me réjouissant de la voir si pure, si
glorieuse et si près du Seigneur. C'est sans doute
par sa puissante intercession que Jésus m'a accordé
une grâce que je désirais vivement, celle de le recevoir entre les Dimanches, le Jeudi, dans son admirable sacrement. Mon confesseur m'a conseillé
de faire cette communion dorénavant, et j'en ai été
très-heureux, car mon plus vif désir est de m'unir
le plus intimement possible à mon divin Maître. *Il
faudra, pour reconnaître une si grande faveur, que je
veille bien plus attentivement sur moi*, afin de montrer
à Dieu que je veux correspondre à sa puissante charité. Je sens que cette nouvelle communion me sera
fort utile et me rendra meilleur. Je prie Dieu de la
bénir, et ma Mère chérie d'intercéder pour moi
auprès de son divin fils, afin que je comprenne
mieux l'immense amour qu'il me témoigne. »

Le fond de cette âme simple, sérieuse, affectueuse, élevée, nous est maintenant découvert. Le
journal de Léon Hubert est d'autant plus précieux,
sous ce rapport, que la rédaction en correspond à
l'époque où se formaient les pieuses habitudes qui
présidèrent à toute sa vie d'étudiant. Bien plus intérieures qu'extérieures, ne cherchant jamais le
grand jour, elles furent à peu près ignorées de ses
plus intimes camarades : on le savait bon catholi-

que, sans le croire particulièrement fervent. Il aimait peu alors les longs offices, n'assistait guère aux grand'messes ni aux vêpres, mais seulement aux saluts. Pour ne point dormir au sermon, il était obligé de se tenir debout contre un pilier ; encore est-il douteux que cette précaution lui réussît complétement. Mais souvent, il allait à l'église dans le courant de la journée, et affectionnait particulièrement, pour ces pieuses visites, cette chapelle de la sainte Vierge où il avait reçu la grâce décisive de sa vocation ; souvent aussi, il entendait la sainte messe en revenant de son service ou de ses cours. Il portait toujours sur lui l'*Imitation de Jésus-Christ*, et l'on trouverait aisément, dans son journal, la preuve qu'il s'en nourrissait, car, plus d'une fois, ses pensées s'expriment comme spontanément, par des paroles empruntées à ce saint livre. Son attitude à l'église édifiait grandement dès lors les personnes qui l'y rencontraient : on le voyait plongé dans un recueillement si profond que rien ne semblait pouvoir l'en distraire. Grâce et vertu tout à la fois, cette puissance d'attention aux choses de Dieu demeura jusqu'à la fin très-frappante en lui : dans sa fervente prière, il se pénétrait jusqu'au fond de l'âme des lumières et des sentiments surnaturels, qui ne produisent sur tant d'autres que de fugitives impressions.

Témoin d'une vie si pieuse, qu'il ne dissimulait pas plus qu'il ne l'affectait, sa famille eut le pressentiment de ses attraits pour le sacerdoce. La plupart des siens cependant cessèrent d'y croire, en voyant, avec le temps, se développer en lui une

autre vie, extérieure, expansive, qui n'étouffa jamais
la première, mais qui parut l'engager dans une
autre direction. Cette illusion fut moins produite
par le zèle dont Léon fit preuve dans la carrière
où il s'engageait, que par une certaine exubérance
de gaîté, une aisance avec le monde, un entrain
pour les délassements, artistiques, dont il n'avait
pas encore donné l'exemple. Ces divers aspects de
son caractère vont se dessiner, dans une rapide esquisse de ses années d'études médicales.

Rien ne frappe plus aujourd'hui ceux qui furent
alors les témoins journaliers de sa vie, que l'énergique application de Léon Hubert aux travaux d'une
profession pour lui toute provisoire. Il devait être
prêtre ; c'était sa résolution arrêtée. Mais il était,
pour le moment, étudiant en médecine ; il ne chercha point la perfection, ailleurs que dans le parfait
accomplissement des devoirs de son état. L'avenir
a montré qu'il n'avait point mal calculé pour son
propre compte ; ceux qui admirèrent alors ses
exemples et qui y ont réfléchi depuis, ont gagné
aussi bien que lui à cette conduite simple et cou-
rageuse.

A défaut d'autres témoignages, les brillants succès qu'il obtint dans les études médicales seraient
une preuve suffisante de l'application qu'il y apporta. Moins de deux ans après ses premiers débuts,
il annonce à son oncle qu'à son retour de vacances
il a tout à coup songé à concourir pour l'externat :
l'exemple de quelques camarades, la liberté complète que lui laisse son père, la crainte d'un obstacle

imprévu surgissant l'année suivante, l'ont déterminé. « Jusque-là, mon cher oncle, rien de bien surprenant ; mais voici qui n'est plus de même... Je suis tombé sur une question d'anatomie réputée très-difficile et que, pour ma part, je savais assez bien ; et comme dans une épreuve semblable tout est relatif, il s'ensuit que je me suis distingué ; du moins, mes juges m'ont forcé à le penser, car ils m'ont félicité, et l'un d'eux a été jusqu'à me prédire un brillant avenir. Vous voyez, mon cher oncle, qu'il ne s'arrêtait pas en chemin. Ma note a été 19 sur 20 ; c'est la plus élevée qui ait encore été donnée. »

La suite des épreuves ne fit pas déchoir Léon de ce rang. Il fut reçu le premier sur 406 concurrents, dont il était probablement le plus jeune ; du moins fut-il certainement le plus jeune des externes, qui réussirent l'année suivante au concours beaucoup plus sérieux de l'internat. En terminant une lettre par laquelle il faisait part à son oncle de ce nouveau succès. « Et maintenant, » dit-il, « deux voies se présentent à moi comme à tout nouvel interne ; (elles s'étaient offertes, dit-on à Hercule) ; d'une part, la voie large et facile, la plus suivie, et de beaucoup, malheureusement ; d'autre part, la voie étroite et pénible du travail repris avec une nouvelle ardeur, après douze mois de labeur. Vous devinez, mon cher oncle, celle où je désire m'engager. »

Ce fut cette voie que Léon Hubert suivit jusqu'au bout. Il cultiva avec la plus grande application toutes les branches de l'art médical, et ses années d'études furent successivement consacrées à

la médecine, à la chirurgie, aux maladies des enfants, aux maladies de la peau, etc. Lauréat des
hôpitaux dès sa seconde année d'internat, il paraissait. destiné, au moment de son entrée au séminaire, à se signaler dans de nouveaux concours.
Sa valeur médicale, universellement reconnue par
ses camarades et par ses maîtres, lui présageait
dans l'esprit de tous ce brillant avenir, que lui avait
prédit son premier examinateur.

L'internat est, de l'aveu commun, l'école par excellence de la pratique médicale. Léon Hubert y
déploya, pendant quatre années, qui commencèrent
le 1ᵉʳ janvier 1868, plus de zèle encore, peut-être,
qu'aux études théoriques. Mais il n'entrait pas seulement dans ses nouvelles fonctions avec l'intelligence et le dévoûment qui se rencontrent chez
beaucoup d'internes ; il y apportait sa charité de
chrétien, presque de religieux, et il sut l'exercer
avec une discrétion et une humilité parfaites.

Les deux dernières années de son internat, passées
à l'hôpital Necker, vivent encore dans la mémoire
de l'ancien aumônier et des sœurs de cet hôpital.
Par ses soins affectueux, délicats, compatissants, il
gagnait le cœur des malades ; puis, le moment venu,
il s'attachait à ouvrir leur âme aux pensées de la foi,
bien oubliées d'un grand nombre. Il les exhortait à
la patience, leur apprenait à offrir à Dieu le sacrifice de leur vie, les préparait aux sacrements, aussi
bien et mieux encore que l'aumônier lui-même,
s'il fallait en croire entièrement la trop grande
modestie de ce digne prêtre.

Les sœurs se sont plus d'une fois aperçues de la

pieuse adresse, avec laquelle il leur posait, en présence des malades, certaines questions sur la religion. Il paraissait vouloir s'instruire lui-même, pour faire accepter plus doucement des leçons qu'on lui voyait recevoir avec un air d'intérêt marqué.

Mais rien ne pouvait moins échapper aux sœurs de l'hôpital, que la délicate modestie observée par M. Hubert dans les soins qu'il donnait aux femmes malades, au service desquelles il fut longtemps attaché. Cette prudence toute chrétienne n'enchaînait pourtant point sa charité. Il avait mille manières douces et ingénieuses d'encourager, de consoler, d'élever à Dieu ces pauvres patientes. Il leur parlait de sa famille, de son père chrétien, de la sainte mère qu'il avait perdue, de ses pieuses sœurs, et les livres qu'il empruntait à celles-ci continuaient souvent le bien commencé par ses paroles.

Envers tous les malades d'ailleurs, il se signalait par une patience, une douceur, une bonté, que bien peu d'internes poussent aussi loin. De braves gens, sortant de son service, se félicitaient d'avoir été soignés par « ce petit blond qui n'était pas comme les autres. »

Qu'on n'interprète point cependant cette naïve expression dans un sens injurieux aux collègues de Léon Hubert; car, dans cet hôpital même, il en rencontra plusieurs, dignes de devenir ses amis dans toute l'étendue d'un si beau nom. Celui qui l'a le mieux connu, à cette époque et dans ce milieu, rend d'ailleurs un bien intéressant témoignage des impressions qu'il produisait sur tous les autres étudiants.

« De toutes les qualités de Léon, » dit-il, « la plus

frappante, celle qu'on doit mettre au premier rang, est la simplicité. Il était simple comme un enfant, et pendant les années difficiles qu'il eut à passer au milieu de camarades qui pensaient et vivaient autrement que lui, sa simplicité fut sa grande défense. On respectait sa virginale candeur; les moins réservés savaient devant lui retenir leur langue, comme devant une jeune fille. La gaîté cependant ne perdait pas ses droits, et lui-même se plaisait à la provoquer, car en même temps qu'il était simple, il était joyeux. »

On sait d'une autre source, qu'à cet enjouement sympathique se joignaient les procédés les plus serviables. Un seul trait en fera juger. Les gardes de nuit, dont chaque interne est chargé à tour de rôle, étaient particulièrement onéreuses à l'un de ses collègues, lequel, on appréciera cette circonstance, n'avait pas le bonheur d'être catholique : Léon Hubert n'hésita pas à faire double garde pendant une année entière, afin d'en épargner la peine à son camarade.

Sur les quatre années de son internat, deux seulement se passèrent dans un hôpital voisin de la demeure paternelle. Léon demeura cependant toujours fidèle au domicile et à la table de famille, sauf les jours où le service le retenait à la salle de garde; dans ce dernier cas, il partageait la pension de ses collègues et les étonnait alors par son indifférence pour le bien-être. « Il était connu, » dit l'un d'eux, « pour ne pas savoir ce qu'il mangeait. On se divertissait parfois, en salant à l'excès la portion qu'on lui servait : jamais il ne parut s'en apercevoir. Les repas que nous prenions à la salle de garde étaient com-

posés en partie d'aliments fournis par l'hôpital et
tout à fait pareils à ceux des malades, et d'un ou
deux autres plats préparés par notre cuisinière. Il
montrait une préférence marquée pour ceux de l'hôpital. Lui offrait-on quelque chose de meilleur; par
inadvertance, à ce qu'il semblait, il le confondait
avec ce qu'il avait déjà dans son assiette, et en rendait ainsi le goût moins agréable. Très-souvent, il
arrivait lorsque le repas était commencé: il prenait
alors la première chose qu'on lui offrait, fromage,
viande, soupe, salade, ne se souciant aucunement de
l'ordre des mets, et mangeant tout dans la même assiette. »

Ceux qui furent plus tard au séminaire les com-
mensaux de M. Hubert reconnaîtront dans ces détails les manières de faire qui lui étaient habituelles,
et auxquelles il joignit des privations, malheureusement excessives. Tant qu'il vécut dans le monde, la
grande indifférence qu'on vient de décrire ne l'empêchait pas de soutenir ses forces par une nourriture substantielle; il acceptait même de très-bonne
grâce, dans sa famille, les petites délicatesses qu'on
se plaisait à lui offrir.

Les seules et bien légères plaintes auxquelles il
donnât lieu portaient, ses amis de séminaire le croi-
ront-ils, sur ses excès de gaîté? Il annonçait son
arrivée dans la maison paternelle par des chants qui
retentissaient depuis le bas des escaliers, au point de
lui attirer souvent les réprimandes de ses sœurs.
Puis c'était, pour réjouir celles-ci, un feu roulant de
jeux de mots, d'éclats de rire qui fatiguaient parfois
la patience de son père et l'obligeaient à s'écrier :

« En finiras-tu, Léon ? Il est impossible de causer sérieusement quand tu es là. »

Cette gaîté, d'apparence un peu folâtre, n'était cependant point sans mérite de la part de Léon Hubert. Un innocent abandon à la pente de son naturel, un besoin de détente après la fatigue de l'étude pouvaient y contribuer; mais il y entrait aussi de la réflexion, de la délibération, et, dans certaines circonstances, un véritable effort de vertu.

On en jugerait au besoin par les conseils qu'il adressait, au mois de février 1871, à l'une de ses jeunes sœurs, éloignée de Paris par les tristes événements d'alors : « A propos d'ennui, on m'a dit, chère petite, que tu n'étais point d'une aimable gaîté. Je te vois en un coin, triste et rêveuse ; tu trouves le temps long et t'affliges des événements. Voilà qui est bon et légitime; je ne veux pas t'en blâmer; mais si tu me permets un amical conseil, je te dirai entre nous qu'il est meilleur, en général, de renfermer son chagrin en soi-même que de traduire par son extérieur la tristesse que l'on ressent. Il faut faire comme le sage, qui se met, les jours de jeûne, des parfums dans la chevelure. Nous avons un entourage : or, avant de songer à soi, il faut songer aux autres, même dans ces petites choses. Penses-tu qu'il soit agréable au prochain de voir, à droite, à gauche, en avant, en arrière, (s'il se retourne), des faces pâles et désolées, des visages ternes, des joues ridées et creusées de larmes? Au contraire, on aime à voir aux personnes qu'on fréquente un air de joyeuse humeur. Nous n'avons pas le droit d'imposer aux autres l'ennui de nos propres afflictions ; ils ont bien assez des leurs. On peut pleurer au dedans, mais le plus rarement possible au dehors ; de ce dernier côté il faut toujours rire, d'autant mieux que cela n'empêche en rien le développement des qualités intérieures, même de la sensibilité morale. »

« On est vraiment heureux, » ajoutait-il plus loin, « d'être naturellement gai ; cela ne fait de mal à personne et réjouit tout le monde ; on est comme le soleil : sans vous, rien ne va, tout est sombre et triste ; avec vous tout renaît ; les têtes étaient penchées comme les fleurs de la nuit ; elles se relèvent ; les traits étaient tirés, ils s'épanouissent. Oui, ma sœur, un joyeux est comme l'astre du jour ; il porte avec lui la sérénité et la consolation, sinon l'oubli des maux. »

Dans ces dernières lignes, il se dépeint lui-même sans y faire réflexion, car ses proches l'ont souvent appelé le rayon de soleil de leur intérieur. Quant aux conseils qui précèdent, on sent bien qu'il avait dû souvent les pratiquer lui-même avant de les proposer. Dans plus d'une circonstance on en a découvert des preuves touchantes. L'aînée de ses sœurs, par exemple, étant venue à se marier, avait quitté Paris pour une lointaine province. Léon, qui lui était tendrement attaché, ressentit vivement la peine de cette séparation. Sa sœur absente fut cependant seule à le savoir. Au reste de la famille il cacha son chagrin sous des dehors de bonne humeur, se donnant pour mission d'adoucir celui des autres.

L'aimable interne se faisait donc un devoir, autant qu'un plaisir, d'entretenir la gaîté au foyer domestique. Il la faisait aussi rayonner à distance par les lettres qu'il écrivait à ses jeunes sœurs, lors de leurs absences de Paris, lui-même, comme son père et son frère, ne s'en éloignant plus désormais que pour de courtes vacances. Ses lettres, il le savait, étaient vivement désirées. C'en était assez pour qu'après de laborieuses journées, tombant parfois de sommeil, il se mît à couvrir d'une écriture rapide, mais fine et serrée, quatre, six ou huit longues pages. « Il faut t'avertir d'abord, » écrit-il au début d'une lettre de huit pages, « que je n'ai rien, absolument rien d'intéressant à te dire. » En pareil cas il saisit au vol les moindres choses qui lui passent par l'esprit, et les développe joyeusement avec sa verve habituelle : c'est l'histoire dramatique de sa première barbe ou de sa dernière coupe de cheveux ; ce sont mille alinéas comme le suivant, assez court pour être cité : « Lorsqu'à Paris tu seras revenue, ma sœur, je te montrerai une riche médaille du plus pur argent, portant sur une de ses faces l'image d'Hippocrate de Cos, et sur l'autre ces mots : Vaccination, etc. C'est une récompense que l'administration octroie, dans sa munificence, à ceux qui ont pratiqué un certain nombre de vaccinations. Sur d'autres médailles, ce n'est pas Hippocrate qui est représenté, mais une petite vache, symbole du cow-pox. »

Il est rare cependant que, parmi toutes ces folles choses, comme il les appelle, quelques sérieuses réflexions ne s'entremêlent. Cette gaîté affectueuse, qui tient les cœurs ouverts, a d'ailleurs par elle-même son sens sérieux. Lorsque Léon, devenu séminariste, l'aura dépouillée pour un temps, il ne cessera pas d'en recueillir les fruits : le souvenir de ses anciennes complaisances rendra plus aimables les saintes leçons qui rempliront alors sa correspondance.

Voici un nouveau passage de celle qu'il entretenait avec ses sœurs, étant encore étudiant. A propos d'un dîner sommaire auquel il avait été réduit par quelque incident : « Ce soir, précisément, » écrit-il, « donnant à notre seconde sœur de bons conseils, je lui citais ces excellentes et profondes paroles de l'Imitation : « Désirez toujours préférablement avoir « moins que plus. » Cela paraît étrange tout d'abord ; mais en y réfléchissant, on y découvre des profondeurs qui éblouissent. » Puis, après quelques développements : « Ces considérations, chère sœur, ont deux avantages inappréciables, à mon point de vue du moins. D'abord, elles occupent une grande partie de cette lettre, et ensuite l'occupent bien, ou du moins je le crois. Car, te dire toujours de petits contes en l'air, ce serait te laisser dans l'esprit une impression vague et qui se dissiperait comme la fumée, tandis que ces réflexions pourront porter quelque fruit. Du reste, j'aime énormément à parler de ces choses-là, et pas seulement à toi, qui es une femme raisonnable et posée, mais encore aux mécréants, (prends-le dans son sens étymologique), qui m'environnent, et pour lesquels, malheureusement, ces sages paroles sont lettre morte. »

On pourrait croire, d'après ces derniers mots, que volontiers Léon Hubert introduisait les questions religieuses dans les propos de cette salle de garde.

où il se rencontrait avec des collègues très-partagés d'opinions. Ce n'est cependant pas ainsi qu'il procédait. Il voyait peu à gagner dans ces discussions publiques, où les esprits s'échauffent, où le respect humain entre en jeu, où l'on se fait un point d'honneur de se montrer esprit fort. C'était donc en tête-à-tête, dans le cours de conversations amicales, qu'il cherchait à suggérer quelques sérieuses et chrétiennes réflexions. Peut-être, avec le temps, plus d'un de ces bons conseils aura germé dans les cœurs ; celui qui les donnait, on le sait, n'inspirait pas moins de sympathie par sa bonté que de respect par sa vertu.

Un autre lien, assez inattendu, pouvait encore l'unir à quelques-uns de ceux qui, au fond, lui ressemblaient le moins. Dans les questions politiques et sociales qui s'agitaient pendant les dernières années de l'empire, Léon Hubert montrait une prédilection, rare parmi les catholiques, pour les théories démocratiques les plus avancées. La réputation qu'en cette matière, il s'était faite à Necker, donna même lieu, un peu plus tard, à une exclamation assez piquante. Un des principaux fonctionnaires de l'hôpital, apprenant que l'ancien interne venait d'entrer au séminaire : « Hubert-Valleroux, s'écria-t-il, c'est impossible ! un républicain comme lui ! »

Ces jeunes ardeurs du filleul de Buchez paraissent après tout fort explicables. La forme de gouvernement qui, suivant un vénérable prélat, « exige le plus de vertu de la part des citoyens, » était digne à ce titre d'attirer toutes ses préférences. Cependant dès le commencement de l'année 1871, son enthou-

siasme avait subi un notable refroidissement. On le
voit par une longue et sérieuse lettre que Léon écrit
à l'une de ses sœurs, quinze ou vingt jours après la
reddition de Paris : dès lors le fond de sa politique
se réduit, ou peu s'en faut, à la régénération chrétienne de la France. « Pour nous sauver, » dit-il,
« pour nous régénérer dans l'avenir, il s'agit bien
moins de réformer les gouvernants que les gouvernés.
L'éducation de chacun de nous doit être refaite ; il
faut élever les enfants dans la rigueur des principes
chrétiens, et alors, alors seulement, la France re-
prendra le rang qu'elle n'aurait jamais dû perdre.
La France, c'est toi, c'est moi, c'est nous tous.
Devenons meilleurs, et la France sera meilleure. La
perfection de la patrie n'est qu'une conséquence de
la perfection de chacun de nous. »

Dans les dernières années de son séminaire,
M. Hubert notait, parmi les extraits de ses lectures,
une parole, dont il avait sans doute été frappé,
parce qu'elle répondait alors à ses propres sentiments. « Demandons au bon Dieu, » disait le vénérable M. Mollevant à propos des écoles politiques de
son temps, « l'humilité, l'abnégation, et la vie intérieure : tout est là-dedans, et avec cela, on résout
toutes les grandes questions qui agitent les hommes. »
Tel était aussi le dernier mot de la politique de
M. Hubert. Il n'en comprenait pas moins toute la
portée des devoirs civiques, et ne put jamais ad-
mettre qu'on restât indifférent dans les élections.

Il est d'ailleurs touchant de voir combien l'amour
de la patrie française demeura toujours vivant dans
son cœur. « Permettez-moi, cher confrère, » écri-

vait-il aux vacances de 1872, à un ami de séminaire, « de réclamer avidement vos prières pour notre chère patrie. » Jusque dans ses plus austères méditations de retraite, le même sentiment reparaît, et il inscrit parmi ses résolutions celle de prier chaque jour pour la conversion des pécheurs *et de la France.*

Les délassements favoris d'un jeune homme peuvent, aussi bien que ses pensées les plus sérieuses, jeter du jour sur le fond de son caractère. Léon Hubert trouvait les siens dans la vie de famille et dans une intelligente culture des ses goûts littéraires et artistiques. Il sentait vivement, il comprenait, il aimait les beautés de la poésie, de la littérature, de la musique ; et dans le commerce de nos grands auteurs il avait lui-même acquis une réelle distinction de style ; elle eût plus souvent été remarquée, si son humilité avait moins négligé, ou même évité, de la faire paraître.

Il cultiva de plus les langues et les littératures étrangères, agréable et facile étude qu'il unissait à la vie de famille en s'y livrant dans la société de ses sœurs. Mais il se plaisait plus encore à faire leur éducation musicale ; car il était musicien dans l'âme, et le plus immatériel des beaux-arts avait pour lui les plus vifs attraits. Après même qu'il y eût renoncé, comme à tout le reste, pour se livrer à la poursuite exclusive de la sainteté, il n'était point de sujet profane, sur lequel il se laissât plus facilement attirer à répandre les charmes de son goût et de ses souvenirs.

La musique, d'ailleurs, ne fut jamais pour lui

l'objet d'un plaisir oisif, et celle qui ne parle qu'aux sens ne lui offrait que peu d'attraits. Il y recherchait surtout, comme le veut Platon, « la ressemblance du beau. » Aussi ne se lassait-il point d'aller jusqu'à cinq ou six fois entendre une même œuvre, pour s'assurer de la bien saisir; c'est alors qu'il aimait à la reproduire en famille et à en faire sentir les beautés. Sans savoir seulement lire la musique, il jouait d'intuition, comme disent les artistes, ce qu'il avait une fois bien entendu, et l'on trouvait à son jeu quelque chose de moelleux, de doux et d'expressif qui charmait. Il n'estimait que la musique dite sérieuse, mais n'excluait pas de ce titre la musique dramatique ; et lui, si pur et si austère dans ses mœurs, ne se faisait pas scrupule d'aller l'étudier dans les théâtres où on l'exécute avec le plus d'art : il eût volontiers, disait-il, fermé les yeux au spectacle, mais il était avide d'entendre.

La simplicité de son âme lui rendit inoffensif un plaisir qui ne l'est pas également pour la plupart des jeunes gens. Il semblait même n'avoir pas conscience des dangers attachés pour les autres à la fréquentation du théâtre ; aussi mit-il un jour dans un assez grand embarras plusieurs de ses confrères de séminaire, employés avec lui dans un catéchisme de Saint-Sulpice. Amené par le cours d'une instruction à parler incidemment des plaisirs permis, il y rangea tout naïvement le spectacle, avec autant d'indifférence, et sans plus de restriction, que les exercices du corps et les voyages d'agrément. Il est pourtant peu de jeunes natures, il dut l'apprendre alors, assez fermes, assez élevées, pour se tenir, en présence d'une réprésentation théâtrale, à ce point de vue purement artistique où lui-même avait trouvé sa sauvegarde. Il en est peu qui s'exposent impunément à l'atmosphère amollissante de ces palais enchantés du monde, où les anges gardiens ont chaque soir à pleurer sur les plaies de beaucoup d'âmes.

Grand ami de la musique, on le voit, Léon Hubert ne le fut jamais des sociétés mondaines ; jamais, il ne mit le pied dans ces réunions frivoles où la nuit entière est changée en jour et consacrée à des plaisirs, plus glissants qu'on ne le croit souvent, pour la jeunesse qui s'y livre. Il est vrai que les habitudes de sa famille ne l'y poussaient aucunement ; mais il avait aussi sur ce point ses principes personnels, et déclara plus d'une fois qu'il n'irait jamais dans le monde.

En revanche, il se prêtait volontiers, et de très-bonne grâce, aux petites réunions où régnait le pur esprit de famille. Dans une circonstance qui fut en ce genre la plus marquante de sa vie, il fit même preuve d'un entrain et d'une gaîté capables de donner le change sur les sérieuses pensées qu'il roulait au fond de son cœur. Il s'agissait des noces de son oncle, célébrées au mois d'avril 1870, dans la province dont la mère de Léon était originaire, et dans une maison où l'esprit de piété et de modestie chrétiennes régnait comme aux anciens jours. L'aimable interne, appelé à remplir les fonctions de garçon d'honneur, s'en acquitta avec une aisance et une courtoisie parfaites ; il prit même tant de plaisir à ces fêtes de famille que son oncle en profita plus tard pour l'accuser, avec quelque malice, de s'être alors montré un peu mondain : nous entendrons M. Hubert, devenu séminariste, s'en accuser et s'en excuser à la fois. On avait pu d'ailleurs observer qu'au milieu de ces joies innocentes, il ne se relâchait point de ses habitudes def erveur; que souvent, il se retrempait, en allant prier à l'église, dans la droiture et la simplicité de ses intentions.

A cette époque cependant, presque personne autour de lui ne soupçonnait plus la vocation, à laquelle, intérieurement, il demeurait toujours fidèle. On commençait à se préoccuper de son établissement dans le monde. Sa charmante nature, la paix dont il jouissait avec tous et dont il étendait le règne autour de lui, l'art merveilleux qu'il possédait pour rendre un intérieur agréable, faisaient presque désespérer à ses proches, de lui trouver une compagne digne de lui; et l'on se répétait souvent: que celle-là sera heureuse !

On ignorait alors qu'à 17 ans, dans son journal intime, et plus anciennement encore dans le secret de son âme, il avait nommé la Vierge Marie son unique bien-aimée, et que le fond de cette âme ne devait être partagé par aucune affection terrestre.

On se serait moins trompé sur ses sentiments intimes si l'on eût pu mieux observer tous les divers aspects de sa vie, même extérieure. On était frappé de ce qu'il manifestait d'expansion affectueuse au sein de sa famille, et de bonne grâce en société; mais on ne savait pas assez de quel cœur humble et charitable procédaient tant d'aimables qualités. Ses bonnes œuvres, par exemple, ne se bornaient pas

aux malades de son hôpital; mais les pauvres que
que la Providence lui faisait rencontrer, comme sur
son chemin, devenaient bientôt l'objet de ses soins
les plus assidus. On a plus tard appris, entre autres
détails, que, pendant de longues semaines, il avait
visité journellement dans sa mansarde une pauvre
et sainte malade qui se mourait de la poitrine, visites qui furent pour lui comme pour elle un sujet
de grande édification. Auprès de plusieurs pauvres
gens, il fut à la fois le médecin du corps et de l'âme,
et ne se lassa point, même après son entrée au séminaire, de les aider de sa bourse et de ses conseils;
c'est surtout dans des lettres de ses protégés qu'on
a trouvé la preuve touchante de sa charité et de leur
reconnaissance.

Une ancienne et dévouée servante de sa famille
mérita, quand il eut quitté Paris, et quand elle eut
pris sa retraite, de devenir la distributrice de ses
aumônes et la continuatrice de ses bonnes œuvres.
Cette pieuse personne, originaire du Rouergue, a
conservé plus d'un souvenir édifiant, de la simplicité
et des humbles procédés dont Léon usait avec elle,
lorsqu'il était encore dans le monde. Elle était chargée, pendant l'été, de tenir la maison de Paris, où le
docteur Hubert donnait ses consultations et que ses
fils continuaient d'habiter, alors que la plus grande
partie de la famille passait cette saison à Bellevue.
« M. Léon, dit-elle, venait alors quelquefois, quand
j'étais seule à la cuisine, parler avec moi. Il me demandait de lui raconter l'institution du rosaire, du
scapulaire, de l'œuvre de la Propagation de la Foi.
Il écoutait avec beaucoup d'intérêt, paraissant s'in-

struire, et trouvant tout cela bien beau. Je me rappelle qu'un jour, ayant mis de mauvaises chaussures, il eut les pieds mouillés. Monsieur le gronda, et me gronda aussi. Quand il fut parti, M. Léon vint me demander pardon de m'avoir attiré une réprimande, et depuis lors, il ne manqua jamais de me demander, le matin, quel temps il faisait et quels souliers il devait mettre. »

La bonne aveyronnaise reparaîtra, sur la fin de cette histoire, animée d'un zèle extrême pour soigner M. Hubert dans sa dernière maladie. Elle fit aussi preuve d'un vrai dévouement à ses maîtres, en demeurant fidèle à son poste de ménagère pendant l'époque difficile qui doit maintenant nous arrêter quelque temps.

Peu de mois après les fêtes de famille qui avaient conduit Léon en Lorraine, s'ouvrait la lugubre série des événements de 1870 et 1871. Le jeune interne avait sa mission à remplir à Paris et n'y faillit point; il essuya avec son père les souffrances physiques et morales des deux siéges, sans perdre sa fermeté d'âme, ni son égalité d'humeur. On sait cependant que peu de cœurs étaient aussi sensibles que le sien aux malheurs de la patrie, et l'on en verra bientôt de nouvelles preuves.

Une autre peine, bien sensible pour lui, pendant les mois du siége, fut l'absence de ses jeunes sœurs que, malgré leurs instances, on avait sagement éloignées de Paris. Mais il n'était pas homme à augmenter leurs soucis, en leur communiquant ses regrets. Il ne cherchait au contraire qu'à rassurer, et même à égayer ses sœurs, par les longues lettres qu'il leur adressait souvent, bien que sans espoir de réponse ; lettres émaillées d'illustrations plaisantes, dont les exploits présumés de l'aîné de la famille, enrôlé dans les mobiles de la Seine, fournissent plus d'une fois le sujet.

Fidèle à ses principes, Léon Hubert conservait de même, aux yeux de son entourage, dans le monde comme à l'hôpital, un air de sérénité joyeuse. Celui de ses collègues d'internat, qui fut alors son meilleur ami, en a gardé une vive impression. « Pendant le rude hiver de 1870, » écrit-il, « nous étions l'un et l'autre sans nouvelles de nos familles ; nous assistions aux abominables scènes du bombardement, et plusieurs fois, la nuit, nous avions à sortir des caves de l'hôpital, pour porter secours aux blessés ; autour de nous régnaient la désolation et la mort, et d'aucun point de l'horizon ne venait un rayon d'espérance ; au milieu de toutes ces scènes, Léon était calme, et sa bonne humeur ne paraissait pas altérée. »

Passant à la simple et sérieuse idée que Léon se faisait du devoir et du dévouement, le même témoin continue : « Léon Hubert n'avait aucun attrait pour les actes extraordinaires et les dévouements insolites. Le devoir ne consistait pas pour lui en un élan irréfléchi et vague, source souvent de généreuses inspirations, souvent aussi de découragements prématurés. Lorsque tous, autour de lui, au risque d'accroître encore le désordre et le danger, couraient aux armes sans y être appelés, lui demeurait au poste qui lui était assigné, et attendait avec calme qu'on vînt le relever. Ce n'est pas par indifférence qu'il agissait ainsi, mais par esprit de devoir : Heureuse la France si elle avait eu beaucoup de serviteurs comme lui ! Un attachement calme et résolu au devoir accepté, une étonnante puissance à le remplir jusqu'au bout, sont, avec la simplicité enfantine que j'ai signalée ailleurs, le caractère saillant de mon saint ami. »

A son service ordinaire, Léon Hubert joignit, à plusieurs reprises, celui d'une ambulance de rempart. En s'y rendant pour la première fois, il dit aux sœurs de Necker qu'il n'avait rien oublié pour se mettre en règle avec Dieu. Mais à l'hôpital même, ses charges furent bien aggravées par les causes qu'on vient de dire et par d'autres circonstances. « L'hôpital est encombré, » écrivait-il à ses sœurs un peu après la fin du siége, « et la mortalité y est considérable. Le chiffre des décès qui dans une année ordinaire est d'environ 800 aura dépassé 500 à la fin de ce mois, qui n'est que le second de l'année. » Puis, après avoir expliqué qu'une part considérable lui revient dans le soin des malades : « Les choses, ajoute-t-il, se passent ainsi depuis tantôt cinq mois. Je vous entends d'ici : Ce n'est pas étonnant, alors, que la mortalité augmente à l'hôpital ! Faut-il répondre à cette maligne pointe ? » On voit comment un trait de gaîté ne lui manquait jamais pour modérer les tristes impressions qu'il ne pouvait entièrement épargner à ses sœurs.

Quelques mois plus tôt, c'est contre les émotions que le bombardement de Paris devait leur causer qu'il avait entrepris de les aguerrir : « Je vois d'ici mes chères sœurs bien curieuses de savoir quel effet produit un obus, quand il éclate à peu de distance ou même chez vous. Sur ce dernier point, je regrette de ne pouvoir vous renseigner, car nous n'avons encore rien reçu; mais sur les autres, voici les réponses demandées. »

« Il fait nuit; les rues sont absolument silencieuses et sombres; il est dix heures et demie ou plus. Nous sommes tous dans une pièce, (chauffée si cela ne vous fait rien, car il fait bien froid). Ecoutez bien : Ah! voilà un bruit sourd et lointain! Mes sœurs, c'est le canon prussien. Attendez la preuve : un, deux, trois, quatre, cinq, six, sept! Un sifflement lointain, qui grandit, se précipite avec rage, comme une locomotive lancée à toute vapeur, et qui vous croise en sifflant : tout à coup, le sifflement se change en une détonation effroyable. L'obus a éclaté à peu de distance. Taisez-vous! Entendez ce platras, ces pierres qui pleuvent dans la rue; ce sont les dégâts produits par le malheureux projectile... Singulière et originale musique, je vous assure, et je voudrais que vous la pussiez entendre au moins une nuit. »

« J'ai encore à vous parler des effets produits par l'obus. Nous diviserons notre sujet en deux parties : 1° effet matériel ; 2° effet moral; et nous appuierons notre exposition, d'exemples nombreux et bien choisis. »

Les dernières lignes de cette lettre sont consacrées à une nouvelle qui, deux ou trois semaines auparavant, le 26 décembre, avait été préparée par le passage que voici : « Une confidence en terminant. Vu la gravité et l'incertitude des événements;

vu que ce projet ne change en rien notre vie habituelle et ne nous impose aucune nouvelle obligation ; vu le désir ardent que nous en avions depuis huit jours ; vu l'honneur qui nous en reviendra et rejaillira sur toute la famille ; avons résolu ce qui suit : Article unique : Nous coifferons dans quatre jours le bonnet de docteur. »

« J'étais un soir chez l'un de mes collègues, H. D., dont l'âtre brille toujours d'un vif éclat. Il me dit : « Je vais passer ma thèse avant la fin de l'année ; « tu devrais faire de même. — Y penses-tu ? Avant « quinze jours ! le temps de faire une thèse, de la « livrer à l'impression, de la soutenir ! — Et pour- « quoi non ? » — Entre nous, j'avais depuis quelque temps déjà les éléments d'un pareil travail. Aussi me rendis-je aux raisons qu'il me fit valoir. J'essayai ; et à l'heure qu'il est, mon entier manuscrit est entre les mains de l'imprimeur. Vendredi, je comparaîtrai pour la première et dernière fois à la Faculté, vêtu d'une toge noire, portant à la main une toque semblable à celle des avocats, en un mot, en grande cérémonie. Le sujet de la thèse, me demandez-vous ? Oh bien ! ce n'est guère intéressant ; néanmoins, je vous le livre : *Des altérations de la sensibilité cutanée dans la sciatique.* Vous n'en êtes pas beaucoup plus avancées, j'imagine. C'est un petit travail, qui m'a coûté fort peu de peine, et me vaudra des éloges ou de l'indifférence, pas de blâme : je vous dirai cela après vendredi. »

C'est sur ce même sujet de son doctorat que Léon Hubert revient en passant, à la fin de cette autre lettre où il a décrit le bombardement : « Mon affection pour vous, dit-il à ses sœurs, croît chaque jour. Je crains de ne plus vous reconnaître après la guerre, tant vous serez changées. Votre frère et nous sommes immuables comme le granit, auquel nous ressemblons encore par la fermeté d'âme. Pour ne pas oublier, en terminant, j'ai passé avec distinction ma thèse de doctorat, et mon chef ne quitte plus ce bonnet, si sérieux et si bien placé, qui me confère sur le reste des mortels un pouvoir absolu de tailler, couper, saigner, etc... Ma thèse est très-courte et très-remaquable. C'est une œuvre fine, profonde, semée de pointes attiques et d'aperçus ingénieux. Vous en jugerez plus tard. Elle m'a coûté quatre jours de travail. Je signe en toutes lettres : docteur Léon. »

Cette thèse, sur laquelle il entasse ironiquement tant d'épithètes élogieuses, les avait sans doute obtenues de la part des juges, et non point sans fondement. Malgré sa brièveté, elle décelait chez son auteur des qualités d'esprit peu communes. Cependant elle restait, par ses proportions mêmes, très-inférieure à la bienveillante ambition que plusieurs de ses maîtres avaient conçue pour lui. L'un d'eux surtout eut peine à comprendre la résistance, que ses conseils rencontrèrent, en cette occasion, chez un élève qui toujours y avait été si docile. Ce fut quelques mois plus tard que le mystère s'expliqua. La session dans laquelle Léon Hubert soutint sa thèse, devait être la dernière avant l'époque de la rentrée du séminaire; c'est pourquoi il avait saisi avec empressement l'occasion offerte par le conseil de son ami, et s'était acquitté à peu de frais d'une formalité, sans valeur à ses yeux.

Le grade de docteur entraîne régulièrement la cessation de l'internat. Mais les circonstances exceptionnelles du siége de Paris avaient fait déroger à ce principe, et Léon Hubert dut conserver ses fonctions, aussi bien après qu'avant le 1er janvier 1871. Une de ses lettres nous a déjà montré ce qu'elles eurent alors de laborieux et d'affligeant. Une autre lettre, du 16 février, ajoute encore quelques détails à ce pénible tableau : « Croirais-tu que, faute de combustible, les salles de l'hôpital sont restées longtemps sans chauffage? Heureusement, le charbon n'a fait totalement défaut qu'après les fortes gelées. Le thermomètre a été plusieurs jours de suite à 4 degrés, dans la salle des femmes, où je fais le service ; j'avais les pieds gelés, ce qui m'obligeait à marcher sur les talons, avec d'épouvantables grimaces. Tout ce qui n'était pas très-valide y a passé. »

Mais ce qui l'émeut le plus, à cette même date du 16 février, c'est le deuil et l'abattement de la patrie, et surtout la cause profonde à laquelle il les voit se rattacher :

« Quelle triste lettre, ma chère sœur, je t'aurais écrite le lendemain de la reddition de Paris! Ce sont de ces événements auxquels on ne peut se faire. Comme la mort de personnes auxquelles on tient par le sang ou l'amitié, on les prévoit depuis longtemps, on les juge même inévitables ; et quand ils arrivent, ils affectent aussi douloureusement que des catastrophes imprévues. J'ai voulu, avant d'écrire quoi que ce fût à ce sujet, réfléchir sur ces af-

3.

freux événements et recouvrer, au milieu des entraînements si faciles de la passion, le sang-froid et la liberté d'esprit, nécessaires au milieu des grands malheurs. »

« Peut-on bien, » dit-il plus loin, « sans croyances chrétiennes, se condamner à un travail obscur, ennuyeux, pour cette seule fin de satisfaire sa conscience, qui se blase vite quand on lui a fait quelques infidélités, et qui finit par vous laisser en repos ? » Puis il ajoute, à l'adresse des chrétiens trop peu conséquents avec leur foi et avec les principes d'abnégation qu'elle leur impose : « Il ne s'agit pas seulement de se sacrifier en ceci, en cela, seulement dans ses petites convoitises et ses appétits personnels ; non, il faut se sacrifier en tout, renoncer à soi-même, perdre sa vie volontairement pour la retrouver dans l'autre monde. »

Tel est le souffle généreux qui s'élevait dès lors dans l'âme du jeune homme, présage de l'élan qu'il allait bientôt prendre dans la carrière d'un renoncement total, inspiré, soutenu, par des motifs plus surnaturels et plus puissants encore, que ceux de l'amour chrétien de sa patrie.

Sous le rapport particulier de la vie rude et mortifiée qu'il devait embrasser avec tant de vigueur, il semble applaudir à l'apprentissage que lui en font faire les privations forcées et les grandes fatigues du siége de Paris : « Oh ! la bonne leçon, » écrivait-il le 26 décembre, « et comme le ciel conduit bien les choses ! Les gens qui pensaient qu'on ne pouvait vivre sans ceci, sans cela, qu'il fallait du confort dans la nourriture, le vêtement, le logis : les voilà soumis à une épreuve qu'ils n'oublieront pas. Comme, au retour de la campagne, les moindres commodités vont leur sembler précieuses ! »

Plusieurs passages de ses lettres prouvent cependant, que son tempérament le rendait plus sensible que bien d'autres aux privations matérielles ; et ces détails familiers ne sont pas inutiles, pour bien juger des violences que, par principe de vertu, il imposa par la suite à sa nature. Dans une lettre du 26 décembre, par exemple, il reconnaît qu'il est frileux et se félicite en même temps qu'il en soit autrement de son frère, exposé en ce moment sur le plateau d'Avron, à ces terribles gelées qui coûtèrent la vie à nombre de nos braves soldats. Léon se sent transi dans son lit, malgré le monceau de couvertures sous lequel il se blottit.

Naturellement frileux, donc, il n'était pas moins naturellement dormeur. Voici comment il se dépeint lui-même, trois mois avant son entrée au séminaire : « Je me remets à ma lettre avec l'espoir de conjurer le sommeil ; car, ma sœur, il faut te l'avouer, mes crises de dormir avec bâillements, si fréquentes autrefois, s'il t'en souvient, sont peut-être devenues plus fréquentes encore. Je continue à lutter avec énergie, mais rien n'y fait. La nature réclame impérieusement ce qu'elle considère comme son droit, et l'*autre*, comme dit M. de Maistre, est toujours le plus faible. Quelle triste condition! Et s'il ne s'agissait encore que de sommeil, nous pourrions ne pas trop nous plaindre ; mais il en est ainsi pour bien d'autres choses. L'homme spirituel est rarement le plus fort. Qui me délivrera de ce corps de mort? »

Léon Hubert décrit ici, sans vouloir y penser, un état d'accablement auquel les fatigues extraordinaires accumulées pendant cette rude année ne devaient pas être étrangères. A la même époque cependant, au mois de juin 1871, il répond à son oncle, qui l'engageait à venir prendre quelque repos en Lorraine, après le siége et la Commune : « Malgré le vif plaisir que j'aurais à vous revoir, je ne puis me dégager entièrement des raisons sérieuses qui m'attachent à Paris. Mon service hospitalier exige ma présence. D'ailleurs, je suis d'avis qu'il ne faut prendre de vacances qu'autant qu'on en a besoin : or, les rouages de ma machine sont encore excellents : ils fonctionnent avec leur facilité habituelle, et n'ont pas besoin d'être graissés. Je le répète, mon cher oncle, une seule raison pourrait m'attirer en province : ce serait le désir de passer quelques instants avec vous. »

Le fait est qu'il ne prit cette année-là, non plus que la précédente, aucune vacance, et passa, sans transition, de son service hospitalier aux travaux du séminaire. Il n'avait fait de Paris qu'une fugitive absence, au mois d'avril, à l'occasion d'une affaire qui le conduisit près de ses sœurs, encore retirées en Normandie. Il sortit de Paris et y rentra bravement, en pleine Commune; voyage marqué d'incidents nombreux, qu'il raconte gaîment à ses sœurs, au lendemain de son retour. Au milieu de cette lettre, semée des joyeusetés ordinaires, se détache un trait touchant. Il a fait route en chemin de fer avec « un brave marin, sergent-major, homme mûr, d'apparence énergique, qui avait fait la campagne de la Loire et s'en allait à Paris. Son seul désir, me disait-il, dans l'état de santé où il se trouvait, était de voir une dernière fois sa femme et ses enfants. La nuit était fraîche, il grelottait. Moi-même, je n'avais pas chaud ; mais, estimant que je ne pouvais suivre, en pareille occurrence, un meilleur exemple que celui de saint Martin, et répugnant, d'autre part, à diviser le volumineux manteau qui me couvrait, je l'abandonnai en pleine et entière possession, pour la nuit, au malheureux marin, qui en fut très-reconnaissant. Ceci peut vous expliquer pourquoi, en arrivant à Versailles, j'étais dans l'état de ceux qui, s'étant assis en fausse position, ont la jambe tellement engourdie qu'ils sentent à peine le sol où repose leur pied. »

A ce simple récit échappé de sa plume, succèdent, comme pour en effacer l'impression, les plaisanteries les plus excentriques ; puis il raconte son retour à Paris, par Marly, Saint-Germain, Pontoise ; huit lieues faites à pied avec un petit pain pour tout repas.

Mais il est temps d'en venir aux préludes immédiats de son entrée au séminaire.

Elle était moins que jamais alors pressentie par les personnes qui lui tenaient de près, si ce n'est par son père. Souvent les lettres de Léon, écrites pendant le siége, exprimaient la grande privation qu'il ressentait de l'éloignement de ses sœurs ; souvent aussi, le charme des souvenirs rapportés des noces de son oncle ; puis encore, son inclination pour la société des enfants, trait de caractère depuis longtemps remarqué en lui, et qu'on interprétait comme un signe de sa vocation à la vie de famille. Cependant, tout en manifestant à l'occasion ces dispositions innocentes, il conservait au fond du cœur sa résolution arrêtée ; il était même déterminé à l'exécuter prochainement ; mais il n'en parlait à personne.

Après le retour de ses sœurs à Paris, il leur dit un jour en conversation : « Je ne me marierai jamais. » Il le dit sérieusement ; mais on était alors si éloigné de cette idée, qu'elles pensèrent avoir mal compris.

Une proposition, de l'ami qui l'avait engagé à passer sa thèse au mois de décembre, amena pour la première fois Léon à rompre le silence : « Chose presque incroyable, dit cet ami, habitant la paroisse Saint-Sulpice, il ignorait, jusqu'à ce moment, l'existence des conférences de Saint-Vincent de Paul, celle du cercle catholique et toutes les œuvres qui se groupent autour de ces deux institutions. J'étais moi-même membre d'une conférence, et comme, pendant les vacances, nous manquions de visiteurs pour les familles pauvres, je lui proposai de se faire recevoir et de nous prêter son concours. Il montra une hésitation qui m'étonna. Il m'en donna cependant bientôt l'explication : « Ce n'est guère la « peine, » me dit-il, « d'entrer dans une œuvre « que je devrais si tôt abandonner. J'ai l'intention « d'entrer au séminaire à la prochaine rentrée. » Cette nouvelle me surprit. Je le lui témoignai et lui demandai en même temps quelques détails sur l'ancienneté de sa vocation. Il me dit alors que, depuis l'âge de quatorze ans, sa résolution était prise de devenir prêtre et n'avait jamais varié. « Mais, » lui

dis-je, « ton père est-il au courant de tes disposi-
« tions ? — Non, tu es le premier à qui j'en parle. »

« Malgré son objection, il accepta d'entrer dans
notre conférence et fut pendant quelques mois un
excellent confrère. Nous ne parlâmes plus de sa vocation jusqu'au 10 septembre. Il continuait toujours
son service avec exactitude, sans que rien laissât
soupçonner qu'il dût prochainement l'abandonner.
Je lui dis enfin qu'il devait au plus tôt prévenir son
père. Il me remercia et me promit d'agir. »

Malgré cette impulsion de son ami, Léon Hubert
ne se pressa pas encore. Attendit-il à dessein la fête
de Notre-Dame de la Merci pour faire, sous ses aus-
pices, une déclaration qui devait lui coûter, parce
qu'elle devait affliger les siens? Quoi qu'il en soit
du motif, ce ne fut que le soir du 24 septembre qu'il
s'ouvrit à son père de sa résolution. Cet excellent
père, depuis longtemps attentif aux tendances de
son fils, fut plus ému que surpris d'une telle ouverture. Il avait cependant espéré que Léon trouverait
sa voie et l'aliment de son zèle dans l'enseignement
de la médecine, auquel tout semblait le prédisposer,
brillantes facultés, fortes études, aptitudes remarquables pour le professorat. Mais, en présence d'une
vocation que le jeune homme déclarait impérieuse,
la foi du père s'inclina, et lui-même vint présenter
et recommander son fils aux supérieurs de Saint
Sulpice et d'Issy.

Les sœurs de Léon ne savaient rien encore; elles
avaient seulement remarqué les pourparlers de leur
père et de leur frère, leur air grave et préoccupé.
« Dans les derniers jours de septembre, dit l'une

d'elles, Léon nous fit beaucoup sortir avec lui, nous mena au Louvre, nous expliquant tout ce que nous voyions, car il avait vraiment l'âme d'un artiste. Puis il commença à mettre en ordre toutes ses affaires, nous distribuant les petits objets qui pouvaient nous plaire et disant : Ceci, cela, ne me servira plus jamais. Alors commencèrent les questions : Tu vas donc partir ? Iras-tu loin ? Sera-ce pour longtemps ? Te verrons-nous encore ? Enfin, il me remit une petite note sur le trousseau qu'on demande aux séminaristes et le mystère fut dévoilé. Il chercha alors à nous égayer par tous les moyens possibles ; depuis quelque temps, nous le trouvions un peu absorbé et soucieux ; mais maintenant que le grand effort était fait, il ne pensa plus qu'à éloigner de nous la tristesse au moment de la séparation. Jamais peut-être nous n'avions dit autant de joyeusetés, selon son expression, que la veille de son départ. Les deux ou trois dernières soirées furent employées à nous faire repasser toute la musique que nous savions, et à répéter surtout certaines petites pièces originales de Weber qui lui plaisaient beaucoup. Ces morceaux ont été pour lui, paraît-il, pendant les premiers jours de sa retraite, une cause de distractions très-nombreuses et persistantes. »

Quant aux collègues d'internat de M. Hubert, ils ne surent qu'il les quittait que lorsqu'il était déjà à Issy. La nouvelle ayant été apportée à la salle de garde, personne d'abord n'y voulut croire ; puis, quand elle parut indubitable, on en fit tous les commentaires qui peuvent naître dans les têtes les plus

étrangères à la question. Tous cependant exprimè-
rent, séance tenante, l'estime cordiale qu'ils feraient toujours de Léon Hubert et le plaisir qu'ils
auraient à le revoir. Sur les gens de service de
l'hôpital, l'impression produite fut profonde. L'un
d'eux disait encore longtemps après. « Oh! M. Hubert, c'était un saint. »

Les parents et amis de M. Hubert, en dehors de la
maison paternelle, ne connurent aussi sa grande
démarche qu'après son entrée au séminaire. Plusieurs eurent peine à s'expliquer un tel silence. On
peut croire que le jeune homme avait voulu leur
épargner, en même temps qu'à lui-même, beaucoup
de représentations inutiles. Nous ne savons d'ailleurs à ce sujet rien de plus précis que ce qu'il dit
à son oncle, dans une lettre datée d'Issy, après la
clôture de la retraite, et qui sera la meilleure des
transitions entre les deux grandes époques de sa
vie.

Issy, 12 octobre 1871.

« Mon cher oncle, je viens à l'instant de recevoir
votre excellente lettre, qui m'a été apportée en ma
nouvelle demeure par mon père et mes sœurs ; je
vous remercie beaucoup et suis très-touché des
bonnes paroles que vous m'adressez. Ma détermi-
nation, je ne m'en étonne pas, vous a surpris, et je
crois en effet qu'il paraissait peu au dehors que je
dusse quitter le monde. Cependant, cette résolution
était en moi fort ancienne et inébranlable ; elle
datait au moins de dix ans, et n'avait jamais varié.
Vous me dites que j'ai choisi la meilleure part, et

vous avez bien raison. Cependant je dois ajouter que le mérite du choix ne doit pas tant revenir à moi-même qu'à Dieu, car ma vocation religieuse est une grande grâce. Je l'ai conservée comme un précieux bienfait, en me promettant d'y correspondre dès que j'en aurais le pouvoir. »

« Vous m'accusez, mon cher oncle, d'avoir été mondain. Je ne nie pas que les agréments d'une fête comme celle de vos noces, n'aient déterminé en moi une très-vive et très-joyeuse impression ; mais je dois reconnaître que j'ai su me garder de l'éblouissement et de la fascination, où d'autres peut-être auraient été entraînés. Il me souvient même d'avoir fait un soir, à table, un très-long sermon à ma voisine sur la mort et le désir que nous en devons avoir parce qu'elle nous rapproche du souverain bien. J'ai pensé bien souvent, au milieu des plus entraînants quadrilles, que ces danses étaient pour moi à la fois les premières et les dernières. Il est vrai que je me suis gardé de communiquer à qui que ce soit cette réflexion : de telles choses ne se découvrent qu'au dernier moment. C'est là, mon cher oncle, ce qui vous explique pourquoi vous n'avez pas reçu de moi l'annonce de mon changement de vie. J'avais résolu de ne parler de l'événement que lorsqu'il serait accompli ; mes sœurs mêmes n'ont été prévenues que l'avant-veille, et j'ai tenu cette résolution absolument secrète à mes amis. Mais croyez bien que si je ne vous ai pas écrit plus tôt, du moins j'ai pensé bien souvent à vous, et prié pour vous. »

« Nous venons de terminer la retraite qui précède les études. Pendant huit jours, nous avons été absolument séparés du monde. Aujourd'hui nous avons commencé des études philosophiques qui, pour moi, se prolongeront jusqu'au mois de juillet. A ce moment, je quitterai le séminaire d'Issy pour celui de Saint-Sulpice, où l'on étudie la théologie et où je passerai trois années. »

« Il est bon d'ajouter que ces quatre années d'étude sont séparées les unes des autres par des vacances de trois mois. »

CHAPITRE II

LE SÉMINAIRE D'ISSY

C'est au milieu de sa vingt-cinquième année que
M. Hubert, comme il s'appellera désormais, entrait
au séminaire d'Issy. Dès cette époque, il l'emportait
de beaucoup sur ce jeune homme de l'Evangile auquel, un jour, le divin Maître proposa de s'engager
dans la voie de la perfection. Le nouveau séminariste, en effet, n'avait pas seulement, depuis son
enfance, observé tous les commandements, ce qui
suffit, à la rigueur, pour aimer Dieu par-dessus
toutes choses; l'amour de Dieu n'avait pas seulement dominé sur tous ses sentiments et sur toutes
ses démarches, mais en avait de plus inspiré directement un grand nombre. Cependant, pour s'élever
jusqu'à n'aimer que Dieu seul en toutes choses, il
restait au jeune chrétien plus d'un degré à franchir.
Le moment décisif était venu; la voix du Seigneur
allait lui dire, comme autrefois à saint Pierre :
« Quand tu étais plus jeune, tu te ceignais les reins
pour aller où bon te semblait, mais il n'en doit plus
être ainsi. » Elle eût pu dire aussi de lui comme de
l'autre grand Apôtre, en signe de son élection : « Je

vais maintenant lui montrer combien il doit souffrir pour moi. »

M. Hubert était bien préparé à cette vocation nouvelle, car, sous des dehors d'une grande simplicité, il possédait une âme fortement et généreusement trempée. L'amour du devoir, l'esprit d'abnégation et de charité, le zèle de la perfection, avaient plus de part qu'on n'eût pu le croire à cette égalité d'humeur et de conduite, à cette bonté gracieuse, à cet aimable enjouement, qu'on remarquait surtout en lui; et s'il montrait du goût, de l'entrain même pour les agréments de la vie, il n'y tenait cependant que par de bien légères attaches. Il conservait à l'égard de tous les petits intérêts une certaine indépendance intérieure, et une sorte d'insouciance, qui lui réservait la liberté de s'en dégager à son heure.

Rien ne peint mieux un des aspects de ce caractère élevé de M. Hubert, que l'espèce d'indifférence avec laquelle il traita les questions secondaires, à l'occasion de son entrée à Issy.

Lorsqu'il se présenta pour la première fois au séminaire, quatre ou cinq jours avant la rentrée, il n'avait presque aucune idée du genre de vie qu'on y mène. Il prit cependant fort peu de soin de s'en informer; à son retour chez lui, questionné par sa famille, à peine sut-il que répondre. Il supposait vaguement, qu'en dehors des heures de cours, chacun jouissait à Issy d'une liberté presque complète, et que les mois de l'année scolaire étaient coupés par des sorties plus ou moins fréquentes; un des projets qu'il anonçait, était de beaucoup fréquenter les séminaristes anglais pour se perfectionner dans leur langue. La réalité ne s'accorda guère avec de telles prévisions; mais au fond, peu lui importait. Il se sentait appelé au sacerdoce, et le séminaire en était l'école : c'était tout ce qu'il avait besoin de savoir. Le reste était pour lui question de détail, dont il ne se préoccupait pas, parce qu'il était prêt à tout.

Il le montra bien dès le début. Ayant cru la rentrée moins prochaine qu'elle ne l'était, il avait projeté une excursion en province qui lui eût procuré quelques jours au moins de répit entre l'hôpital et le séminaire; des raisons assez pressantes paraissaient l'y décider. Elles tombèrent cependant devant le premier mot du supérieur, qui lui représenta l'importance de ne point manquer la retraite. Le 3 octobre, à l'heure dite, M. Hubert arrivait donc à Issy, accompagné par le frère dont il ne s'était presque point séparé un seul jour depuis l'enfance. On peut de suite ajouter, en preuve de son amour de la règle, que pendant les quatre années qu'il demeura au séminaire, jamais il ne voulut demander une sortie particulière, et sut toujours se contenter de celle du 2 janvier. Son frère le secondait encore dans cette conduite exemplaire, en se chargeant pour lui de toutes les petites affaires qui eussent pu l'appeler au dehors.

Les vocations aussi généreuses que celle de M. Hubert, et les séminaristes d'un âge plus avancé que ne l'était encore le sien, sont moins rares à Issy que partout ailleurs. C'est une grâce et un privilége, particuliers à cette maison, que de réunir chaque année, dans le plus fraternel accord, des âmes attirées de Dieu des quartiers les plus divers. Les enfants de toutes les provinces de la France s'y rencontrent avec ceux de l'Espagne et de la Grande-Bretagne, de l'Asie et de l'Amérique ; la magistrature et l'armée y envoient tour à tour leurs élus ; parfois, les lettrés et les savants y redeviennent enfants à l'école de Jésus-Christ.

Quoi qu'il en soit, l'apparition d'un docteur en médecine dans la communauté du séminaire, était chose assez exceptionnelle, pour exciter, dans les groupes où la nouvelle s'en répandait, une curiosité sympathique. Il fut bientôt reconnu que le jeune savant ne voudrait se distinguer de personne, autrement que par un surcroît de modestie, de cordialité et d'affectueuses prévenances. On ne pouvait encore deviner cependant ce que ces apparences si simples recouvraient déjà de hautes vertus, et quel modèle de perfection chrétienne cet étudiant de la veille allait être demain au milieu de ses nouveaux frères..

Sa physionomie conservait un air de grande jeunesse ; sa tenue respirait la distinction et l'aisance, parfois aussi une sorte d'honnête désinvolture. Curieux de faire connaissance intime avec sa nouvelle demeure, on le voit encore, dévisageant à travers son binocle la galerie des vénérables supérieurs de Saint-Sulpice, dont les portraits décorent une des salles du séminaire ; ou bien, aux premières instructions de la retraite, accoudé dans une stalle, les jambes croisées, le dos légèrement renversé, laissant courir sur ses lèvres un sourire un peu malin : innocentes légèretés dont sourient à leur tour ceux qui se les rappellent, car leur unique effet fut de mettre en relief l'austère transformation qui devait bientôt se manifester en lui et que ses nouveaux amis appelèrent gaîment « le plongeon du docteur ».

Elle ne fut cependant pas entièrement subite. Quelques semaines se passèrent avant qu'il se dépouillât, par exemple, dans ses conversations, de certaines habitudes critiques apportées d'un autre milieu. Un jeune médecin, par la nature des choses, n'a-t-il pas plus de raisons qu'un séminariste de soumettre à son contrôle l'autorité de ses maîtres? M. Hubert discutait donc parfois ce qu'il ne pouvait pas encore bien apprécier dans les usages de Saint-Sulpice. « Jamais, » dit le saint Evangile, « celui qui boit anciennement d'un certain vin n'en goûte tout d'abord un nouveau, fût-il meilleur. *Nemo bibens vetus, statim vult novum.* » Cependant, pour prendre le langage d'une autre parabole, le bon grain, dès les premiers jours, était tombé dans une excellente terre et sa croissance y prit tant de vigueur que tout reste d'ivraie fut bientôt étouffé.

Un des nouveaux venus de cette rentrée parle avec l'accent de l'expérience des bienfaits de la retraite, « cette première et si heureuse rencontre dans le silence du séminaire entre Notre-Seigneur et des âmes souvent bien chargées encore de mondanité. Que se passa-t-il, alors, » ajoute-t-il, « dans l'âme de M. Hubert? C'est le secret de Dieu. »

Ce secret nous est aujourd'hui partiellement dévoilé par les notes dans lesquelles le fervent jeune homme a consigné les premières impressions de sa retraite. Son âme pure, échappée maintenant à la poussière du monde, et s'ouvrant pleinement à la lumière de Dieu, en reçoit aussitôt une clairvoyance étonnante ; cette âme, affamée depuis longtemps de justice surnaturelle et de perfection chrétienne, commence à rassasier avidement cette faim, dont rien ne vient plus la distraire.

Tout au début de sa retraite, M. Hubert se pose la question que se répétait souvent saint Bernard : « *Ad quid venisti?* Pourquoi es-tu venu ici ? Pour te sanctifier, répond-il sans hésiter. Je veux devenir un saint. *Petite et accipietis.* Je vous le demande, mon Dieu, au nom de Jésus-Christ, vous ne pouvez me le refuser. Que je meure jeune, si vous le voulez ; je me réjouirai si telle est votre volonté, mais que je meure un saint. »

C'est ainsi que, du premier coup d'œil, il a visé droit au but ; c'est ainsi qu'il y tend, avec une fermeté de foi qui ne pouvait être trompée.

A la date du 6 octobre, troisième jour de cette retraite, il note seulement ces quelques lignes : « Que Jésus crucifié soit mon modèle. Il est dans une attitude infamante, et accablé de douleurs du corps et de l'âme : le tout, pour expier mes péchés..... *Christianus alter Christus.* Que je sois un autre Christ. Que j'aime les humiliations, les mortifications, les peines spirituelles : *Gloriari in infirmitate.* »

L'amour des peines spirituelles : c'est bien la marque d'une âme qui ne débute pas dans la vie chrétienne en débutant dans le séminaire. La même énergie d'accent règne dans les notes des jours suivants : « Qu'ai-je fait jusqu'ici ? rien ou à peu près rien, » répond-il, comme l'auteur de l'Imitation. « Je n'ai pas encore résisté jusqu'au sang, j'aime la sensualité, l'estime des hommes, les satisfactions de toute nature. Je n'aime pas les mortifications et la souffrance, et pourtant c'est là que se trouve la perfection. »

C'est de ces notes, d'ailleurs assez peu étendues, que M. Hubert dégageait, en terminant sa retraite, les résolutions suivantes qui méritent d'être transcrites intégralement.

« Pourquoi suis-je entré au séminaire ? Pour marcher parfaitement sur les traces de Jésus-Christ et devenir un vrai chrétien, un autre christ. Or, comme Notre-Seigneur lui-même a dit : « *Si quis vult post me venire, abneget semetipsum* », je veux d'abord renoncer à moi-même et contempler sans cesse en esprit Jésus crucifié, modèle du parfait renoncement. De toutes les mortifications, la plus méritoïre est celle de la volonté. Je m'efforcerai donc de faire toujours la volonté du prochain plutôt que la mienne, et de m'assujettir très-exactement à la règle. J'accomplirai mes moindres actions en esprit d'obéissance, persuadé que rien ne peut être plus agréable à Dieu que cette soumission absolue et incessante. »

« Je veux inculquer profondément en mon esprit cette idée du sacrifice de moi-même, afin de recevoir de la main de Dieu, avec autant d'amour et de reconnaissance, les souffrances et sécheresses spirituelles que les consolations ou la ferveur sensible. Je marcherai résolûment en avant dans la voie où Dieu m'appelle sans m'arrêter jamais ou me retourner vers le monde. Je veux travailler à acquérir la vertu d'humilité, fondement et garantie de toutes les autres, et je ne croirai point avoir fait de progrès dans la perfection tant que je ne me tiendrai pas pour le plus misérable des pécheurs et que je ne désirerai pas d'être traité comme le dernier. »

« Enfin, convaincu qu'on n'arrive à la perfection qu'en la demandant sans cesse, suivant la parole de Notre-Seigneur : « *Oportet semper orare et nunquam deficere.* » je prierai Dieu sans cesse qu'il me rende un saint et j'aurai présente à l'esprit, pour l'appliquer aux différentes actes de ma vie, cette maxime de sainte Thérèse : « Tout ce qu'on fait en esprit de foi est oraison. »

« Je ne passerai pas un jour sans remercier la Très-Sainte Vierge Marie, ma patronne et ma mère, d'avoir conservé ma vocation au milieu du monde. Je lui confie ces résolutions avec la ferme confiance qu'elle les bénira et me donnera la force d'y être fidèle. »

Rien n'est en effet plus remarquable, au sujet de ces résolutions, qui posent toutes les bases de la nouvelle vie de M. Hubert, que la rare fidélité, l'extraordinaire constance avec laquelle il les gardera. Un jeune prêtre, qui l'avait suivi pas à pas dans tout le cours de son séminaire, écrivait au moment de sa mort : « L'espèce d'immutabilité dont fut marquée sa conduite a été et sera toujours, pour nos défaillances et nos variations, le plus doux, le plus émouvant et le plus efficace des reproches : » témoignage que plusieurs autres ont répété, dans des termes presque identiques.

La croix de Notre-Seigneur, cette grande inspiratrice des saints, est celle de M. Hubert, ses notes le prouvent, dès les premiers jours de son séminaire; et les vives impressions qu'elle fait alors en son âme, iront toujours s'approfondissant.

Il l'avait sans doute aimée depuis sa jeunesse; il déplorait, à seize ans, que la vertu d'abnégation, dont elle est le symbole, fût si méconnue des chrétiens; et quand, un peu plus tard, il écrivait son journal intime, il était déjà pénétré de la doctrine de l'Imitation sur la voie royale de la sainte croix. Mais c'est maintenant un essor tout nouveau que prend en lui l'amour de l'humiliation, de la pauvreté, de la souffrance, et ses autres vertus en recevront l'influence pénétrante.

L'amour de la croix n'avait été dans la retraite l'objet spécial d'aucune instruction ; mais, partout où ce nom sera prononcé, un écho de l'âme de M. Hubert s'éveillera pour le saisir et le faire retentir ; semblable à ces flammes et à ces globes connus de nos physiciens qui, parmi toutes les harmonies d'une voix ou d'un concert, démêlent et renforcent, à l'exclusion de toute autre, la vibration imperceptible, à l'unisson de laquelle ils sont faits pour résonner.

On ne le sait que trop cependant, un amour aussi saint et surnaturel dans son principe, entraîna M. Hubert à des excès d'austérité qu'aucun conseiller prudent n'eût approuvés, s'il les eût connus : erreur incontestable au point de vue des règles communes, mais qui, d'un point de vue plus élevé, pourrait bien prendre un aspect tout différent. Née de la générosité de ce saint jeune homme, et d'une disposition providentielle qui le laissa longtemps dans sa bonne foi, ne fut-elle pas plutôt une sorte de vocation extraordinaire dont l'histoire de la sainteté offre de nombreux précédents? Celui qui est l'auteur des règles ne demeure-t-il pas le maître des exceptions? Et qui osera dire qu'il fasse tort à ses saints, ou nous fasse tort en leur personne, lorsqu'il permet, lorsqu'il demande, à quelques-uns d'entre eux, ces généreuses immolations? La pénitence chrétienne est-elle une vertu trop facile ou trop superflue pour que nous puissions nous passer de tels exemples?

Cependant, il ne serait point temps encore de parler de ces pieux excès de M. Hubert, si ce n'était pour montrer comment on en voit déjà poindre le principe dans les résolutions de sa première retraite.

Il sait et dit parfaitement que « de toutes les mortifications celle de la volonté est la plus méritoire. » Il va la pratiquer sans retard, « en s'efforçant de faire toujours la volonté du prochain plutôt que la sienne, et s'assujettissant très-exactement à la règle du séminaire. » Cette charité, ce respect de la loi, étaient bien selon les traditions de son éducation et de sa jeunesse. Mais, ce qu'il ignore encore, et ce qu'il omet, c'est la nécessité toute particulière de soumettre au contrôle de l'obéissance jusqu'à sa conduite intérieure et à ses attraits de vertu, surtout en matière de pénitence. Plus il a le sentiment de leur excellence, plus il croit peut-être devoir les dissimuler. Il lui faudra plusieurs années pour comprendre ce qu'il a noté quelque part, d'après

4.

une grande sainte, que « souvent, le mérite de l'o-
béissance dans la privation des austérités est plus
grand que celui des austérités mêmes, à cause de
la grande résignation de sa propre volonté et de
son propre jugement. » Et cette autre maxime recueillie par lui dans M. Tronson : « Il n'y a rien où
nous ayons plus à craindre l'attache à notre propre
jugement, et par conséquent plus d'obligation de le
soumettre à celui de nos supérieurs, que dans les
choses les plus spirituelles, et qui nous paraissent
les plus saintes. »

Dieu permit donc que M. Hubert ignorât longtemps la nécessité de telles confidences et d'une telle
soumission, auxquelles, dans sa nature et dans son
passé, rien ne le prédisposait. Depuis sa tendre enfance et la mort de sa mère, l'instinct de son cœur
avait été de ne s'ouvrir qu'à Dieu de ses sentiments
intimes. Un peu plus tard, son excellent père avait
suscité chez ce fils, digne de liberté, l'habitude de
se déterminer par lui-même, de s'engager de lui-
même dans ses propres voies ; ni les sciences que le
jeune homme avait étudiées, ni le milieu dans lequel il avait vécu, n'avaient pu l'influencer dans un
autre sens. Il suivait donc naïvement ses propres
impressions, sans distinguer entre les choses de la
vie ordinaire et celles de la vie spirituelle, où sa ferveur lui créait pourtant de délicates situations, où
la générosité de ses sentiments se trouvait plus que
partout ailleurs en avance sur la maturité de ses
vues. Son âme droite, étrangère à la maladie du
scrupule, n'avait guère connu jusque-là le besoin
d'un directeur que pour lui faire l'aveu de ses fau-

tes. Au moment même où il entrait à Issy, ne s'était-il pas applaudi gaîment de la bonne surprise qu'il allait causer à son confesseur, alors absent de Paris?

Si donc M. Hubert avait vécu dix ans dans le monde en renfermant dans son cœur le secret de sa vocation, était-il étonnant que, de bonne foi, il en fît de même aujourd'hui, pour ces attraits nouveaux et plus parfaits qu'une grâce pénétrante lui avait inspirés? Son humble simplicité d'ailleurs ne lui cachait-elle pas ce qu'il y avait d'extraordinaire et d'excessif dans ses pratiques de vertu? Elle le cacha plus ou moins aux autres, à ceux mêmes qui auraient été ses guides et ses modérateurs s'il leur avait demandé conseil. Rassurés par le calme de son âme, la sagesse ordinaire de ses jugements et jusque par son expérience médicale; frappés aussi de respect pour sa vie exemplaire et ses éminentes vertus, ils ont cru ses pas dirigés par une assistance continuelle de la grâce, et n'ont découvert que tardivement cette espèce d'erreur, s'il faut lui conserver ce nom, qui devait abréger ses jours.

Mais insister davantage sur ce sujet serait nous écarter des premiers temps du séjour de M. Hubert à Issy, d'autant que ce ne fut pas tout d'abord par d'extrêmes austérités que s'exerça son ardeur à combattre et à sacrifier sa nature. Il dut lui en coûter de plus grands efforts qu'on ne le soupçonna, pour se plier seulement au train de vie du séminaire, car il n'avait ni le goût de la solitude et du silence prolongés, ni l'habitude de la ponctualité dans les heures : il se montra cependant, dès le le principe, irréprochable sur tous ces points. Il commença aussi à comprimer, et trop fortement, cette gaîté expansive qui l'avait rendu si aimable aux siens. On en verra comme un dernier reflet dans les passages suivants d'une lettre, adressée, le 15 octobre, à une personne qui avait le droit d'être renseignée sur les détails les plus familiers de sa nouvelle vie : « Entre une communauté religieuse. un couvent et nous, il n'y a pas de différence. Nous sommes de vrais moines par le costume. les occupations ordinaires et les pratiques de piété. Quand je dis nous, je vais un peu loin ; car je t'assure que moi, par exemple, pour n'en pas citer d'autres, je ressemble aussi peu à un moine que quand j'étais dans le monde : je n'ai pas encore revêtu la noire soutane et le blanc surplis, et je ne sais pas exactement quand s'opérera cette transformation. Mais en attendant, je m'étudie à dépouiller mon intérieur de toutes les mauvaises choses qu'il renferme, afin qu'au grand moment, le changement ne soit pas seulement extérieur, et que l'on ne puisse pas en me voyant penser au proverbe que tu devines. »

« Les habitudes de la maison sont extrêmement démocratiques sous certains rapports. Personne autre que nous ne pénètre jamais dans notre chambre, (que tu peux, si cela te plaît mieux, appeler cellule). C'est te dire que nous sommes obligés de nous servir nous-mêmes, car nous sommes bien sûrs, si nous ne faisons le nécessaire, que personne ne le fera à notre place. Nous balayons la chapelle et servons au réfectoire à tour de rôle. Ces mœurs primitives me plaisent fort. »

« Je n'ai pas encore eu de nouvelles des collègues
de l'hôpital. J'ai seulement vu accourir, au lendemain de mon arrivée à Issy, deux de mes externes,
qui n'en pouvaient croire leurs oreilles, et qui voulaient voir de leurs yeux. Ils me toisaient de la tête
aux pieds, comme si j'avais été un objet extraordinaire. Pour les rappeler à eux, je les engageai à
suivre mon exemple et à demeurer avec moi ; mais
ils sont restés impassibles et ont voulu retourner
dans le monde, perdant ainsi une excellente occasion,
que peut-être ils ne retrouveront plus. Puissent
mes futures prédications être plus fructueuses ! »

M. Hubert, dans son zèle pour la prédication, en
adopta bientôt le ton dans sa correspondance même
de famille, et prit bravement son parti de la réputation de sermonneur qu'il obtint parmi ses proches.
Un peu plus tard cependant, il comprit, à la joie de
tous, que ses sermons épistolaires ne perdraient
rien de leur vertu, à être comme autrefois éclairés
de son bon sourire.

Dans l'intérieur du séminaire, M. Hubert donna,
dès le principe, l'exemple des vertus les plus touchantes. La piété surtout, source de toutes les autres,
se manifestait d'une manière frappante dans son attitude et dans son expression. « A voir cet air si
profondément recueilli, » dit un de ses condisciples,
en se reportant à cette époque, « on sentait que
Dieu opérait là : M. Hubert était une sorte d'os-
tensoir vivant qui le présentait à nos hommages. »
Edifiant à ce point, lorsqu'il se pénétrait en tous
lieux de la présence de Dieu, M. Hubert l'était plus

encore lorsqu'il s'oubliait lui-même aux pieds de Notre Seigneur, dans cette prière intime et simple qui lui était depuis longtemps familière. Là, nulle trace d'effort, mais une expression de candeur et d'abandon filial, qui donnait la meilleure explication de la maturité de ses vertus. C'est puiser à la source que de parler à Dieu avec cette simplicité d'enfant.

Un autre signe de sa piété, déjà éminente, se trouve dans un attrait qu'il manifesta dès les premiers jours de son arrivée à Issy. On lui proposa dès lors la lecture d'un ouvrage de M. Olier, qu'on hésiterait avec raison à mettre entre les mains de la plupart des commençants. Non pas que la doctrine de ce grand mystique diffère au fond de celle de saint François de Sales, et des saints les plus condescendants pour l'infirmité humaine : le chemin de la croix est celui de la perfection pour eux comme pour tous les saints du Nouveau Testament. Mais M. Olier y engage les âmes avec une vigueur et une promptitude, que les plus généreuses et les plus élevées goûtent seules dès le premier abord. A ses yeux, la maxime de l'abnégation et du sacrifice douloureux de soi-même est, pour l'homme déchu, une conséquence si claire de la loi suprême de l'amour de Dieu, qu'il la place au premier plan de sa doctrine, comme une sorte d'axiome qu'on ne s'arrête pas à justifier.

Il ne s'accommode pas autant que saint François de Sales au besoin des âmes encore faibles, en leur demandant un à un tous les sacrifices, en les leur faisant envisager à cent reprises, comme au fond d'une perspective toute baignée des rayons de l'amour de Dieu.

L'austère doctrine de M. Olier répondit du premier coup aux aspirations de M. Hubert. Il nageait comme en pleine eau dans ces flots de saveur amère. L'un après l'autre, il demandait les volumes de cette petite bibliothèque, que composent les ouvrages publiés par M. Olier ; et rapidement, il s'en assimila les principes, au point de pouvoir les reproduire dans un langage qui fût le sien propre, les rattacher à des considérations de nature variée, et les prêcher à son tour, *opportunè, importunè*, à tous ceux qu'il crut capables de les accueillir. Le 30 décembre 1871, écrivant à son oncle, à l'occasion du nouvel an, après quelques lignes de souhaits, qui empruntent, dit-il, à la gravité des circonstances, c'est-à-dire au deuil de la France, un caractère profondément sérieux, le nouveau disciple de M. Olier arrive vite à son sujet favori :

« On l'a dit très-justement, ce qui perd la France c'est l'irréligion ; car les vertus civiques se rencontrent bien rarement en dehors des vertus religieuses, qui les embrassent vraiment et les contiennent. Mais, par irréligion, je n'entends pas seulement l'absence de culte extérieur : j'entends encore, et surtout, l'absence de l'esprit du Christianisme, trop commune, hélas ! parmi ceux mêmes d'entre nous qui pratiquent régulièrement. »

« L'esprit chrétien est un esprit d'abnégation absolue, de renoncement entier et profond à toutes les inclinations de la nature, à toutes les tendances de notre esprit, naturellement plein d'orgueil, de révolte et de sensualité. L'esprit chrétien, la vie de Dieu en nous, ne peut s'établir, que par l'anéantissement préalable et complet de nous-mêmes. »

« Nous devons absolument, pour mériter de ressusciter à la vie éternelle, passer par la croix et le tombeau, c'est-à-dire crucifier en notre chair le vieil homme tout entier, parce que tout en lui est désordre et péché ; puis, l'ensevelir si complétement, que l'âme, dégagée des liens de la chair, vive, même ici-bas, de la pure vie en Dieu qu'elle doit continuer dans le ciel. S'il y avait quelque autre moyen de parvenir à cette heureuse fin, Notre-Seigneur nous l'eût indiqué. Et c'est une merveilleuse confirmation de l'excellence de notre divine religion qu'on ne puisse concevoir en dehors d'elle ni ordre ni justice en ce monde : l'esprit d'égoïsme, le contraire de l'esprit chrétien, est aussi le mortel ennemi des sociétés. »

Trois mois après cette lettre, à la veille de la fête de Pâques, M. Hubert adresse un court billet à ses sœurs pour les aider à la bien célébrer. Il y revient sur l'application que nous devons nous faire, dans notre vie spirituelle, des mystères de la mort, de la sépulture et de la résurrection du Sauveur, pensée familière à M. Olier, qui la puise lui-même dans la doctrine de saint Paul.

Plus significative encore que ses lectures ou que ses lettres, était la conduite de M. Hubert. Le règlement des séminaires, principal instrument de sanctification, que la divine Providence mette aux mains de ceux qu'elle appelle dans ces noviciats du sacerdoce, est aussi comme la pierre de touche par laquelle

on peut juger du titre auquel s'élèvent en chacun
les vertus ecclésiastiques : en observer entièrement
la lettre et l'esprit, c'est atteindre à la perfection de
son état. Or il est étonnant à quel point M. Hubert
en approcha dès les premiers mois. Il avait prié
l'un de ses confrères, ancien dans le séminaire,
de le mettre au courant de tous les détails et de
l'avertir, comme *moniteur*, de tout ce qui serait
défectueux dans son extérieur. « J'acceptai, dit
ce condisciple, je promis la plus grande franchise ; mais j'en fus pour mes frais de promesse
et d'observation vigilante. J'eus beau le suivre mi-
nutieusement, je ne découvris en lui aucun défaut ;
pas une irrégularité, pas une parole inconsidérée ou
contraire à la charité, pas une conversation tant soit
peu mondaine. Je n'eus qu'à me taire. Il s'en plai-
gnit : « Vous ne me dites jamais rien ; ce n'est pas
ce que vous m'aviez promis. » Je promis de mieux
faire, et ne réussis qu'à me fatiguer à le suivre partout des yeux ; ce fut toujours sans résultat. Pour ne
point blesser sa modestie, je finis par lui dire qu'à
son âge, il n'était pas étonnant qu'il fût exempt des
défauts dans lesquels peut tomber un séminariste de
vingt ans. Il ne répondit pas et ne me demanda plus
rien. »

Le grand esprit de piété auquel revient l'honneur
d'une formation si rapide, accompagnait partout
M. Hubert, et dominait sur toutes les régions de
sa vie. Les souvenirs qui se rattachent à ses cours
de philosophie vont nous en montrer de nouvelles
preuves.

On pouvait bien prévoir que ses aptitudes si heu-

reuses et son travail toujours si consciencieux lui
assureraient dans ses nouvelles études une véritable
supériorité, et il fut en effet l'un des élèves les plus
distingués d'un cours qui en compta beaucoup. Cependant, il est vrai de dire qu'il ne donna point à
Issy toute la mesure de sa valeur, ce qui s'explique
en partie par la nature et les habitudes de son esprit,
en partie par les tendances de sa vertu.

L'esprit de M. Hubert était fort élevé et naturellement ami des idées générales ; mais, plié de bonne
heure aux études expérimentales plutôt qu'aux spé-
culations abstraites, il éprouvait un besoin instinc-
tif de reprendre souvent pied dans les faits. Il était
en réalité observateur et praticien, moraliste et artiste, plutôt que logicien et métaphysicien. Il s'appli-
qua donc à la philosophie par esprit de devoir ; il
voulut même en approfondir certaines questions, en
vacances, par la conviction qu'il avait acquise, écrivait-il à un condisciple, de la nécessité et de l'importance de cette étude ; mais il le fit sans enthousiasme et sans beaucoup d'entrain.

Les nouvelles tendances de son âme contribuèrent
au moins autant que les habitudes déjà formées de
son esprit, à modérer l'ardeur qu'il eût sans doute,
en d'autres circonstances, portée à ces belles études.
La science des voies de Dieu était désormais l'objet
constant de sa soif intérieure et il commençait à se
déprendre de tout ce qui n'y conduisait pas directement.

De plus, son grand besoin semblait être alors,
suivant la remarque générale, de se faire oublier et
de passer inaperçu ; et de là vint l'attitude extrême-

ment réservée qu'il prit dans les cours de philosophie, ou régnait cependant, cette année-là, une animation plus qu'ordinaire. Dans l'un de ces cours
furent traitées les questions de l'anthropologie. Par
leur côté physiologique tout au moins, « elles of-
fraient à M. Hubert, » dit le professeur, « des occasions journalières de faire de sa science l'usage le
plus naturel. Cependant il ne disait rien, et le devoir
seul put l'amener à donner deux fois sur ces ma-
tières des dissertations écrites, qui firent l'admiration de tous. »

« Que ses grands efforts à Issy dussent se porter
sur l'humilité et la mortification, c'est, » reprend le
condisciple qu'il avait choisi pour moniteur, « ce
qui résulte d'une longue conversation que nous
eûmes ensemble et dans laquelle il me dit que, selon
lui, il fallait absolument commencer par là ; sa vertu
passa ainsi par une période de concentration qui se
prolongea pendant toute cette première année, et
même, un peu au de à ; et il s'ensuivit qu'un certain
nombre de séminaristes lui portèrent d'abord plus
de respect que de sympathie. Mais grande fut notre
joie, quand nous le vîmes peu à peu, à Paris, devenir plus expansif, se répandre en récréation dans les
groupes, y entretenir l'animation et l'intérêt. Dès
lors il eut l'affection, comme la vénération de tous. »

Qu'on ne s'y trompe point cependant ; s'il est vrai
que le besoin de disparaître restreignit d'abord en
M. Hubert l'expansion de la charité fraternelle, il
ne l'absorba jamais à tel point que ses confrères
d'Issy n'aient reçu de lui mille bons et aimables
offices, sans parler de l'édification qu'ils durent à ses

beaux exemples. « Aucun souvenir ne m'est plus doux, » écrit l'un d'eux, « que celui de l'accueil amical que je trouvai près de lui pendant les premières semaines de mon séjour à Issy. Je ne savais que très-imparfaitement le français ; il me fallait trois ou quatre minutes pour bâtir une phrase, et je n'arrivais pas au bout sans faire un affreux gâchis de votre pauvre langue. Or, personne n'était plus attentif à m'écouter que M. Hubert. Si je me trouvais près de lui dans une compagnie pendant la récréation, j'étais sûr de passer mon temps agréablement. D'autres, sans manquer de politesse, m'auraient abandonné à mon malheureux sort. M. Hubert était tout attention pour m'écouter ; il est resté pour moi un modèle de charité et de patience. »

L'auteur de ces lignes, dont l'anglais est la langue maternelle, n'a peut-être jamais su que son patient interlocuteur possédât de cette langue une connaissance, capable au moins de servir à faciliter leur entente. M. Hubert, en effet, prenait alors à tâche de dissimuler tous les talents qui pouvaient lui donner quelque relief et lui rapporter quelque honneur. Ce fut par une sorte de surprise que l'on découvrit, par exemple, qu'il était un musicien comme le séminaire en compte peu.

Dans d'autres circonstances, les attentions de M. Hubert pour ses confrères s'alliaient aux pratiques de sa mortification et leur servaient de voile : « Je ne saurais exprimer, » rapporte un nouveau témoin, « avec quelle admiration et quel attendrissement, placé dans le réfectoire, à quelque distance de lui, je le voyais à tous les repas uniquement préoccupé, car il mangeait à peine, de faire parvenir à chacun tout ce dont il pouvait avoir besoin. Il était, je crois, chef de table. En tout cas, il se faisait le pourvoyeur universel. »

Ce n'était point là, chez M. Hubert, une habitude ancienne, et qu'il eût simplement à conserver au séminaire. Dans sa famille, il était resté jusqu'alors très-étranger aux détails du service de table ; mais il n'en fut plus de même par la suite, et, aux vacances suivantes, on commença à remarquer sa vigilance et son empressement pour prévenir et satisfaire les besoins de tous les convives : il n'avait pas dédaigné d'annoter dans ce sens particulier un beau texte de l'Écriture sainte : *Intellige quæ sunt proximi ex teipso.*

Les fonctions de séminariste infirmier ne pouvaient manquer d'échoir au jeune docteur, dès son entrée à Issy ; elles lui furent une nouvelle occasion de déployer auprès de ses frères le zèle et le dévoûment dont il était animé pour leur bien. Une affection cordiale et une tendre piété lui inspiraient des paroles d'encouragement, qui touchaient le cœur des malades et les aidaient à sanctifier leurs petites épreuves. Sa compassion cependant ne dégénérait pas en faiblesse ; jamais il n'encourut le reproche d'induire personne à se trop écouter, dans le cas de légers malaises. Cette disposition, pour le dire de suite, ne fit que s'accentuer dans les années suivantes, et l'on n'oserait assurer qu'il ne poussât parfois un peu loin, en cette matière, le principe de traiter le prochain comme soi-même ; du moins est-il certain que, lorsqu'il sentait chez un confrère la force de goûter un tel conseil, il l'encourageait rondement à ne point s'inquiéter d'une fatigue passagère et à n'y chercher d'autres remèdes que ceux du temps et de la divine Providence.

C'est ainsi que, dans ses paroles comme dans ses procédés, sa charité s'alliait, et ce n'en était pas le moindre charme, à une grande sincérité de sentiments et d'esprit chrétiens. Beaucoup de personnes ne savent guère exprimer une bienveillance, même très-réelle, que par des formules vagues et banales qui ne sortent pas assez directement du cœur pour aller droit au cœur. Tel n'était pas le genre de M. Hubert, et l'on a remarqué le soin scrupuleux avec lequel il s'abstenait de toute parole de pur compliment. Sa charité ne se répandait pas en effusions insignifiantes ; à la plus sincère compassion pour les souffrances des autres, il unissait un esprit de foi qui ne lui permettait pas de les en plaindre à la manière du monde ; mais on sentait dans ses plus simples paroles quelque chose de cordial et de pénétrant. Le secret de son art n'était autre sans doute que celui qu'enseigne le Père Faber dans des conférences sur la Bonté, très-estimées de M. Hubert, et plus d'une fois commentées par lui dans ses conversations familières : « La bonté « en paroles, » dit le pieux auteur, « suppose deux choses : l'habitude de penser beaucoup aux autres, et un contact du cœur avec Notre-Seigneur. »

Le moment est venu d'entrer dans quelques détails sur ces lectures pieuses dont plusieurs fois déjà nous avons rencontré les traces ; elles exercèrent, en effet, une influence considérable sur l'esprit et la vie de M. Hubert.

Dès l'année qu'il passa à Issy, il sut si bien économiser le temps que, tout en satisfaisant très-complétement à ses devoirs scolastiques, il se réservait chaque jour de longs moments pour son étude de prédilection, celle de la science des saints; il la puisa très-spécialement dans la lecture de leurs vies pour laquelle son amour ne cessa d'aller croissant. Lui-même, un peu plus tard, exposait comme il suit les principaux motifs qui l'attachaient à cette lecture.

« Il n'en est point, dit-il, qui soit à la fois plus attrayante et plus profitable. Quoi de plus digne d'intérêt et d'admiration que de voir des âmes, élevées, transformées par la grâce, et rendues toutes semblables à Dieu qui est la beauté même ; de voir ces hommes qui sont parvenus, au prix de longs et pénibles combats, à dominer si complétement leurs passions, que les inclinations naturelles semblent mortes en eux. Une merveilleuse clarté illumine leur âme ; aussi, quelles expressions, quelle force quand ils parlent des choses de l'autre vie : ils semblent les voir et les toucher comme les réalités du monde matériel. Et puis, dans leur conduite, quel étonnant accord avec leurs paroles ! »

« Les paroles brûlantes des saints, leurs exemples héroïques ont une efficacité singulière pour affermir nos convictions, ranimer notre courage et nous exciter à la ferveur. Combien d'âmes, pénétrées de la lecture de leurs vies, ont répété le mot de saint Augustin : *Non potero quod isti et istæ?* »

« Un autre avantage, trop oublié peut-être que la vie des saints procure comme nécessairement à ceux qui vont avant tout y chercher leur édification, c'est un profond sentiment d'humilité. Quand on lit, par exemple, qu'un saint Bernard conjurait Dieu de ne pas frapper de la foudre les villages qu'il traversait et où il croyait porter la malédiction du ciel ; quand on lit qu'une sainte Gertrude ne pouvait revenir de l'étonnement où la plongeait cette pensée, que Dieu tolérât sur terre une pécheresse aussi abominable qu'elle-même ; lorsqu'on voit tant d'autres âmes d'une admirable pureté, tellement pénétrées de leurs moindres fautes, qu'elles supplient Dieu de ne pas les laisser succomber à un tel spectacle ; et quand, d'autre part, on considère l'immense distance où l'on est de tels sentiments, on a bien sujet de se placer bas, bien bas, et l'on soupire après une goutte de ce mystérieux collyre dont il est question dans l'Apocalypse, qui peut dessiller les yeux de l'âme et, comme les saints, nous rendre voyants, d'aveugles que nous sommes. » On sent, à ces paroles mêmes, quel heureux profit M. Hubert sut tirer de ses lectures de la vie des saints

Il le dut non-seulement aux sentiments de foi qu'il y apportait, mais encore à ses industries pratiques. Il avait de petits cahiers dans lesquels, au cours de cette lecture, il notait les traits, les paroles, les pieuses réflexions qui le frappaient et le touchaient le plus. Ces notes ne sont pas très-multipliées ; un volume ne lui en fournissait parfois qu'une demi-page ou une page, mais toujours d'un choix exquis. Recueillies sur les fleurs les plus précieuses de la vie des saints, elles composent un miel spirituel d'une saveur et d'un parfum délicieux, quoique souvent austères. L'auteur évidemment est guidé par son attrait : aucun sujet ne l'arrête plus souvent que l'amour de la Croix sous toutes ses formes. Mais il est clair aussi que ces extraits, dont il fut toujours fidèle à nourrir son âme, réagirent vivement sur lui. Il rappelle, en vérité, ce qu'on a dit de saint Ephrem, qu'il peignait dans sa conduite la page qu'il venait de lire ; et l'on pourrait composer un portrait ressemblant de M. Hubert avec des passages choisis parmi ses extraits de la vie des saints.

Un de ses condisciples, cherchant à recueillir les souvenirs très-profonds que ce saint ami lui avait laissés, et ne trouvant dans sa vie presque aucun trait saillant à citer en exemple, s'en explique en disant : « Je comparerais volontiers cette vie si uniformément sainte à celle du B. Berchmans : on voyait un jeune homme suivant la règle comme les autres à l'extérieur, mais un je ne sais quoi de céleste sur le visage et dans toute la personne faisait sentir à chacun une âme au-dessus de l'ordinaire. » Or, de cette ressemblance qu'on observait en M. Hubert, comment ne pas rapprocher ce fait, qu'il avait particulièrement étudié la vie du B. Berchmans et transcrit de sa main les maximes de ce saint novice, pour s'en faire à lui-même une règle de conduite ?

Le bibliothécaire du séminaire d'Issy avait peine à suffire à ses demandes. Il fallait, pour y répondre, tirer de la poussière les vies des saints et des saintes aujourd'hui les moins populaires. Un attrait marqué le portait vers les plus mortifiés et les plus contemplatifs : on en trouve comme l'expression dans ce beau passage d'une sainte du XIᵉ siècle, extrait par le pieux philosophe, de la Logique du P. Gratry.

5.

« Ce qui purifie l'œil du cœur et le rend propre à s'élever à la véritable lumière, le voici : le mépris des soucis du siècle, la mortification du corps, la contrition du cœur, le bain des larmes... la méditation de l'admirable essence de Dieu et de sa chaste vérité, la prière forte et pure, la joie en Dieu, l'ardent désir du ciel. Embrassez tout cela et tenez-vous-y. » C'est bien dans cette voie que le fervent jeune homme s'était engagé, sans bruit, mais non sans ardeur.

La vie intérieure devenait à tel point l'élément de son âme, qu'il s'empressait de s'y replonger tout entier, chaque fois que les études du séminaire subissant un temps d'arrêt, lui laissaient un peu de relâche. Nous en avons les preuves dans les notes de deux petites retraites qu'il fit en son particulier, vers l'époque des examens de février et pendant la semaine sainte.

L'humilité est le principal sujet de la retraite de février. « Considérer souvent les grands exemples de Notre-Seigneur. *Exinanivit semet ipsum.* Sa naissance, la fuite en Egypte, sa vie laborieuse, passée jusqu'à trente ans dans un grossier travail et une extrême obscurité. Rien ne nous en a été conservé, pas plus que de la vie de Marie. Quel exemple pour notre orgueil, qui veut au moins des louanges après la mort ! »

« Désirer d'être oublié, méprisé ou traité sans considération. Dans ces circonstances, aspiration joyeuse et pleine de gratitude vers Dieu, qui daigne me faire marcher sur les traces de mon Sauveur. Demander souvent la soif de la justice qui nous fait ardemment rechercher ce qui est contraire aux inclinations orgueilleuses de la chair. « *Sitio*. »

Cette dernière parole, empruntée à l'âme du Sauveur expirant se retrouvera plus d'une fois sur les lèvres de M. Hubert. Elle était bien l'expression de cette ardeur intime qui le pressait et que son extérieur calme et doux ne pouvait entièrement cacher. Ses notes de retraite continuent ainsi : « En communauté je me représenterai souvent que je suis indigne de me trouver en cette sainte compagnie, moi qui devrais être foulé aux pieds par les démons. Au réfectoire, je me regarderai comme indigne de manger, et je bénirai l'extrême bonté de Dieu qui me rend le bien pour le mal. Dans les petits succès que je puis avoir, j'élèverai mon âme vers Dieu, pour le bénir de m'avoir donné gratuitement de bien faire, et je crierai vers Lui : « A vous, Seigneur, toute gloire. » Je me regarderai comme le vil torchon sur lequel un peintre a représenté une belle scène. »

« Elans de bénédiction vers Dieu quand un de mes condisciples fera mieux que moi et m'édifiera. Je bénirai en le voyant le Saint-Esprit qui opère en lui, et je prierai Dieu de répandre sur lui ses grâces. Quand je trouverai quelque défaut dans le prochain, j'élèverai encore mon cœur à Dieu, je lui demanderai pardon pour cette faute et le prierai pour celui qui l'a commise. Voyant moi-même celles de ma vie passée, je m'humilierai en esprit aux pieds de mon condisciple et je penserai qu'ayant reçu moins de grâces que moi, il vaut bien mieux aux yeux de Dieu. »

« S'il me vient quelque souffrance corporelle ou spirituelle, j'en bénirai Dieu. C'est mon Père et mon Frère qui m'envoie cette épreuve. »

« Je veux aimer Marie qui m'a conduit à Dieu en m'arrachant au monde. Si j'aime Marie, j'aurai la persévérance et la sainteté. *Sub tuum præsidium, carissima mater.* »

Les notes de la retraite d'avril se rapportent aux moyens de combattre les distractions dans la prière, et encore à l'humilité. Elles se terminent comme toujours par des aspirations à la sainteté et à l'amour de la très-sainte Vierge. « Je n'aurai point de repos, » dit le fervent séminariste, en répétant une maxime de Berchmans, « que je n'aie obtenu un tendre amour pour ma Mère. »

De telles dispositions et de telles pratiques constituaient une bien sérieuse préparation à la tonsure, cette première démarche solennelle, par laquelle un nouveau clerc est agrégé à l'Eglise, et se sépare du monde pour n'appartenir plus qu'à Dieu.

Admis à l'ordination de la Trinité, M. Hubert fut tonsuré le 24 mai 1872, fête de Notre-Dame auxiliatrice. La veille de ce jour, il écrivait ces quelques lignes, où résonne encore sa note dominante : « Dieu veut bien que nous l'aimions ; il nous l'ordonne même. Or comment mieux témoigner l'amour que par la souffrance pour l'objet que l'on aime. »

Quelques jours auparavant il confiait à la même feuille une pieuse effusion de son cœur sur les premiers mots du *Pater.*

« Vous êtes mon Père, ô Dieu, c'est-à-dire ce qu'il y a de plus tendre au monde, ce qui m'aime le plus et m'est le plus familier. Vous pouviez prendre tout autre titre et vous avez choisi celui qui me rapproche le plus de vous et m'inspire le plus de confiance. Que vous rendrai-je, ô Dieu d'amour, pour cette extraordinaire tendresse? »

Cette prière, qui se prolonge sans changer de ton, nous fait au moins entrevoir un aspect de la piété de M. Hubert, dont les traces écrites sont rares ; il écrivait plus volontiers ses plans de combat contre lui-même ; mais ces épanchements affectueux dans le sein du Père céleste devaient certainement tenir une grande place dans le muet langage de son âme : où donc eût-il autrement puisé ses tendres sentiments d'affection envers ses frères ?

Six semaines après la cérémonie de la tonsure, s'ouvraient les vacances de trois mois qui succèdent aux exercices ininterrompus des neuf mois de l'année scolaire. Elles servent aux séminaristes à faire plus près du monde l'épreuve de leur vocation, en même temps qu'à se délasser des travaux du séminaire. Cette dernière fin ne préoccupa jamais que médiocrement M. Hubert. Quant à la ferveur et à la solidité des dispositions où l'avait établi l'année qui se termine, on en jugera par le règlement qu'il se trace au moment d'entrer en vacances, et qu'il observera, comme toutes ses résolutions, avec une étonnante fidélité.

Ce règlement débute par certaines vues générales, dont le saint jeune homme se pénètre, comme devant présider à toute sa conduite.

1° « Je me rappellerai fréquemment que les vacances sont un des exercices du séminaire, et je m'exciterai, pour ce motif, à les passer saintement. »

2° « Notre manière de vivre, de régler notre temps et l'ordre de nos occupations peut changer ; mais Dieu ne change pas et il a toujours un égal droit à nos hommages et au sacrifice que nous lui devons faire de tout notre être. »

3° « La vie est courte : encore quelques moments et il n'y aura plus de temps pour nous. Que ces instants où j'écris, où je pense, où je travaille, où je prie sont précieux ! avec quelle avidité je dois les faire servir à gagner la bienheureuse éternité et à devenir saint ! quelle douleur j'aurai, après la mort, de les avoir si lâchement employés. »

4° « Je penserai souvent que le temps des vacances est peut-être le dernier pour moi. Avec quelle ardeur je vais profiter de ce délai, que Dieu m'accorde pour ma sanctification. »

5° « Travailler à ma sanctification, c'est commencer l'apostolat auquel Dieu a daigné m'appeler. Quel honneur de pouvoir édifier le prochain, au moins par mon exemple, et peut-être, si je suis fidèle à la grâce, de gagner quelque âme à Notre-Seigneur. »

M. Hubert répandit en effet, partout où la Providence le conduisit pendant ses vacances, un parfum d'édification tout à fait extraordinaire ; et ce qu'on en sait n'est sans doute qu'une faible partie de la vérité.

La seconde partie de son règlement de vacances se rapporte aux vertus qu'il se propose de cultiver.

1° « *Pureté d'intention*, selon le mot de l'Apôtre : *Sive manducatis, sive bibitis, sive aliud quid facitis, omnia in gloriam Dei facite.* En conséquence, je m'efforcerai de faire chacune de mes actions avec plus de perfection que la précédente, et de marquer chaque jour par quelque nouveau progrès dans la vertu. »

2° « *Abnégation* et conformité à la volonté divine. Je préférerai toujours, autant qu'il sera possible, la volonté d'autrui à la mienne, et serai toujours disposé à céder aux désirs du prochain. Je bénirai Dieu en toute rencontre, et quoi qu'il advienne, ne me plaindrai jamais, supportant avec patience, même avec joie, les incommodités de la température ou autres qui peuvent survenir. »

3° « *Mortification*. Je me réjouirai dans les contradictions, et remercierai Dieu de me rendre conforme à Jésus-Christ. Je saisirai avec empressement cette occasion de m'humilier, en pensant aux perpétuelles contradictions que mes péchés infligent à Notre-Seigneur. »

4° « *Patience et douceur*. Je ferai mon possible pour conserver mon âme en paix, quoi qu'il arrive, et prierai souvent à cette intention. Dès que je sentirai, durant une discussion, s'élever quelque inquiétude intérieure, je m'arrêterai aussitôt ou détournerai la conversation jusqu'au retour complet du calme. Enfin, je m'efforcerai de paraître aimable et agréable d'humeur, réagissant courageusement contre le fond d'ennui et de tristesse qui pourrait affecter péniblement les personnes qui m'entourent. »

5° *Humilité*. « Fondement et garantie de toutes les vertus. Elle me portera à me réjouir quand je me verrai oublié ou peu considéré et à fuir toute distinction. »

La troisième et dernière partie du règlement de

vacances contient enfin la distribution du temps pour chaque journée. On y remarque principalement le lever fixé à quatre heures et demie ou cinq heures, la durée de l'oraison, qui est d'une heure entière, celle des études, qui est d'au moins quatre heures, avec l'intention cependant d'en sacrifier au besoin une partie aux promenades.

Malgré cette dernière réserve, il est probable que M. Hubert fit plus souvent le sacrifice inverse, celui des délassements au travail, surtout pendant les vacances de cette première année, qu'il passa bien, suivant le témoignage d'un de ses amis, « dans une solitude studieuse. Il disait qu'il avait tant à apprendre qu'il ne pouvait se résoudre à perdre son temps pour se reposer. »

Lui-même écrivait à un autre ami au milieu de ses vacances : « Notre vocation est si excellente et si redoutable, que les moindres instants que nous pouvons tourner à son profit, et arracher aux nécessités du monde, doivent nous être singulièrement précieux. Et puis, la vie est si courte, et la tâche que nous impose notre futur ministère si vaste, qu'une incessante application pourra seule nous permettre de ne pas rester trop au-dessous de notre mission. » La suite de cette lettre fait allusion à une petite société qui s'était formée à Issy dans les derniers mois de l'année, entre quelques séminaristes des plus studieux.

« Le sujet, » dit M. Hubert, « que vous proposez comme cadre d'études à nos prochaines conférences me semble fort bien choisi, et pleinement dans l'esprit de notre réunion : pour nous, en effet, qui sommes destinés, au moins en grande majorité, à la vie apostolique, l'art de persuader dans la chaire est le premier de tous. Il est vrai que le sujet ainsi posé reste bien vague à cause de son extrême étendue. Mais, parmi ses éléments, il en est deux qui s'imposent tout d'abord et me semblent devoir former une première subdivision, l'auditoire, d'une part, et de l'autre le prédicateur. Qu'est-ce donc que l'auditoire auquel devront s'adresser nos prédications ? Quels sont les hommes qui le composent ? A quelles classes de la société appartiennent-ils ? Quels sont leurs idées, leurs préjugés, leurs tendances, leurs défauts, et enfin, leurs qualités ? »

Suit une autre série de questions à examiner au sujet du prédicateur, puis, dans quelques développements qu'il donne aux premières, on voit M. Hubert appliquer les habitudes d'analyse et l'esprit de recherche développés chez lui par l'étude des sciences expérimentales.

En terminant sa lettre, il énumère à son ami les différents sujets de ses études de vacances, et cite après plusieurs ouvrages sérieux de philosophie, « un peu de littérature française et étrangère, un peu d'histoire philosophique et d'économie politique, enfin quelques ouvrages de spiritualité. » Ce qu'on a lu plus haut, montre assez à quel point de vue il ramenait tant de connaissances variées.

Des études poursuivies dans cet esprit déjà sacerdotal ne le détournaient en rien des exercices de la piété à laquelle appartenait vraiment tout son cœur ; et cette piété, sans qu'il y songeât, brilla comme une vive lumière dans la paroisse de Bellevue, où il passa en entier les vacances de 1872 et de 1873 et en partie celles des années suivantes. Il paraît naturel de rapprocher ici les souvenirs de ces différentes époques : l'unité de sujet les relie, aussi bien que l'unité de lieu.

M. Hubert, dans son règlement de vacances, se proposait de réciter, autant que possible à l'église, le chapelet et le petit office, de la Sainte Vierge. Dès lors, et plus encore, lorsqu'il récita le bréviaire, et lorsque, d'année en année, sa dévotion envers le Saint-Sacrement prit de nouveaux accroissements, ses longues visites à l'église devinrent pour beaucoup de personnes l'objet de la plus grande édification.

Il se plaçait à l'entrée de la chapelle latérale consacrée à la Sainte Vierge, un peu à l'écart de la nef, mais en vue du tabernacle ; le matin, avant et après la messe on ne le voyait jamais qu'agenouillé sur les dalles. Dans ses visites du soir, qui se prolongeaient souvent au delà d'une heure, il usait parfois d'un prie-Dieu, et parfois se tenait debout ; mais toujours son recueillement était si profond, son expression si pieuse, qu'on ne le voyait point sans en être touché et se sentir porté à Dieu.

Plusieurs personnes allaient à dessein à l'église à l'heure où elles savaient l'y trouver pour réchauffer leur foi et leur piété par le spectacle de la sienne. Les sœurs de charité de Bellevue ont avoué qu'elles-mêmes avaient plus d'une fois prié ainsi : « Mon Dieu, je ne sais rien vous dire ; mais écoutez, comme de ma part, tout ce que vous dit ce saint abbé. » Le témoin qui rapporte ces faits ajoute avec une grande vérité : « Il n'avait de relations avec personne et il était connu de tout le monde. »

M. Hubert demanda cependant une fois à la supérieure des sœurs la permission d'aller visiter le Saint-Sacrement dans la chapelle privée de leur Orphelinat. Cette bonne religieuse se permit de lui faire quelques observations sur l'excès de fatigue qu'il s'imposait par ses longues prières à genoux. « Je vous assure, ma sœur. » répondit-il simplement, « que je ne m'aperçois de rien. » La faveur désirée fut accordée, à la condition que M. Hubert s'assiérait pendant sa visite. Il le promit et le tint, mais n'usa guère qu'une fois de la permission.

Ses vacances n'étaient pas moins sanctifiées par la charité que par la prière. Une ancienne et pieuse habitude était établie dans sa famille, de faire, un jour par semaine, le vendredi, l'aumône à tous les pauvres du pays qui se présentaient pour la demander. Cette aumône consistait d'ordinaire en un morceau de pain. Depuis qu'il fut ecclésiastique, M. Hubert réclama le privilége de le remettre lui-même à ces pauvres gens, dans lesquels sa foi vive lui faisait contempler les membres souffrants du Sauveur. Il y ajoutait de son argent, et sollicitait aussi en leur faveur d'autres secours en nature : « Je peux bien donner cela, » disait-il à sa sœur, en tirant du buffet ce qu'il y trouvait de meilleur ; et il le donnait en effet, en présumant la réponse.

Mais, par-dessus tout, il avait soin de joindre au secours matériel de bonnes paroles, capables de toucher les cœurs et de les rapprocher de Dieu. Il n'ignorait pas non plus qu'une des plus grandes consolations qu'on puisse donner à beaucoup de malheureux est d'écouter patiemment la longue histoire de leurs misères ; aussi le voyait-on s'arrêter souvent à la porte pendant un temps considérable, et sans prendre garde à la pluie, pour prêter aux récits de pauvres vieillards cette charitable attention. Il faut se souvenir du prix qu'il attachait au temps pour apprécier toute la valeur de cette bonne œuvre. Tant de bonté multipliait le nombre des pauvres qui venaient sonner à la grille de la maison de Bellevue ; car, depuis les jours de l'Evangile, l'instinct de ceux qui souffrent n'a pas changé. Ils s'avertissent mutuellement, et accourent bientôt en foule, partout où se trouve un bienfaiteur dont le cœur est inépuisable.

Parmi ce grand nombre de pauvres, M. Hubert découvrit un jour un enfant d'une ignorance complète. Il ne négligea rien pour l'attirer souvent, et l'instruire des principales vérités de la religion, lui donnant tantôt des fruits, tantôt des friandises, et prolongeant parfois une demi-heure de suite des leçons si charitables.

Son zèle s'exerçait aussi envers les enfants de chœur de Bellevue, et, pour le leur rendre plus aimable, il les conviait parfois chez lui à de petites fêtes. Il n'était plus alors question de sermons, mais seulement de jeux et de pâtisseries.

Se promenant un jour en famille, il aperçut un jeune homme qui tirait avec peine une charette à bras sur une montée fort raide. M. Hubert souffrait à cette époque d'une grande oppression : il s'em-

presse pourtant au secours du pauvre enfant, pousse
vigoureusement à l'arrière de son véhicule, et l'ac-
compagne ainsi jusqu'au sommet encore éloigné de
la montée, l'encourageant en même temps par une
conversation cordiale.

Un autre jour, il rencontre à la porte de sa maison
un pauvre campagnard qui vient de tomber du
haut-mal. La charité de M. Hubert n'aveugle pas sa
prudence ; et il s'assure d'abord, aux signes connus
des médecins, que l'attaque d'épilepsie est réelle et
non simulée. Il introduit alors le malade dans le
jardin, l'entoure de soins, l'aide à reprendre ses
sens, l'assied, le réconforte, lui lave le visage et les
mains, le questionne sur son domicile. Le pauvre
homme demeurait aux environs du Mans ; il revenait de Paris sans argent ; il lui fallait près de huit
jours de marche pour rentrer lui. Emule cette fois
du bon Samaritain, le lévite charitable ne laisse
point son œuvre incomplète ; sur un journal des
chemins de fer, il vérifie les indications de ce client.
envoyé par la Providence, le conduit par le bras à
la station de Bellevue, et le munit d'un billet pour
le prochain convoi. Le brave paysan se confond en
remerciements et demande le nom de son bienfaiteur afin de lui écrire du pays. Oh bien ! répond
l'abbé, ce n'est pas très-nécessaire ; mais enfin, si
vous y tenez, souvenez-vous de saint Hubert, patron
des chasseurs, et de cette grande église Saint-Sulpice que vous avez vue à Paris ; je demeure à côté.
au séminaire. Deux mois après il recevait en effet
au séminaire une lettre charmante ; elle venait lui
prouver que saint Hubert et saint Sulpice étaient

entrés dans la mémoire d'un cœur vraiment reconnaissant.

Pour en revenir à ses vendredis de vacance, M. Hubert les sanctifiait encore par un autre exercice, qui s'alliait bien avec l'aumône. Non content de la petite retraite mensuelle que l'on conseille aux séminaristes, il consacrait une semaine sur deux, cette journée entière à la récollection spirituelle, et s'abstenait alors, autant que possible, de toute occupation qui n'eût pas entièrement le caractère de la piété.

Peu de mois avant sa mort, M. Hubert donnant les conseils de son expérience à un jeune séminariste, lui écrivait : « Il n'est pas de vertu avec l'humilité qui nous soit plus nécessaire que la charité fraternelle ; volontiers, je vous dirais, soyez scrupuleux sur ce chapitre. J'espère que la lecture et surtout la méditation des exemples de saint François de Sales produira peu à peu sur vous cet excellent effet. Plus nous aurons de bonté, de réelle tendresse pour nos frères, plus nous leur ferons de bien. »

Ce qu'il recommandait ainsi, il l'avait lui-même admirablement pratiqué pendant tout le temps de son séminaire, et rien ne prouve mieux combien son affection pour ses frères était réelle et sincère, que les marques qu'il leur en donnait pendant le temps des vacances. Le samedi, suivant l'usage des séminaristes qui ne s'éloignent pas de Paris, il était fidèle à venir passer une partie de la journée à Issy, et manifestait alors une joie évidente, en se retrouvant au milieu de ceux qu'il y rencontrait. Mais il ne se bornait pas là ; il aimait à attirer chez lui quelques-uns de ses confrères et à les convier à la table hospitalière de sa famille, où le plus bienveillant accueil leur était toujours assuré.

Ces jeunes ecclésiastiques étaient alors frappés de son extrême exactitude aux pratiques de vertu et de piété qu'il avait adoptées au séminaire; on le voyait se lever de table au premier son de l'Angelus pour réciter la prière à genoux, exemple que les plus fervents de ses hôtes hésitaient à imiter. Il semblait qu'il voulût appliquer rigoureusement, au sein même de sa famille, cette maxime qu'il avait recueillie dans la vie du B. Berchmans : « Pour arriver à la perfection chrétienne, il suffit souvent de faire parfaitement les petites choses. Observer partout sans respect humain les moindres pratiques d'humilité, de mortification, etc. »

. Si cependant il se trouvait à table quelque convive peu préparé à comprendre une telle conduite, M. Hubert sortait un instant pour aller réciter l'Angelus dans une pièce voisine; bien rarement on l'a vu consentir à se priver de cette pieuse pratique ou seulement à la différer.

Il eût tout fait accepter, même à des personnes moins prévenues en sa faveur que celles de son excellente famille, tant il joignait de modestie, de douceur et d'amabilité à cette inflexible fermeté de résolution.

Cependant les aspects graves et austères de sa vertu, les plus nouveaux aux yeux de ses proches, furent aussi les plus saillants pendant ses premières vacances, dans les limites desquelles il est temps de rentrer. Sans cesser de se montrer très-bon et très-

affectueux, il perdit tout à fait cette familiarité expansive, dont il avait jusqu'alors usé avec ses sœurs
et commença à leur inspirer beaucoup de respect.

Ses attentions si charitables pour ses confrères de
séminaire paraissaient elles-mêmes être, à cette époque, le fruit d'une résolution réfléchie, plutôt que de
l'inclination spontanée de son cœur. Il ne refusait
pas les promenades en famille, mais sa gravité l'y
suivait; un silence habituel avait remplacé cette conversation autrefois si animée, et le meilleur moyen
de le faire parler était de lui demander un sermon
ou une histoire de saint. Il passait, en un mot,
comme on l'a dit, par une de ces phases de concentration, si souvent observées dans les âmes que Dieu
attire fortement à se donner à Lui seul : tout ce qui
les détourne de leur recueillement et de leur application intérieure les fatigue et les attriste; les propos indifférents leur sont à charge : un jour vient
cependant où Dieu leur fait comprendre comment
ce n'est point le quitter, que de se prêter au prochain
par une aimable condescendance, en tout ce qui
n'est point contraire à l'esprit de leur vocation.

Ce jour devait venir pour M. Hubert; mais dans
la période en question, on put se demander s'il ne
serait pas bientôt conduit jusqu'à la Trappe ou à la
Chartreuse par des attraits si puissants, pour l'austérité, le silence et l'oraison.

Il est plus que probable que cette pensée le solli-
cita longtemps, et que les mortifications qu'il allait
porter, trop loin, lui furent inspirées au moins en
partie, par le désir de s'essayer à la vie des religieux
les plus austères. La suite montrera comment cet

attrait, destiné sans doute à l'affermir dans la vie
intérieure, céda plus tard le pas à celui d'une œuvre
de zèle, pour laquelle la nature et la grâce ne
l'avaient pas moins bien doué que pour la vie contemplative.

CHAPITRE III

LE SÉMINAIRE DE SAINT-SULPICE.

Le 1er octobre 1872, M. Hubert, ayant complété
son année de philosophie par de très-studieuses vacances, entrait à la maison de Saint-Sulpice de Paris, pour y commencer son cours de théologie. Le
passage d'Issy à Saint-Sulpice ne fut sans doute pour
lui l'objet d'aucune préoccupation : l'ordre providentiel en décidait, et dispensait un esprit comme le sien
de toute réflexion inquiète ; mais il put bientôt reconnaître, que cet ordre l'amenait dans un milieu plus
favorable encore que celui de l'année précédente à
la poursuite de sa vocation, déjà si sérieuse et si
affermie.

Le séjour d'Issy a des charmes que n'oublient pas
ceux qui les ont goûtés. Aux jeunes hommes surtout que l'appel de Dieu a tirés du monde pour les
amener dans cette heureuse retraite, il semble souvent qu'en y entrant ils s'éveillent à une nouvelle
vie, et que, pour la première fois, leur âme respire
dans son élément véritable. Tout, en effet, concourt

à les envelopper d'une atmosphère surnaturelle, depuis ce *Benedicamus domino*, ce premier appel à bénir Dieu, par lequel un de leurs frères les éveille chaque matin, jusqu'au dernier son du couvre-feu, auquel ils apprennent à obéir, comme à la voix de Dieu même. C'est surtout du sanctuaire bien-aimé de Notre-Dame de Lorette, que des grâces pénétrantes rayonnent sur tous les habitants de cette maison bénie. Image fidèle de l'humble demeure qui fut ici-bas celle du Verbe incarné et de sa sainte Mère, cette chapelle, naguère relevée de ses ruines, a, depuis deux siècles, été le berceau de la vie sacerdotale pour des multitudes de prêtres, que le regard de Dieu peut seul compter. Là, plus qu'ailleurs, la présence réelle de Notre-Seigneur et la bénédiction de Marie, deviennent en quelque sorte sensibles, par les effets de grâces qu'elles répandent dans le cœur de leurs enfants. De là aussi, le regard du Sauveur et celui de sa Mère suivent dans la solitude de leurs cellules les âmes bien recueillies : elles apprennent à tout faire comme sous les yeux et dans la société de Jésus et de Marie. « Grand art, dit l'Imitation, que celui « de s'entretenir avec Jésus ! Grande sagesse que de « savoir le retenir avec soi ! » Les grâces propres d'Issy sont, en un mot, celles des prémices ; on y connaît les premières joies de la vie spirituelle, et ses premières épreuves qui préparent de plus grandes joies. On y goûte, dans leur première fraîcheur, les délices de cette charité, fraternelle entre toutes, qui ne fait qu'un cœur et qu'une âme de ceux qu'une même vocation rassemble dans une même demeure. Il y a quelques années, un ancien séminariste, un

Issien, devenu prêtre, et rentré dans son lointain
pays d'outre-mer, y publiait un écrit sous ce titre :
Le point de la terre le plus voisin du ciel : c'était une
description du séminaire d'Issy et de la vie qu'on y
mène. Heureux ceux qui, par leur ferveur et leur
charité, sauront concourir comme l'a fait **M.** Hubert à perpétuer de telles traditions ! [Heureux ceux
qui, comme lui, viendront, jusqu'au terme de leur
vie, réchauffer leur âme aux rayons du tabernacle
de Lorette, et s'y retremper, aux pieds de Marie,
dans le premier esprit de leur enfance cléricale !

A Saint-Sulpice, la saison des fleurs s'éloigne et
celle de la moisson se rapproche. Ce n'est pas que
les âmes y perdent leur jeunesse ; celle de l'âme sacerdotale ne doit-elle pas, jusqu'au dernier jour, se
renouveler au saint autel ? Mais cette jeunesse a pris
quelque chose de plus viril et de plus mûr. Le pro-
grés des années n'y contribue pas seul. La nature
moins abstraite et plus pratique des études, le progrès des instructions spirituelles, la réunion sous le
même toit des séminaristes de trois années consécutives, la présence surtout de ceux qui touchent déjà
aux honneurs et aux travaux du sacerdoce ; puis
encore la fréquentation de l'église paroissiale, et
cette première initiation du saint ministère, que
beaucoup y reçoivent dans la direction des catéchismes : tout rappelle aux jeunes gens la proximité
et le sérieux de la vie sacerdotale qui les attend. Ils
sentent le besoin de se resserrer, de s'unir, non-seulement dans les épanchements de la piété, et les
exercices de l'étude, mais aussi dans les aspirations
du zèle et dans l'étude de ses œuvres ; le travail, le

renoncement, les relations mutuelles, revêtent une forme plus rapprochée de celle qu'ils prendront dans la vie réelle du prêtre. Cependant, c'est toujours par l'intérieur que se fait la solide croissance des âmes, et les premiers labeurs de la vie active ne sont réellement fécondés qu'aux sources de la piété affective et contemplative. M. Hubert, plus que personne, conserva toujours l'attrait et le zèle de cette vie intérieure, et ses progrès y sont marqués, au commencement de chaque année, par ses notes de retraite. Celles d'octobre 1872 ne sont pas les moins dignes d'être citées assez largement :

« Si le grain de froment qui tombe en terre ne meurt pas, il ne porte pas de fruits. Le grain de froment, c'est mon âme ; la terre, c'est la vie de ce monde ; les fruits, ce sont les vertus chrétiennes. »

« Mon âme est en ce monde de luttes et de souffrances pour combattre, souffrir, et vaincre. Jusqu'à ce jour qu'a-t-elle fait pour Dieu ? Rien ou presque rien. Que doit-elle faire durant les quelques instants qui lui restent à vivre ici-bas ? Se sanctifier. »

Après quelques développements sur les raisons qui lui imposent cette obligation : Dieu à aimer, la vie éternelle à gagner et à commencer ici-bas, les âmes à sauver, le fervent séminariste continue :

« Qu'est-ce donc que se sanctifier ? C'est mourir à soi-même pour vivre à Dieu ; c'est continuer la vie du Sauveur dont nous sommes les membres, nous abandonnant à ses sentiments et à son esprit. Plus nous sommes vides de nous-mêmes, plus Dieu nous remplit, plus il opère en nous. »

« Le grain de froment est caché en terre; mon âme demeurera comme lui en paix et obscurité, dans le silence, et loin de tous les bruits extérieurs. Il attire à lui l'humidité qui doit le corrompre et le faire mourir; mon âme attirera par une incessante prière et d'ardents désirs la grâce de Dieu, qui lui donnera de mourir à elle-même par une totale mortification. Il faut qu'elle en arrive à trouver doux ce qui est amer et amer ce qui est doux. En cet état, rendue parfaitement libre, elle s'abandonnera à l'Esprit divin qui la tournera et l'appliquera où il lui semblera bon, sans qu'elle fasse résistance, et même avec une pleine joie et un entier consentement de sa part. Ainsi portera-t-elle en Dieu des fruits de sainteté. »

« Je m'efforcerai d'aimer mon prochain comme moi-même, voyant en chacun de mes frères un membre du corps mystique de Jésus-Christ, une âme rachetée par la mort du Sauveur et plus précieuse que tous les mondes créés. En cet esprit, je prierai pour eux sans cesse, et me réjouirai de les voir glorifier Dieu par leur vertu ; m'humiliant à leurs pieds, pour la grande distance que je découvrirai entre leurs mérites et les miens. Je demanderai chaque jour dans mes prières l'amour des âmes, la conversion des pécheurs et de la France. »

« Qu'aucune de mes actions ne soit indifférente et perdue pour mon âme et celle de mes frères. »

« Je prie la très-sainte Vierge Marie de bénir les résolutions que je lui confie. C'est d'elle que j'espère ma sanctification, et par elle que je veux la demander à Dieu. Je jette en son sein maternel toutes mes sollicitudes, persuadé qu'elle sait mieux que moi ce qui me convient, et le désire plus que je ne le désire moi-même. »

Par cette aspiration entre autres : « qu'aucune de mes actions ne soit indifférente pour mon âme et celle de mes frères, » M. Hubert demandait des journées pleines. On serait tenté de dire que les siennes le furent jusqu'à l'excès. Lui-même donne une idée de ses occupations, dans une lettre écrite à son oncle le 31 décembre 1872, après trois mois de séjour à Saint-Sulpice :

« Non content de mes travaux habituels de théologie et des nombreux et réguliers exercices du séminaire, auquel se surajoutent le catéchisme et l'infirmerie, fonctions assez accablantes par intervalles ; non content de tout cela, il m'a fallu me plonger dans l'étude de l'hébreu ; et de plus, comme actuellement, les questions d'exégèse sont très-discutées, surtout chez les Allemands, nos voisins, qui écrivent beaucoup (et souvent fort mal) à leur sujet, je me suis vu contraint de reprendre la langue allemande, sans négliger absolument la grecque, dont il est nécessaire de conserver quelque teinture, ne fût-ce que pour la lecture du Nouveau-Testament dans le texte original. »

« De tout cela vous pouvez conclure que mes journées sont largement remplies, et aussi qu'il me faudra de bien particulières grâces d'état pour ne pas justifier le proverbe, hélas ! trop souvent véritable : *Qui trop embrasse, mal étreint !* Cependant je n'aurais pas à me plaindre si j'arrivais enfin à cette conclusion profondément sentie et chrétiennement interprétée de Socrate : *Je ne sais qu'une chose, c'est que je ne sais rien.* Que de schismes, que de révoltes n'a pas produits cette absolue confiance qu'on a si souvent en ses propres lumières et en la supériorité de son petit esprit ! Heureux pour ma part, si j'arrivais à me bien convaincre que la sagesse de ce monde est folie aux yeux de Dieu, et que la science sans la piété n'est rien, ou plutôt est une arme dangereuse entre les mains de celui qui la possède. Dieu s'est servi d'ignorants, de grossiers pêcheurs pour changer la face de la terre, et il nous montre de grands savants, moins sages et moins véritablement instruits qu'un enfant qui sait son catéchisme. Plus j'y pense, plus je me persuade qu'il faut pour n'être pas ébloui par la science un grand fonds de vertu. Et comme ce fonds est après tout la base nécessaire d'un édifice stable, il le faut acquérir tout d'abord et à tout prix ; mais pour cela, combien il faut d'efforts, de persévérance et partant de grâces. Oui, mon cher oncle, vous pouvez m'aider beaucoup par vos bonnes prières et j'y compte grandement. »

Il fallait assurément l'esprit facile et exercé, la rare puissance d'attention et de travail que l'on connaît déjà en M. Hubert pour faire face à tant d'études et d'occupations diverses, et dépasser de tant de côtés à la fois le régime commun du séminaire. Il lui fallait surtout une vertu déjà bien solide, pour ne point cesser d'y trouver l'aliment de sa piété. A tous les yeux cependant il était manifeste que son esprit,

loin de se dissiper, s'enfonçait dans un recueillement de plus en plus parfait et qu'il savait pratiquer comme peu de séminaristes cette maxime de
sainte Thérèse, adoptée par lui dès sa première retraite d'Issy : « Tout ce qu'on fait en esprit de foi
est oraison. »

Mis de nouveau au nombre des infirmiers, dès le
moment de son entrée à Saint-Sulpice, chaque matin, après la méditation commune, il assistait à la
sainte messe, dans la chapelle de l'infirmerie, à genoux, édifiant comme partout les assistants par
l'expression de foi, d'humilité, de piété qui paraissait sur son visage et dans toute son attitude. Au
déjeûner, où il se contentait d'un morceau de pain,
et où il n'a peut-être jamais bu, son esprit, plongé
dans une lecture attentive, se nourrissait plus que
son corps, réduit à une si frugale réfection. La petite récréation qui suit étant libre, M. Hubert ne la
prenait pas, ou l'employait au soin de ses malades ; il
leur consacrait encore une grande et trop grande
partie de celle qui suit le dîner. Malgré sa parfaite
exactitude à se joindre, en descendant enfin dans la
cour, au premier groupe qu'il y rencontrait, la plupart de ses confrères le connaissaient peu, car il continuait à se renfermer dans cette trop modeste et
silencieuse retenue qu'on avait remarquée et regret-
tée en lui à Issy. Cependant l'opinion de sa sainteté
régnait déjà dans le séminaire, où elle devait s'affermir de jour en jour. On n'en jugeait pas seulement
par cette remarquable expression de physionomie
où se peignait le recueillement de son âme ; mais
on ne pouvait tant soit peu observer sa conduite

sans voir se révéler l'esprit de piété et de mortification qui l'accompagnait partout. Ceux-ci étaient frappés de son inflexible constance dans l'observation des moindres pratiques de vertu ; ceux-là de sa parfaite égalité d'âme. Son obéissance à la règle était absolue. « Jamais, » dit un de ses voisins de cellule, «je ne l'ai vu parler dans un corridor. Lorsque moi-même j'allais lui demander quelque service, il m'apparaissait si absorbé en Dieu, que je n'aurais osé dire un mot superflu qui pût troubler cette paix. Toujours il me donnait gracieusement l'objet désiré ; parfois il m'engageait à le déposer à sa porte quand je n'en aurais plus besoin. Bien que nous ne fussions séparés que par une cloison, jamais le plus léger bruit ne me révélait sa présence, et j'eus besoin d'écouter à deux fois pour me persuader que c'était bien lui qui, un jour, enfonçait un clou dans le mur ; j'excepte cependant certains bruits nocturnes, ceux de rudes disciplines que je l'ai parfois entendu se donner, au moment où j'étais appelé, par ma charge de réglementaire, à sonner pour la communauté le dernier coup du coucher. »

Si cette obscure vie d'un séminariste fervent pouvait être mise en lumière aux yeux des hommes qui ne croient à rien de surnaturel ; si l'on pouvait leur en faire toucher du regard les mille détails extérieurs et surtout intérieurs ; ce continuel assujettissement de tout lui-même auquel un homme de vingt-cinq ans s'applique, très-librement, depuis la la première heure du jour jusqu'à la dernière ; ces innombrables contraintes qu'il impose, non-seulement à ses sens, mais aux mouvements de son âme, discernés par sa conscience avec une clairvoyance inconnue au commun des hommes; si sur ce fond de mortification, on pouvait faire reluire l'aisance, la sérénité, l'aménité, la joie qui en émanent; si enfin le spectateur de ce vivant tableau était capable d'une appréciation morale assez délicate, sans doute il se verrait obligé de reconnaître que le pauvre cœur humain, réduit à sa propre séve, ne saurait produire de tels fruits. Ils sont alimentés, ceux qui les portent en ont conscience, par le sacrement qui nous unit au corps et à l'esprit de Notre-Seigneur Jésus-Christ. L'Eglise, qui seule le possède, pourrait donc, à cette seule marque, démontrer à la fois sa divine origine, et la vérité de tous les mystères dont l'Eucharistie est le couronnement. Mais, hélas! ces humbles merveilles, qui se reproduisent sous mille formes dans la vie religieuse et catholique, sont cachées pour beaucoup d'yeux.

Sur cette trame unie et précieuse, tissée dans le silence du séminaire par une série de jours si pleins, il faut maintenant voir se détacher quelques-uns des détails qui la rehaussent. Il suffira, pour les rencontrer, de suivre M. Hubert dans diverses circonstances de sa vie de séminariste. La liaison naturelle des faits pourra, sans inconvénient, l'emporter plus d'une fois sur l'ordre rigoureux des temps, pendant les trois années de son séjour à Saint-Sulpice.

1. — *Cours de théologie. — Exercices de prédication.*

A Paris comme à Issy, le travail occupe la plus grande partie des journées du séminaire. Mais, plus

qu'à Issy, le sujet des études allait répondre aux
tendances d'esprit de M. Hubert. Le cours de théologie dogmatique devait particulièrement lui offrir
un vif intérêt, comme à tous ceux qui ont été plus
ou moins mêlés à la vie du monde et aux contro-
verses du jour : on y étudie, en effet, en première
année, les preuves de la divinité du Christianisme et
de l'autorité infaillible de l'Eglise. M. Hubert s'ap-
pliqua à cette étude comme à tous ses devoirs avec
la plus grande conscience. Son professeur eut cependant un reproche à lui faire : celui du silence
complet auquel il semblait se réduire, à moins d'être
interrogé, dans une classe où notoirement la discussion a toujours été en faveur.

C'était la continuation de cet effacement volon-
taire dont le principe nous est aujourd'hui mieux
connu qu'il ne l'était alors aux nouveaux maîtres
de M. Hubert. Quant à ses condisciples, ils savaient
le zèle et la supériorité qu'apportait le saint jeune
homme à recueillir toute la substance des leçons ;
ils recouraient souvent, pour éclaircir leurs difficultés, à ses cahiers de notes, également remarquables par la clarté et la concision : dans leur
écriture fine et nette, certains experts auraient pu
lire plus d'une qualité de l'esprit de leur auteur.
Ces cahiers furent plus tard présentés à l'un des
professeurs de première année, pour qu'il jugeât
avec quelle fidélité son enseignement y était repro-
duit : « C'est le parfait résumé de mon cours, » répondit-il après examen, « et je le retrouve là, supérieur à ce que j'ai conscience d'avoir jamais
donné. »

Pour concilier un travail si soigneux, soit avec ses fonctions particulières de catéchiste et d'infirmier, soit avec les études de spiritualité auxquelles sa prédilection restait acquise, M. Hubert poussait plus loin que jamais cette économie des moindres instants, dont l'habitude était ancienne chez lui. Toujours un livre à la main, le plus souvent, dit-on, l'Évangile ou l'Imitation, il ne laissait pas échapper entre deux exercices le moindre intervalle, sans en lire quelque verset. Cette application parut excessive, et le directeur du séminaire intervint pour y mettre un terme. M. Hubert se soumit avec l'esprit de foi qui animait toute sa conduite, et qui ne lui aurait jamais permis de faire d'un seul moment un usage irrégulier. S'il arrivait qu'un séminariste se flattât d'avoir gagné par une sorte de contrebande quelques instants d'étude à l'heure du coucher ou de la récréation : « Quelle illusion, » disait-il, « de préférer l'activité naturelle à la règle, à l'obéissance ! C'est n'avoir pas encore compris ce qu'on fait au séminaire. »

Pendant la seconde et la troisième année de ses études théologiques, M. Hubert sortit de l'attitude silencieuse qu'il avait d'abord gardée dans les cours, et ce fut l'un des traits heureux d'une sorte d'épanouissement, qui se produisit alors dans toute sa conduite. Ses professeurs furent aussitôt frappés de la justesse et de la portée des réflexions par lesquelles il se signalait dans les discussions de classe. L'un d'eux se fit même un plaisir de lui céder sa chaire, pendant trois leçons consécutives, auxquelles assista toute la communauté du séminaire. Il s'agis-

sait de traiter une question difficile, et sur laquelle
M. Hubert paraissait mieux préparé que personne
par ses études de médecine et de mysticité : celle des
rapports et des contrastes entre les états supérieurs
d'oraison, ravissements, extases, visions, et les états
névropathiques, analogues quant aux phénomènes
extérieurs. Sans se laisser émouvoir par une certaine hilarité, toute bienveillante d'ailleurs, que
provoqua d'abord son apparition à la place du professeur, M. Hubert prit la parole avec une modeste
aisance et une parfaite lucidité. Il procédait par
comparaison entre les faits d'apparence semblable
dans l'ordre naturel et dans l'ordre surnaturel, et
montrait la grande difficulté de les distinguer dans
certains cas. « Quelques-uns, il est vrai, dépassent
manifestement toutes les forces de la nature ; pour
beaucoup d'autres, la distinction ne peut se tirer
que de l'appréciation morale des circonstances, des
antécédents et des conséquents. Les personnes pieuses, concluait M. Hubert, doivent se tenir en garde
contre une certaine tendance à regarder comme mi-
raculeux tout fait extraordinaire, et surtout à accuser de rationalisme ceux qui ne partagent pas leur
empressement. »

La haute piété du professeur improvisé donnait à
cette recommandation un poids tout particulier.
L'avis unanime fut d'ailleurs, qu'en cette circonstance, il n'avait pas seulement fait preuve d'une
grande largeur d'esprit, mais aussi de remarquables aptitudes pour l'enseignement.

Les exercices de prédication ne durent pas moins
sourire au zèle de M. Hubert : sa parole facile et

son expérience déjà si sérieuse de la vie chrétienne semblaient aussi promettre le succès à ses débuts en ce genre. Cependant son premier sermon n'obtint que des éloges incomplets. La doctrine en était solide et pieuse, le style pur et non sans grâce ; mais un excès de modestie avait poussé l'orateur à un excès de simplicité dans la composition, et de réserve dans l'action. Critique lui en fut faite, et l'on admira, l'année suivante, à quel point il portait la docilité, car son second sermon fut marqué de caractères tout nouveaux. On les entreverra dans un morceau voisin de la péroraison, et qui paraît digne d'être cité.

« Le Sauveur Jésus, en embrassant notre pauvre nature dans son insondable misère, voulait nous montrer par son exemple, quel usage nous devons désormais faire de notre liberté. Il faut crucifier vos membres par la mortification , les garottant et clouant de telle sorte qu'ils ne puissent plus se porter à la concupiscence et deviennent instruments de justice au lieu d'instruments d'iniquité : et ce ne sont pas vos seuls membres de chair qui doivent être marqués du stigmate de la croix : l'homme tout entier, en son âme comme en son corps, doit se préparer à porter les infirmités et les douleurs dont Dieu l'enveloppera, comme d'un vêtement de prédestination, s'il découvre en lui cette volonté âpre et violente qui ravit le royaume des cieux. Le Seigneur alors se rend semblable à l'orfèvre qui, pour préparer une matière d'or ou d'argent, pure de tout alliage, commence par livrer son métal aux feux impétueux de la fournaise. C'est par ces combats salutaires que le juste mérite de s'avancer, si l'on peut ainsi parler, plus avant chaque jour dans son nouvel élément, dans cette vie surnaturelle de foi et de grâce qui est en nous par Jésus-Christ. Les coups répétés qui affaiblissent le vieil homme font croître l'homme nouveau, c'est-à-dire Jésus venant, dans la plénitude de sa force et de sa sainteté, substituer son esprit au nôtre : et le degré de cette admirable transformation, comme l'appelle saint Augustin, est celui de notre conformité avec le divin Rédempteur. »

Le fervent auteur de ce discours y avait évidemment répandu son âme ; mais à cette excellente condition, il avait omis d'en joindre une autre, celle de proportionner de tout point sa doctrine, à la mesure de l'auditoire auquel il était censé s'adresser. De plus, pour mettre son accent et son geste en harmonie avec la chaleur de sa composition, M. Hubert dut sortir de ce calme invariable qui lui était devenu comme naturel, bien qu'il couvrît une âme ardente, et son action parut forcée. De fait, il était destiné à exceller dans l'enseignement didactique et dans l'instruction familière ; il était le plus intéressant des causeurs ; il eût été le plus lucide des professeurs ; mais on ne le jugea point également fait pour l'éloquence pathétique.

L'avenir a cependant prouvé que la prédication simple, nerveuse, tout évangélique des retraites de séminaire réservait à son genre de talent de remarquables succès.

II. — *OEuvre des Catéchismes.*

Un des condisciples de M. Hubert, plus ancien de deux ans au séminaire de Saint-Sulpice, fut son principal initiateur dans l'œuvre des Catéchismes. C'est lui qui va parler dans les lignes suivantes, où plusieurs traits de la physionomie de son saint ami sont bien reproduits :

« Une des choses », dit ce jeune prêtre, « qui m'ont le plus frappé en lui, c'est la simplicité et la franchise de son humilité. Il y a une humilité qui, à l'offre de fonctions honorables, se croit obligée de mettre en avant son incapacité, avec un léger désir pourtant de n'être pas prise au mot. M. Hubert y allait plus simplement. Appelé à lui transmettre à plusieurs reprises les intentions de ses supérieurs, au sujet de divers emplois à remplir dans les catéchismes, je recevais invariablement de lui la même réponse : « Vous croyez sérieusement que je pourrai « le faire ? » — « Certainement, puisqu'on vous a choisi pour cela. » — « C'est bien » ; et il se mettait à l'œuvre en s'appliquant aux moindres détails qui lui étaient signalés. —Un de nos désirs, en demandant qu'il travaillât avec nous au catéchisme des garçons, était de le faire sortir d'un certain état de concentration, dans lequel il se renfermait habituellement. Ses confrères n'y trouvaient pas leur compte, car ils savaient tout ce que son apparence extérieure cachait d'entrain, d'esprit et de cœur. Nous réussîmes parfois à lui faire opérer quelques sorties hors de la place, par exemple, dans certains récits, auxquels sa charge de rapporteur l'obligeait, à l'occasion des fêtes du Catéchisme. Il s'en acquittait avec la meilleure grâce, et ses jeunes auditeurs, ordinairement frappés de sa piété et de sa gravité, étaient alors ravis de voir tant de vertu, doublée de tant d'esprit et d'amabilité. »

M. Hubert avait donc été attaché au catéchisme de Persévérance des jeunes gens, comme ses antécédents semblaient l'y prédestiner. Naguère étudiant à Paris, n'était-il pas mieux que tout autre à même d'instruire et de conseiller utilement cette intéressante jeunesse ? Son expérience et sa piété ne profiteraient-elles pas tout spécialement à ces vétérans du Catéchisme, destinés pour la plupart à fréquenter prochainement le même monde d'où il sortait ?

M. Hubert déploya en effet, dans le catéchisme, d'éminentes qualités. Cependant, il faut avouer que le degré même auquel il portait plusieurs d'entre elles, joint au défaut de certaines aptitudes disciplinaires, trompèrent une partie des espérances fondées sur lui, surtout, lorsqu'au commencement de sa seconde année de théologie, il fut élevé à la charge de chef de catéchisme.

Sa grande piété d'abord le rendit peu propre à la surveillance d'enfants légers, comme il s'en trouve toujours parmi les meilleurs persévérants de treize ou de quatorze ans. Ils ont au moins besoin qu'un regard ami les rappelle de temps à autre à l'attention et au sérieux ; un tel secours peut leur être nécessaire jusque pendant la célébration de la sainte messe, par laquelle commence chaque séance du catéchisme. Or, la dévotion de M. Hubert, quand le prêtre était à l'autel, l'emportait bientôt sur sa vigilance; et puis, quel peuple de jeunes garçons n'abuserait parfois de la bonté d'un maître, qu'ils savent incapable de se fâcher? L'espièglerie de l'un d'eux alla, dit-on, un jour, jusqu'à crayonner la silhouette de M. Hubert sur une aile de son surplis. Un autre dit naïvement, ou malignement, à un catéchiste : « Ce monsieur-là doit avoir fait bien des péchés, car il a l'air bien contrit. »

La vue très-basse de M. Hubert était un autre obstacle à la surveillance qu'un chef de catéchisme doit exercer. Enfin, s'il excellait à se mettre à la portée des enfants dans l'enseignement proprement dit, il était, alors, sujet à la dépasser dans les homélies ou les avis de piété ; la forme en était trop peu vivante, et la spiritualité trop élevée. De tous ces inconvénients il résulta bientôt que les rênes de la direction flottèrent entre ses mains, et que la nécessité se fit sentir de donner au catéchisme un autre chef. Cette circonstance fut de celles où l'humilité de M. Hubert parut sous le plus beau jour. Par un ménagement naturel, on ne voulut d'abord lui parler que d'un suppléant temporaire, dont la mission serait de raffermir dans le catéchisme la discipline un peu compromise. Mais, au premier mot de la question, il mit bien à l'aise le confrère chargé de la traiter avec lui : « C'est un remplaçant qu'il faut me donner : je sais fort bien que je suis impropre à la direction du catéchisme ; j'attendais qu'on m'en délivrât ; je suis tout prêt à reprendre mes fonctions de simple catéchiste. » Cette proposition ne pouvait être acceptée ;

mais M. Hubert prouva combien elle était sincère de sa part, et combien il était exempt du moindre froissement d'amour-propre, par l'intérêt prononcé qu'il ne cessa de porter à la marche de l'œuvre. Le soir de chaque séance, il continua d'assister aux conseils tenus par les catéchistes de la Persévérance. Sous une forme parfois piquante et toujours aimable, dit l'un de ses collaborateurs, il y faisait des remarques judicieuses, et par lesquelles on voyait bien qu'il s'appliquait à l'instruction des enfants non moins par goût que par devoir. Aussi longtemps d'ailleurs qu'il était resté simple catéchiste, spécialement chargé d'un groupe d'enfants, moins favorisé que les autres au point de vue des influences chrétiennes, il avait fait admirer son dévoûment et son intelligence dans les soins qu'il leur donnait. C'était individuellement qu'il les étudiait tous et les portait au bien, après avoir conquis, par sa grande bonté, leur affection et leur confiance.

« Presque à la même époque, où M. Hubert quittait ses fonctions au catéchisme des jeunes gens », reprend un autre condisciple, « nous eûmes besoin d'un catéchiste à la persévérance des filles. Je pensai de suite à M. Hubert, et lorsque je le proposai à M. le Directeur des Catéchismes : « Comment vou- « lez-vous, me dit-il, qu'un ancien chef de la Per- « sévérance des garçons devienne simple catéchiste « chez vous ? Cependant faites ce que vous voudrez, « et s'il accepte, j'y consens de grand cœur. » J'allai frapper à la porte de notre cher M. Hubert, qui vint m'ouvrir, tout transi de froid, car il était, selon son habitude, sans feu et sans autre vêtement que sa

soutane. — « Je viens », lui dis-je, « vous proposer
un acte de charité et d'humilité. Vous étiez chef de
catéchisme hier ; voulez-vous aujourd'hui devenir
simple soldat ? » Il sourit : « De grand cœur, si mon
« directeur le trouve bon. » L'approbation fut vite
obtenue et, dès le dimanche suivant, nous install-
lions à son tabouret notre nouveau confrère, qui fut
dès lors, pour toutes nos enfants, un grand sujet
d'édification par son angélique modestie. »

Les conditions de la surveillance n'étaient plus
ici les mêmes qu'au catéchisme des jeunes gens ; et
quant à celles de l'enseignement, M. Hubert n'était
pas homme à laisser l'expérience sans profit. Il se
forma donc à l'art de proportionner la piété aussi
bien que la doctrine, à la mesure des plus jeunes
esprits. On l'invita parfois à présider quelque séance
extraordinaire dans un autre catéchisme que celui
de la Persévérance. Dans une telle circonstance,
« je l'ai entendu, dit un de ses confrères, raconter
une histoire aux toutes petites filles. Sa narration
fut très-simple, mais si naturelle, si pieuse, que
toutes ces enfants l'écoutaient très-attentivement ; je
fus frappé de la façon dont il s'était mis à leur portée : le style comme les gestes ressemblaient à ceux
d'un enfant bien élevé racontant lui-même une histoire. »

Mais c'est dans la partie didactique du catéchisme,
qu'il avait été trouvé dès l'abord et qu'il demeura
supérieur. « Ses instructions, au témoignage de
bons juges, ont toujours été très-remarquables par
leur clarté, leur netteté, et les enseignements pratiques qu'il savait en faire découler. Non content de

7.

l'exactitude dans la doctrine et de la précision dans l'expression, il éclairait sa parole par les comparaisons les plus saisissantes, et l'appuyait par des exemples, remarquablement choisis dans les vies des saints qui étaient sa lecture de prédilection ; il apportait même dans cette fonction un entrain et une vie, qu'on n'eût pas osé espérer de lui au premier abord. »

Nous avons maintenant à rentrer dans le séminaire, pour voir comment, d'année en année, M. Hubert y édifiait ses confrères, par les exemples de sa piété et de sa charité toujours croissantes.

III. — *Exercices et entretiens de piété.*

Un ami qui le connaissait bien a dit [avec raison de M. Hubert, qu'on jouissait bien plutôt de sa vertu qu'on ne pouvait la décrire, tant le caractère en était simple, intime. et pour ainsi dire insaisissable. A cette impuissance qu'on ne cesse d'éprouver en parlant de lui, le meilleur remède est encore de reproduire, au risque de quelques répétitions, les expressions, souvent émues, des témoins de ses beaux exemples.

« Sa tenue à la chapelle, dit l'un d'eux, était particulièrement édifiante, et je sais plus d'un séminariste que, sa vue encourageait à mieux prier. On eût dit parfois un ange. venu du ciel pour montrer aux hommes comment il faut se tenir devant Dieu. Son visage alors s'illuminait, et sur ses traits se peignaient la candeur et la piété d'un enfant de douze ans. Toutes les prières, du reste, étaient pour lui chose sacrée ; il disait jusqu'aux plus petites avec un recueillement frappant, même ces courtes invocations qui sont d'usage aux réunions des catéchistes en récréation. »

« Pendant l'oraison, il était tout absorbé en Dieu. Son visage, tantôt calme et céleste, tantôt enflammé, n'était plus de ce monde. De temps en temps sa poitrine se soulevait comme sous l'influence d'un transport qu'il ne pouvait contenir, puis il redevenait plus calme. »

Un jour où, selon l'usage, quelques-uns des séminaristes devaient rendre compte de leur oraison, M. Hubert fut appelé. C'était à l'époque où, déjà, l'altération de sa santé et de nombreuses remontrances l'obligeaient à restreindre quelque peu ses mortifications. Il parut, à plusieurs, être sous l'empire du sentiment pénible qu'il en éprouvait. Il dit « qu'on ne devait pas se décourager, de rencontrer en soi tant de misère et d'impuissance ; qu'il se sentait peu apte à une grande vertu ; qu'il tâchait de l'accepter humblement en se rappelant le mot de saint François de Sales : « A petit mercier, petit « panier. » Dans ce sentiment, il avait passé presque toute son oraison à s'offrir à Dieu, et lui avait dit : Me voici, mon Dieu, tel que je suis, bien pauvre, bien petit. J'ai peu de choses à vous offrir, mais ce peu je vous le donne de grand cœur. S'il vous plaît de faire de moi quelque chose de mieux, vous pouvez tout. Si vous me destinez à de grandes choses, je suis prêt ; si vous me destinez à de petites choses, je suis encore prêt. » Ces simples pa-

roles furent prononcées avec 'un accent qui les a
gravées dans la mémoire de beaucoup des auditeurs.

Vers la même époque, M. Hubert fut chargé 'de
donner à la communauté une conférence spirituelle
qui produisit aussi une vive impression. Ceux qui
l'ont autrefois entendue aimeront sans doute à en
trouver ici le texte, exactement conservé parmi les
papiers de M. Hubert. Cette conférence fut donnée
le soir du 18 octobre 1874, jour où l'on avait chanté
les premières vêpres de la Vie Intérieure de la très-
sainte Vierge.

Après quelques mots d'introduction sur le sens
de cette fête : «La vie intérieure des enfants de Dieu,
disait-il, la vie de Jésus en nous, est une dans son
essence ; mais les degrés de participation, de communion à cette vie, sont bien différents suivant les
âmes, et quelle intelligence pourra jamais comprendre, quelle langue exprimer, le merveilleux
épanouissement de la vie de Jésus en Marie ? »

« Cependant, il m'a semblé qu'un mot appliqué
par l'Esprit-Saint aux Apôtres pouvait en donner
une idée : *erant traditi gratiæ*. Oui, l'abandon de
l'âme à Dieu, la très-sainte indifférence à toutes
choses, comme l'appelle saint François de Sales,
voilà bien la condition de cette vie intérieure, pleinement surnaturelle, qui a fait toute la gloire de
Marie. »

« J'ai cherché à me bien rendre compte de cet
abandon, et voici quelques comparaisons qui me
sont venues à l'esprit. Un coursier bien dressé ne
fait rien que par dépendance de son maître : plein

d'ardeur et de feu, il incline néanmoins à la moindre pression du frein ; partout où le conduit l'impulsion de son maître, il se porte avec une égale
docilité, un même élan. La vapeur encore, cette
force toujours tendue, toujours en expansion, se
montre sous la main du mécanicien, absolument
indifférente à la direction qu'on lui imprime. Elle
dépense la même énergie, j'allais dire le même entrain, aux emplois les plus bas comme aux plus relevés. »

« Eh bien! le chrétien est, lui aussi, vivant et
pleinement agissant. Il connaît, il sent, il veut ;
mais il a soumis à Dieu tous ses mouvements. *Tollite jugum meum.* Il s'est laissé pénétrer, vivifier,
transformer par Jésus-Christ; il est entré dans les
puissances du Seigneur; il est tout divinisé. »

« Son intelligence est appliquée à Dieu par la foi,
ses sentiments sont ceux mêmes du Sauveur; sa
volonté, enfin, forte, passionnée, indomptable, est
tout entière concentrée sur un unique objet, la volonté de Dieu, ou plutôt Dieu lui-même. *Voluntas
Mariæ sic divinæ voluntati erat affixa, ut ubicumque
esset impetus ejus, illuc continuo et sine intermissione
raperetur.* Donc il ne voit, n'aime, ne veut que Dieu
en toutes choses. Tout lui est également indifférent,
ou plutôt également aimable, puisqu'en tout il
trouve ce même Dieu qui seul rend ces choses aimables. En un mot, il est entre les mains de son
Père céleste, comme le petit enfant au sein de sa
mère. Demandez à ce petit enfant s'il veut aller à
droite ou à gauche, vite ou lentement, il n'a souci
de tout cela : il ne pense pas même à former une

volonté, un désir qui lui soit propre ; il ne veut que la volonté de sa mère. »

« Ces pensées m'ont fait comprendre la beauté, la toute-puissance de cette pureté d'intention, de cet œil intérieur, que célèbre Salomon dans son cantique, et auquel Notre-Seigneur, dans le saint Évangile, fait de si magnifiques promesses. Alors je me suis demandé comment je pouvais conformer mon intérieur à celui de la très-sainte Vierge, et j'ai cherché à me représenter un séminariste dont l'âme serait ainsi abandonnée à Dieu. »

« Le plus souvent, je crois, rien ne le distingue au dehors : *omnis gloria ab intus.* Il évitera les choses singulières, ne demandera, ne refusera rien, et se bornera à ce qu'on lui dit de faire, mais le fera sans examen ni arrière-pensée, tout simplement, et soigneusement, et joyeusement, et amoureusement. La règle ne renfermera pas pour lui de grandes et de petites choses, la délicatesse de son amour donnant du prix aux moindres détails. A ses yeux, travailler, manger, faire oraison, se récréer, dormir, seront tout un, car il trouvera au fond de ces exercices, si différents en apparence, le même Dieu toujours et partout également aimable. L'avenir ne le troublera pas ; il vivra tranquillement, au jour le jour, sans souci du lendemain dont le bon Dieu s'inquiète pour lui, baisant d'avance, avec un même amour, la main qui lui prépare santé ou maladie, joie ou tristesse, éclat ou obscurité. »

« Sa vie ne sera qu'un chant d'amour ; de lui on pourra dire comme de Marie : *Suavissima cithara quâ Christus utitur ad delicias Patris,* puisque, hor-

mis le péché que Dieu ne veut pas, il voudra et ai-
mera tout d'un amour « fort comme la mort et ja-
« loux comme l'enfer, » car sa passion, sa jalousie,
c'est la gloire de Dieu. »

Ces derniers mots et plus d'un autre passage se
se ressentent de l'empreinte ardente de M. Olier,
que M. Hubert avait trop profondément reçue pour
la jamais perdre. Mais également prédisposé par
ailleurs à subir la douce influence de saint François de Sales, il s'en montre pénétré à un degré
tout nouveau.

Les notes de ses lectures nous l'expliquent : car
elles contiennent une analyse soigneuse, chapitre
par chapitre, de la partie reconnue capitale dans
le Traité de l'Amour de Dieu de ce grand saint.
C'est de là que se dégagent quelques-unes des idées
qui deviendront désormais dominantes aussi dans
la spiritualité du fervent séminariste. Telles sont
celles du saint abandon, de la sainte indifférence,
qui embrassent, dans un principe plus haut encore
et plus compréhensif, la doctrine si vaste elle-même
de la mortification. Cette sainte indifférence, qui
devient une des grandes passions de M. Hubert est,
comme sa conférence le fait ressortir, aux antipodes
de l'apathie, avec laquelle son nom seul pourrait la
faire confondre. « Également indifférent veut dire
également aimable, » suivant son excellente traduction, et s'entend de toutes les choses qui ont ce
commun caractère de nous être également demandées par la sainte volonté de Dieu.

« L'indifférence sainte, » disait aussi le P. Gratry, « c'est la pleine liberté d'une âme qui n'est liée

à rien, à l'exclusion du reste, et qui possède sa volonté totale. »

IV. — *Relations fraternelles dans le séminaire.*

Dans la conférence qu'on vient de lire, M. Hubert n'avait pas craint de donner à sa parole une
vie et un intérêt parfaitement conformes au sujet,
et propres à édifier ses frères ; on y voit un nouvel
indice d'un changement d'attitude, déjà signalé chez
lui, et qui se prononçait de plus en plus. Un de ceux
qui étaient le plus attentifs à l'observer en rapporte
ainsi l'origine.

« L'humilité de M. Hubert était grande, et son
plus vif désir était visiblement d'être oublié. De là,
sans doute, ce modeste mutisme en récréation qui
rendait, dans les premiers temps, sa compagnie
moins utile pour nous. Il se plaçait à l'extrémité
d'une bande et écoutait, le cou tendu, avec un intérêt manifeste, des choses qu'il eût souvent beaucoup
mieux dites. Quelqu'un se plaignit-il ? je l'ignore.
Le fait est qu'un jour M. Caval avec l'autorité de ses
fortes vertus et de sa non moins énergique parole,
dit en lecture spirituelle qu'il y avait parmi nous
des séminaristes, dont le commerce pourrait faire
du bien à leurs confrères, et beaucoup ; mais qu'ils
jugeaient bon de se tenir tellement clos et renfermés
qu'on ne pouvait leur faire ouvrir la bouche. Je fus
persuadé, et peut-être ne fus-je pas le seul, que cette
monition visait directement le bon docteur. Mais
dès lors tout changea : le muet devint causeur,

presque verbeux ; il n'y perdit rien, et nous y ga-
gnâmes beaucoup. »

L'exhortation de son vénérable supérieur ne fut
d'ailleurs pas seule à produire cette transformation.
Un des directeurs du séminaire, sans être chargé de
la conscience de M. Hubert, avait entrepris de le
convertir à des manières plus expansives, et, très-
aisément, il l'avait persuadé que la charité demandait qu'il se donnât à ses frères. Mais, chose remarquable, la concentration, le recueillement, le silence,
lui étaient devenus si habituels qu'il lui fallut de
longs efforts pour reprendre en conversation quelque chose de son ancienne ouverture. En attendant,
il venait souvent rendre compte à son bienveillant conseiller de ses luttes et de ses succès. Ceux-
ci furent enfin si complets, que ceux des condisciples
de M. Hubert qui l'ont seulement connu dans la
dernière année de son séminaire le représentent
sous des traits qui rappellent sa première jeunesse :
« Les personnes, dit l'un d'eux, qui ne comprennent
pas que la gaîté s'allie au mieux avec la vraie piété,
auraient pu s'étonner qu'un jeune homme si fervent
fût en même temps si ouvert, et même si gai, en
récréation. Il ne tarissait pas de mots spirituels et
d'anecdotes. Il citait nombre de traits tirés de la vie
des saints, mais toujours si bien choisis, si bien racontés qu'il ne venait à la pensée de personne d'y
voir la moindre affectation. Ayant d'ailleurs des
connaissances très-variées, un jugement très-droit,
un esprit très-fin, il excellait par toutes ces qualités
à rendre la conversation intéressante. »

Ces dernières paroles expriment une observation

souvent reproduite par ceux qui ont fréquenté M. Hubert, à partir de cette époque : lui, si austère dans sa vie, ne l'était nullement dans sa conversation, et ne négligeait rien pour la rendre agréable à ceux qu'il entretenait. Mais il est vrai que, du moment où les circonstances l'y invitaient, ce qui ne pouvait être rare au séminaire, l'attrait de son cœur le ramenait à l'histoire des saints ; il eût voulu que chacun pût en faire comme lui sa lecture quotidienne : « Je n'ai pas beaucoup connu M. Hubert au séminaire de Saint-Sulpice, disait quelqu'un, mais c'était assez de le voir et de l'entendre même une seule fois pour recevoir des impressions ineffaçables. Je me rappelle avec bonheur la première conversation que j'eus avec lui. Il parla de sainte Thérèse, et j'entendis des choses ravissantes, qui allaient au cœur parce qu'elles venaient du cœur. »

Sa bonté ne se bornait point à des entretiens agréables, ni à un petit nombre d'amis. « Extrêmement délicat dans ses procédés, » a-t-on dit de lui « il savait mettre de l'à-propos en tout. Egalement affable pour tous, il savait donner à tous son temps, ses soins et ses bonnes paroles. » Son regard était habile à discerner les séminaristes auxquels diverses circonstances rendaient plus nécessaires des prévenances charitables ou un charitable support : les nouveaux venus, les affligés, les malades, ont souvent été de sa part l'objet d'attentions et de soins tout particuliers.

Mais ce que plusieurs auront peine à comprendre, c'est que, parmi le grand nombre de ses amis de séminaire, il n'en est peut-être aucun qui ait pu

s'appeler son familier et surtout son confident.
Certains ont passé pour tels dans l'esprit des autres,
qui ont eux-mêmes déclaré ne l'avoir pas connu intimement, et quelques-uns de ses meilleurs amis
lui ont fait comme un affectueux reproche d'être
resté pour eux impénétrable. Il ne l'était pas moins
pour ses plus proches parents; entièrement ouvert,
il est vrai, pour les choses ordinaires de la vie, il
était avec tous extrêmement réservé pour les choses
intimes.

Cette réserve tenait sans doute en partie à une
disposition naturelle, probablement à cette sorte
d'impuissance à s'épancher, souvent remarquée
chez les hommes que leur mère n'a point élevés.
Plus on y réfléchit cependant, et plus on se persuade que dans le saint M. Hubert, tel qu'il est
maintenant connu, le fond du mystère était devenu
conforme à l'admirable doctrine du livre de l'Imitation sur l'amitié familière avec Jésus :

« Entre tous ceux qui vous sont chers, Jésus doit
rester l'unique ami, le bien-aimé. Il faut aimer tout
le monde pour Jésus, et Jésus pour lui-même. Ne
désirez jamais d'occuper le cœur de personne ; que
personne non plus n'occupe le vôtre ; mais que
Jésus soit en vous et en tout homme de bien. »

Les hommes, nous le savons assez, ne se con-
tentent guère d'une affection aussi épurée. Ils en-
tendent mal cependant leurs propres intérêts. Ceux
dont Jésus habite ainsi le cœur ont infiniment plus
à donner à leurs frères, et à chacun d'eux, que ne
saurait donner, même à un seul ami, celui dont le
cœur est tout rempli de son amour, mais est

vide ou est pauvre de l'amour de Jésus-Christ.

A l'exemple d'un ancien directeur de Saint-Sulpice, de paternelle mémoire, M. Hubert n'était donc lié d'une amitié particulière qu'avec la communauté du séminaire ; son affection pour elle se révélait de mille manières ; on la lit dans ces quelques lignes qu'il adressait à un confrère demeuré à Saint-Sulpice alors que lui-même en était éloigné par la maladie : « Priez le bon Dieu, cher ami, qu'il m'enlève le grand désir que j'avais de revenir au milieu de notre chère communauté, et qu'il donne à votre pauvre confrère la force et l'amour nécessaires pour porter avec résignation, sinon avec joie, la petite croix dont il est honoré. Je pense à vous bien souvent et vis par le souvenir à Saint-Sulpice. Puissé-je ne pas m'attiédir loin de ce chaud foyer ! »

« Une chose bien importante à noter dans sa vie, » ajoute celui qui recevait cette lettre, « c'est l'intérêt qu'il prenait à la marche générale du séminaire, à l'esprit qui y régnait. Il a fait en ce sens, pour le bien de ses confrères, plus qu'on ne croit. Certains petits désordres, qu'il remarquait comme tout le monde, le faisaient douloureusement gémir. Dieu seul connaît les grâces que ses prières, ses exemples et ses mortifications nous ont attirées. »

V. — *Esprit et pratiques de Mortification.*

L'amour de la croix formait le trait le plus caractéristique de la vertu de M. Hubert ; et c'est la mortification qui ouvrait en son âme les sources toujours vives de cette piété, de cette modestie, de cette charité, qui lui gagnèrent les cœurs. Le rôle qu'elle a joué dans sa vie et dans sa mort, est trop considérable pour qu'on puisse se dispenser de l'envisager en face.

Dès l'entrée à Issy de M. Hubert, on s'en souvient, la pensée de Jésus crucifié s'est imprimée en son âme avec une vigueur toute nouvelle et c'est sur ce modèle du parfait renoncement qu'il a résolu de former sa vie. Plus aucune recherche de soi-même, plus aucune complaisance, ni dans les satisfactions naturelles, ni même dans les douceurs sensibles de la piété : un corps immolé par la mortification, une volonté sacrifiée par l'obéissance, un cœur tout entier livré à l'humilité, la patience et la charité : voilà quel idéal lui est apparu, et c'est avec une extrême énergie surnaturelle qu'il s'attache à le réaliser à toute heure.

S'il s'agissait de faire comprendre à des esprits mondains l'excellence d'une telle vertu, de longs développements seraient nécessaires et sans doute insuffisants. Il est certain cependant que, sous une forme ou sous une autre, cette vertu de mortification est au fond de toutes les saintes vies, et qu'une réflexion sommaire devrait la rendre tout au moins respectable, à ceux mêmes qui manquent de la lumière de la foi pour l'apprécier dignement. Juger de l'arbre par les fruits est une maxime admise par le sens commun du monde entier. Or, depuis le sacrifice du Calvaire, la mortification chrétienne a porté dans le monde des fruits dont le monde se nourrit, et sans lesquels il ne saurait plus vivre. Qu'on lui retirât, par impossible, tout ce qu'il tient des vertus surnaturelles de nos saints et de leurs œuvres : le monde retomberait dans le chaos. Mais les vertus des saints sont filles de leur mortification : c'est leur histoire qui le démontre et leur conscience qui le proclame. Il est des lumières et des sentiments qui ne s'élèvent que dans les âmes livrées aux saintes folies de la pénitence, et ces lumières sont celles de la plus sublime sagesse, et ces sentiments sont ceux de la plus ardente charité. Le monde, obligé d'en convenir, devrait donc renoncer à prendre scandale de cette folie de la Croix.

Mais il s'agit surtout ici de la forme qu'elle a revêtue dans la vie de M. Hubert.

Les plus méritoires et les plus parfaites de ses pratiques furent assurément celles de sa mortification intérieure, celles qui le conduisirent directement à cette invariable sérénité d'humeur, à cette charité constante et universelle, à cette inaltérable patience enfin, qui fit l'admiration de tous les témoins de ses souffrances dans les derniers temps de sa vie. Mais trop d'occasions se sont déjà présentées, et se présenteront encore, de montrer en lui ce travail de mortification intérieure, pour qu'il y ait lieu d'y insister ici. Qu'il suffise d'en noter ce trait, presque imperceptible en lui-même, mais indice d'une vertu peu commune : jamais on n'entendait sortir de sa bouche la plus légère plainte, la moindre expression de regret, au sujet des incommodités des temps, des lieux, des mille petits accidents de la vie quotidienne ; ils les recevait tous des mains paternelles de Dieu, et leur souriait comme à autant d'exercices providentiels de sa chère vertu d'indifférence : mais, jusqu'à quel point ces côtés charmants de son caractère tenaient-ils à ses habitudes de mortification extérieure ? C'est, entre dix autres du même genre, un problème qu'il faudrait avoir résolu, avant de se montrer sévère pour les austérités corporelles.

Celles de M. Hubert, les principales du moins, n'étaient point d'une nature extraordinaire, et, s'il excéda les bornes, comme lui-même l'a finalement compris et avoué, ce fut moins par le genre de ses pénitences que par le degré auquel il les poussa. Plusieurs de ses amis ont, il est vrai, supposé, et ont cru s'assurer qu'il macérait sa chair par le cilice ou la haire, voire même par d'autres instruments plus rigoureux encore, et différents de ceux dont l'usage modéré est relativement commun et inoffensif pour la santé. Assurément, il n'est point invraisemblable que l'amour de la souffrance et l'exemple des saints l'aient parfois entraîné à de telles pratiques. Mais celles qui l'ont épuisé étaient plus en rapport avec le caractère général de sa piété et de sa vertu ; elles procédaient plutôt par abstention des soulagements nécessaires à la nature ; il pouvait ainsi lui sembler qu'il y mettait moins de son choix, de son action propre, et qu'il s'abandonnait davantage à l'action de la Providence : abstinence excessive dans la nourriture, absence de protection contre le froid, abus des postures gênantes : tels furent sans doute les plus rudes instruments de sa pénitence. Dans les exercices du sémi-

naire, à genoux, assis, ou debout, on ne le voyait
jamais prendre aucun appui sur les dossiers des
bancs ni sur les accoudoirs, et ce n'était point dans
sa cellule qu'il devait se donner plus d'aises. Très-
rarement, dans les grands froids, il couvrait ses
épaules d'une légère pèlerine, et ce fut un émoi
dans la communauté lorsqu'un jour on le vit paraître revêtu d'une douillette : un sérieux accident
de santé avait seul pu l'y contraindre.

Des avis charitables essayèrent souvent de lui
persuader quelques ménagements. Mais il n'avait
jamais plus de dextérité d'esprit que pour échapper
à de tels conseils. Un directeur du séminaire lui
représentait un jour les dangers du froid : « Il y a
deux sortes de froid, répondit-il sans hésiter, celui
que nous dominons et celui qui nous domine : le
second seul est dangereux et je ne m'y expose pas. »
Un autre lui exprimait la crainte qu'il ne se fatiguât à l'excès : « Quand on est médecin, dit-il, on
est averti de l'approche d'un mal sérieux assez à
temps pour se mettre en garde. »

Ceux qui auraient eu le plus d'autorité pour en-
traver ses pieux excès en furent malheureusement
les derniers instruits, du moins par un aveu qu'il ne
croyait pas leur devoir. Ses condisciples, qui obser-
vaient de plus près ses manières de faire, songeaient
trop peut-être à s'en édifier, pour penser à les dé-
noncer. L'imprudence leur en était, au reste, plus ou
moins dissimulée par l'air de bonne santé qu'il conserva longtemps et qu'il reprit plus d'une fois. Elle
était aussi plus ou moins voilée par certains de ses
procédés : à table par exemple, il mangeait fort len-

tement, prenait beaucoup de pain, et touchait généralement à tous les plats ; mais il se privait à l'excès des aliments substantiels que son tempérament lui rendait pourtant nécessaires : c'est à cette privation de nourriture qu'il a lui-même attribué l'épuisement dans lequel il est enfin tombé, non sans surprise.

M. Hubert était impénétrable. Ceux de ses amis qui l'ont dit, sans trace d'amertume assurément contre sa chère mémoire, l'entendaient surtout de ce sujet, de sa mortification. En dehors de toute curiosité indiscrète, un sentiment très-légitime, celui même d'un devoir de charité, portait plusieurs d'entre eux à lui demander de s'expliquer, pour lui demander de se modérer. Il déconcertait toutes les tentatives : « Mon bon M. Hubert, » lui disait-on quelquefois, « vous ruinez votre santé ; vous compromettez le bien que vous pourrez faire plus tard. Dieu veut qu'un jour vous soyez confesseur ; mais non martyr. » — « Vous croyez ? » était sa seule réponse, accompagnée d'un sourire d'incrédulité.

Il témoignait beaucoup de confiance à l'un de ses condisciples, déjà prêtre, bien que demeurant encore au séminaire, et dont la santé chancelante excitait tout spécialement son intérêt charitable. Comme il lui avait un jour donné des conseils médicaux assez minutieux, et recommandé de grandes précautions, ce confrère en profita pour lui dire : « Mais vous êtes vous-même, cher M. Hubert, beaucoup plus malade que moi. Pourquoi n'usez-vous pas des conseils que vous me donnez ? » — « Si le bon Dieu veut que je m'en aille, quel mal y voyez-vous ? » — Cette réponse fut donnée d'un ton qui coupa la parole à son interlocuteur.

Quand la ruine de sa santé devint manifeste, les supérieurs durent intervenir par des ordres formels pour lui prescrire certains ménagements ; on le vit cependant encore parfois s'y dérober ou les éluder, sans vouloir désobéir ; c'était entraînement d'habitude, ou, peut-être, illusion de bonne foi, sur les circonstances où ces précautions lui étaient imposées. On aurait eu le droit de s'en scandaliser, si, en toute autre matière, il n'eût paru dans sa conduite une docilité, une humilité, une charité, qui sont des marques sûres de l'action de Dieu dans une âme.

La meilleure explication qu'on en trouve est donc celle qu'il a lui-même notée, au sujet d'une conduite analogue de la bienheureuse Marguerite-Marie : « Sa mortification allait jusqu'à lui faire oublier la maxime de saint François de Sales, que le vrai obéissant se conforme non-seulement au commandement, mais même à l'esprit et à l'intention de celui qui l'a donné. » — « La bienheureuse, continue M. Hubert dans sa note, ne s'accorde aucun plaisir, soit pour l'esprit, soit pour le corps, et sa fidélité lui attire des faveurs très-particulières, qui la portent à un ardent désir de souffrir. Il n'y a point d'ambitieux plus avide des honneurs et des plaisirs, qu'elle ne l'était de ces choses, dont elle faisait sa joie, bien qu'elle y fût très-sensible. »

Cet amour de la souffrance est sans doute bien mystérieux pour l'esprit humain, et plus d'un chrétien même ne sera-t-il point révolté de l'idée que Dieu transforme en victimes les meilleurs de ses serviteurs? Depuis la Passion de son divin Fils, cependant, le mystère n'en devrait pas être un pour ceux qui ont la foi. Ce qui plaît à Dieu dans le sacrifice d'expiation, aujourd'hui comme alors, ce n'est pas de voir couler le sang, ni d'entendre les gémissements, mais c'est de voir le cœur de son enfant plus vivant que jamais de s n amour, au milieu même des tourments de sa chair déchirée et de son âme désolée. La souffrance est ainsi comme un aiguillon qui excite merveilleusement l'amour de Dieu dans les âmes pieuses, et l'Imitation en donne, dans un seul verset, une raison qui en comprend beaucoup d'autres : « Personne n'a au cœur un si vif sentiment des souffrances de Jésus-Christ que celui auquel il arrive d'en éprouver de semblables. » (Liv. ii. ch. 12, v. 4).

C'est du reste dans tout ce long et admirable chapitre du *Chemin royal de la sainte croix*, médité depuis plus de dix ans par M. Hubert, qu'on trouvera le sommaire le plus substantiel des motifs qui lui inspiraient un si grand amour de la souffrance : « Il n'y a point d'autre chemin, » y est-il dit, par exemple, « pour arriver à la vie et à une véritable paix intérieure que le chemin de la sainte Croix et des mortifications continuelles. »

Ainsi en juge le livre spirituel qui, après le saint Évangile, jouit de la plus haute autorité parmi les chrétiens. Une question vraiment délicate subsiste cependant, celle de la mesure à garder. Or, Dieu a permis que M. Hubert en ignorât longtemps la règle la plus essentielle.

Il savait bien qu'il n'est pas permis de se tuer

brusquement par les austérités, ni, comme il l'a noté quelque part, de se rendre incapable de ce que Dieu demande immédiatement de nous. Mais est-il également défendu d'abréger sa vie en suivant ses attraits de mortification ? Il ne paraît pas l'avoir cru ; et, en y réfléchissant, il faut bien reconnaître que ni les exemples des saints, ni les principes de la raison et de la foi ne l'obligeaient à le croire.

Les hommes du monde sont pleins d'indulgence pour ceux qui usent leur vie dans de frivoles plaisirs. Ils sont pleins d'admiration pour les savants qui la consument dans la poursuite de travaux tendant à leur propre gloire et au bien-être temporel de l'humanité. Pourquoi ne seraient-ils impitoyables que pour ceux qui abrégent leurs jours dans l'exercice de la [mortification chrétienne, si, comme il est incontestable, elle est un puissant moyen de développer des vertus beaucoup plus nécessaires au monde que ne le sont tous les progrès industriels et scientifiques ? Ici peut se rapporter un passage extrait par M. Hubert du livre d'un éloquent penseur : « Cette pleine vie de l'âme, admirable dans tous les temps, l'est surtout aujourd'hui par contraste : il faudrait lui élever des autels dans le siècle de la mécanique. Il y a aujourd'hui cent fois plus d'abrutissement dans les fabriques qu'il n'y eut jamais de dévotion exagérée dans les couvents. Multipliez les âmes qui oublient le corps, pour donner à la société un contre-poids du mal que lui font tant de corps qui oublient l'âme. »

M. Hubert cependant, se réglait moins par ce genre de vues, que par les exemples et les maximes des saints ; et il en a noté plusieurs, dans la lecture de leurs vies, qui fournirent un appui tout au moins spécieux à sa propre manière de faire. En voici quelques-uns, parmi beaucoup d'autres ; les premiers sont tirés de la vie du curé d'Ars, un de ses saints de prédilection :

« Le démon, » disait le bon curé, « se moque de la discipline et des autres instruments de pénitence ; mais ce qui le met en déroute, c'est la privation dans la nourriture et le sommeil. Que de fois je l'ai éprouvé quand j'étais seul, pendant cinq ou six ans, pouvant me livrer à mon attrait tout à mon aise, sans être remarqué de personne. Oh ! que de grâces Notre-Seigneur m'accordait dans ce temps-là. J'obtenais de lui tout ce que je voulais ! »

« Dans la voie de la mortification, » disait encore le saint prêtre, « il n'y a que le premier pas qui coûte. La mortification a un baume et des saveurs dont on ne peut se passer quand on les a une fois connues ; on veut épuiser la coupe. »

Voici maintenant deux passages de la vie de saint François Régis, qui succèdent à ceux de la vie du curé d'Ars dans les notes de M. Hubert : « Uniquement attentif à suivre les transports de son zèle, il regardait tous les égards qu'on le pressait d'avoir pour sa santé comme de fausses délicatesses, et ne connaissait d'autre soulagement que de faire à Dieu un continuel sacrifice de lui-même. »

« Il disait qu'on ne marquait bien l'amour qu'on a pour Dieu, qu'en lui sacrifiant ce qu'on a de plus cher au monde, la santé et la vie. »

M. Hubert, à propos de cette abstinence de nour-

8.

riture, qui fut sa plus excessive pénitence, note encore ce passage de Bossuet : « Le jeûne fortifie et engraisse l'âme, et autant nous assujettissons nos corps par la mortification et la pénitence, autant diminuons-nous les forces de notre irréconciliable ennemi. »

Cependant, tous ces principes invoqués en faveur de sa conduite ne représentent qu'un côté de la question, et la dernière règle pratique en cette matière délicate est celle de l'obéissance.

Les conclusions à tirer du texte de Bossuet sont limitées par cet autre passage de Bossuet même, dans ses lettres de direction à la sœur Cornuau : « L'abandon à Dieu, au-dessus de tout secours, doit être intérieur ; pour le dehors, il faut agir par obéissance ; ainsi, ma fille, je vous y renvoie pour le jeûne. » Et, dans la Vie du saint curé d'Ars, M. Hubert avait lui-même relevé cette maxime : « Il faut abandonner les mortifications de choix quand elles nuisent à ce que Dieu demande immédiatement de nous. Une personne instruite a toujours deux guides qui marchent devant elle : le conseil et l'obéissance. »

Plusieurs autres de ses notes montrent bien qu'il ne fut pas sans concevoir avec le temps quelque préoccupation, peut-être quelque perplexité, au sujet de la mesure à garder. C'est, par exemple, l'avis suivant de saint François de Sales à sainte Chantal : « Manger peu, travailler beaucoup, avoir beaucoup de tracas d'esprit, et refuser le dormir au corps, c'est vouloir tirer beaucoup de services d'un cheval qui est efflanqué, et sans le faire repaître. »

C'est encore ce passage d'une lettre de M. Tronson à un directeur de séminaire : « La maxime de donner aux séminaristes l'exemple d'une vie rude est admirable ; mais elle est très-dangereuse dans la pratique, à moins qu'elle ne soit appliquée avec beaucoup de prudence et de discernement : et si vous suivez votre zèle, vous vous exposerez à vous mettre bientôt, avec plusieurs autres, hors de combat. » C'est enfin cette parole frappée au cachet original de M. Mollevaut : « Il vaudrait mieux manger tous les jours de carême un bœuf par obéissance, que retrancher un pruneau par propre volonté. »

Ces tendances plus ou moins contraires dans les autorités qu'il respectait le plus, jointes aux instances qu'on lui faisait de se modérer, arrivèrent donc à jeter un certain doute dans l'esprit de M. Hubert, sur la rectitude de la ligne qu'il avait suivie. C'est dans cette pensée qu'un ami lui parla un jour, alors qu'étendu sur le lit dont il ne devait plus se relever, il n'avait plus rien à faire au point de vue même de la perfection chrétienne, que de s'abandonner simplement aux soins dont on l'entourait. « N'est-ce pas un bonheur de votre situation, lui dit son visiteur, que la volonté de Dieu n'y ait plus pour vous rien de douteux ? » — « Oh oui ! » répondit-il d'un ton pénétré, « rien de douteux, c'est un grand bonheur ! » — Il était alors à la veille de quitter ce monde dans l'acte d'un très-pur abandon à la volonté divine : sa longue et généreuse pratique de la mortification avait certainement beaucoup contribué à l'établir dans une disposition si parfaite.

La suite de l'histoire confirmera pour un lecteur

attentif plus d'une assertion qui n'a pu être développée dans cet article. Elle va d'abord nous montrer comment la grâce n'a cessé de pousser M. Hubert à un détachement intérieur, plus parfait et plus difficile encore que toutes les austérités.

VI. — *Retraites et Ordinations.*

Les traces de ce travail progressif qui s'opérait en M. Hubert pendant ses années de séminaire se trouvent surtout dans les notes de ses retraites. C'est en de tels moments que les âmes ferventes, délivrées de tout autre soin, se tournent tout entières vers Dieu, s'appliquent à lui sans partage, reçoivent de sa grâce des lumières plus vives et plus pénétrantes, et s'orientent à nouveau dans les voies où il les appelle.

Les retraites postérieures à celle d'octobre 1872, déjà citée plus haut, ne font sur plusieurs points que renouveler en M. Hubert des dispositions plus ou moins anciennes et toujours dominantes chez lui. Mais on y trouve aussi quelques vues nouvelles, ou du moins saisies avec un degré nouveau d'intensité, de vivacité, d'actualité.

Dans la retraite d'octobre 1873, par exemple, le *prix du temps*, et la recherche du *plus parfait* en toutes choses sont deux idées saillantes, que l'on verra depuis lors s'enraciner de plus en plus dans son âme. On peut y ajouter cette distinction capitale, apprise à l'école de saint François de Sales et des autres grands mystiques, entre *les deux parties de l'âme,* l'une inférieure, dans laquelle dominent les facultés sensibles ; l'autre supérieure, qui atteint ses points culminants dans l'intelligence éclairée par la foi, et dans la volonté soutenue par la grâce : c'est ce qu'ils appellent *la pointe, la fine pointe de l'âme,* par laquelle elle doit toujours se tenir attachée à la volonté divine, quelque trouble et quelque répugnance que ressentent les facultés inférieures.

Voici d'ailleurs les notes mêmes de M. Hubert en ce qu'elles ont de plus nouveau ou de mieux accentué : « La mort approche chaque jour. Le prix du moindre moment est en quelque sorte infini, puisqu'il peut nous valoir un bien infini. Embrasser avec ardeur chacun de ces instants si précieux ; le consacrer à Dieu en le lui offrant en union à Notre-Seigneur, pour faire en ce moment même *le plus parfait.* »

Comme résolutions pour la nouvelle année : « Mourir à soi-même, c'est-à-dire ne se rechercher en rien. Guerre impitoyable à l'amour-propre. Faire en tout le plus parfait. C'est naturel, puisque Dieu seul mérite d'être aimé et recherché. Toute action qui ne tend pas à Dieu, mais à une satisfaction personnelle est blâmable. Pour mourir, j'embrasserai joyeusement ce qui répugne le plus à ma nature. J'aimerai à m'ennuyer et à souffrir pour Dieu. Cette tristesse intérieure, ce froid, cette faim qui me tourmentent et m'humilient, en me rappelant la fange dont je suis pétri, je les aimerai et souffrirai gaîment, parce que cela plaît à Dieu. Les autres motifs sont faibles auprès de celui-là. »

« Je serai joyeux et expansif avec mes collègues,

surtout dans mes tristesses intérieures, parce que
cela plaît à Dieu. »

« Je demeurerai joyeux et parfaitement libre,
dans la partie supérieure de mon âme, au milieu
des travaux, charges, accidents qui me contrarient,
parce qu'il plaît à Dieu que je sois ainsi. »

« Vivent Jésus et Marie ! S'ils me donnent l'amour
des souffrances et du mépris, je les en bénirai et
serai très-joyeux. S'ils ne me le donnent pas, je les
en bénirai encore, car c'est Dieu que j'aime et non
ses dons, et je m'efforcerai de paraître à tous très-
joyeux ; à tout le moins, le bon Dieu me donnera-t-il
la patience qu'il ne refuse jamais à une supplication
confiante, constante et s'il faut importune. »

« Souffrir pour Dieu ! »

On sent que ce dernier cri sera de plus en plus sa
suprême devise.

Au mois de février, sans doute encore à la faveur
de quelques moments de loisir qu'amène l'époque des
examens, il confie de nouveau au papier les gémissements et les aspirations de son âme : « Le poids
du vieil homme m'accable ; il est tout chair, orgueil,
révolte, sensualité, haine de Dieu. Oh ! qui me délivrera de ce corps de mort et me donnera les ailes
de la colombe, pour m'arracher à la fange de cette
terre et m'unir à mon Tout ! Vous voyez, mon Dieu,
l'ardent désir que je nourris en la partie supérieure
et reine de mon âme de me consumer corps et âme
en vous et pour vous. Soyez béni, Jésus ; je puis tout
en vous qui me fortifiez. Vous l'avez dit, vérité

éternelle, je le crois inébranlablement. Je veux me sanctifier. Je crierai vers vous jusqu'au dernier soupir, et je deviendrai saint parce que vous êtes saint ! »

Au mois de mai suivant, se préparant à l'ordination du sous-diaconat, il veut se consacrer à Dieu plus complétement qu'il ne l'a jamais fait : « Je n'ai qu'une volonté, » lui dit-il, « celle de n'avoir point de volonté propre, mais de vouloir uniquement, fortement, amoureusement tout ce que vous voulez, parce que vous le voulez ; votre main est toujours la même, ô Amour, également sainte et adorable, et juste, et bonne, lorsqu'elle envoie des peines et lorsqu'elle soulage. »

Mais il sent le besoin de s'affermir particulièrement en vue de certaines épreuves et continue bientôt ainsi :

« Voici les choses qui me répugnent le plus : si ce sont précisément celles que vous voulez, ô Amour, soyez béni mille fois : coupez, taillez, envoyez ces croix ; j'ouvrirai, avec le secours de votre grâce, les bras de ma volonté, et tout en pleurant dans la partie sensible de mon âme, j'embrasserai ces croix avec amour. »

« Dans le corps, souffrir, de manière à trouver le temps long, ennuyeux, fatigant, pénible, sans que cette souffrance soit soupçonnée ou attire l'attention....., sans qu'elle altère la santé. Au contraire, porter au dehors toutes les marques de la santé, et souffrir beaucoup, seul, sans autre témoin ni consolateur que Dieu. »

« Dans l'âme, vivre purement de la vie de la foi,

sans douceurs spirituelles; ressentir toujours cette lutte si cruelle du vieil homme qui a haine des choses de Dieu et proteste sans relâche contre toute vérité et toute morale. — Oraisons sans consolation, bien rudes et ennuyeuses. — Médiocrité en tout, excepté en votre saint amour, ô mon Dieu. »

Voilà de ces contrastes qu'auraient peine à comprendre ceux qui en verraient ici le premier exemple, et ne les auraient jamais lus ni dans leur propre cœur, ni dans l'histoire ou les écrits des saints. M. Hubert revient plus d'une fois sur ces protestations du vieil homme, qui font le tourment de son âme, bien que tout son amour appartienne à Dieu.

« J'entendrai parler, dit-il, des persécutions de la sainte Église, des défaillances de ses enfants, des outrages faits à Dieu. Je verrai que Dieu est négligé, mis de côté par le monde et les sociétés, et je n'en éprouverai aucune douleur sensible; loin de là, mes instincts exécrables applaudiront. »

Le vertueux jeune homme l'entend donc parfois s'élever en lui, l'odieuse voix de ces instincts qui naissent, dans tous les cœurs, de la corruption de la nature ou de la contagion du monde. Mais, instruit à l'école des saints, il se réfugie sur les sommets de son âme, dans la vie de la pure foi, comme disent encore les mystiques, et voici ce qu'alors il demande à Dieu : « Un amour tout de volonté, à la sueur de mon visage; un amour de renoncement, comme le vôtre, ô Jésus, mon unique modèle et amour, dans le Jardin et sur la Croix. »

C'est, en effet, jusqu'à l'agonie de l'Homme-Dieu que l'âme chrétienne doit s'élever, pour trouver son souverain modèle dans ces luttes douloureuses de la volonté contre toutes les impressions de la nature en émoi. Le Sauveur a poussé l'amour, jusqu'à livrer son âme aux sentiments du dégoût et d'une tristesse mortelle ; jusqu'à prendre le langage d'un homme en détresse, et qui doute de lui-même ; il l'a fait pour nous apprendre à triompher comme lui ; à multiplier nos actes d'amour pour la sainte volonté du Père ; à nous relever ainsi, soutenus par sa grâce, comme il fut relevé par l'Ange.

« Quelle garantie d'humilité ! » s'écrie M. Hubert ; après avoir décrit ces obsessions de la nature, « quelle garantie d'humilité que cette abjection morale, sans cesse palpable et parlant.

A côté de ce grand profit qu'il apprend à en tirer, l'esprit de Dieu lui en fait trouver un autre : celui de comprendre toujours plus clairement que, dans la ferme adhésion de notre volonté à celle de Dieu, est tout l'essentiel de la perfection, et que toutes les oscillations de la sensibilité, de l'imagination, tous les mouvements d'idées même, qui se font sans nous, bien qu'en nous, sur la scène mobile de notre esprit, nous peuvent être objets de sainte indifférence.

Il renonce donc, autant que Dieu le voudra, à cette paix sensible, à cette harmonie intérieure qui fait la consolation d'une âme pieuse. Il renoncera de même à toutes les formes particulières d'excellence spirituelle auxquelles il a pu aspirer, croyant y trouver sa perfection.

« Je voudrais, » écrit-il, « avoir de hautes oraisons, exercer une grande influence sur mes collègues, les porter à la perfection. Mais Dieu veut que je demeure sec, petit, impuissant, ou, tout au moins, mes négligences font que je suis tel. Faut-il alors m'affliger ? Non ; Dieu veut être servi avec joie. »

« Je voudrai donc, parce que Dieu le veut, être joyeux dans ma misère, être content de ma pauvreté, tout en m'efforçant d'en sortir pour plaire à Dieu. »

Il en viendra même parfois jusqu'à voir s'éclipser aux yeux de son esprit les raisons qu'a le chrétien de régler sa conduite sur les principes de la foi ; il ne se sentira plus dirigé, en ces moments d'obscurité, que par une sorte de conviction et d'impulsion latentes, que même il ne sent pas, dans le sens ordinaire du mot. Il nous rappelle ici la suprême épreuve à laquelle, entre plusieurs grandes âmes, sainte Chantal fut soumise dans les dernières années de sa vie. Privée du sentiment de sa foi, de son espérance, de sa charité, alors que ces vertus brillaient en sa conduite d'un incomparable éclat, il lui semblait souvent n'avoir plus d'appui que dans la parole de ceux qui la dirigeaient, et qui devaient lui défendre d'examiner ses ténèbres. Au dehors cependant, on ne voyait en elle que paix et sainte joie, et sagesse éclairée d'en haut. Dieu n'avait jamais plus purement, plus fortement agi en elle, et par elle, que lorsqu'il la tenait ainsi comme perdue et anéantie à ses propres yeux.

Plusieurs des dernières citations empruntées à M. Hubert sont tirées de sa retraite d'octobre 1874, époque de sa dernière rentrée au séminaire de

Saint-Sulpice. Mais, ce qui domine en cette retraite, ce sont de grands efforts pour soumettre son esprit aux règles de modération qu'on lui trace en matière d'austérités. Il saisit au vif la lutte de ses propres idées contre les principes d'obéissance, auxquels il a compris qu'il faut assurer la victoire. Peut-être, est-ce pendant les vacances précédentes qu'il avait approfondi le Traité de l'Obéissance de M. Tronson, dont on trouve dans ses cahiers une analyse non moins soignée que celle du Traité de l'Amour de Dieu.

« Ne pas vouloir être saint à sa manière, » dit-il donc en commençant, « mais à celle des autres. Je me suis figuré que les austérités corporelles étaient indispensables à la sainteté. Or, je veux devenir un saint. Soit, c'est une bonne ambition ; mais, pour qu'elle soit très-pure, il faut qu'elle soit selon l'ordre et la volonté de Dieu : ne vouloir de sainteté que ce que Dieu veut que j'en aie, aussi bien dans la forme que dans l'éclat extérieur de cette sainteté ; ne le vouloir que pour Dieu, et non pas pour l'honneur de ce misérable, qui porte mon nom et que je suis. Or, si Dieu ne veut pas pour moi d'austérités à ma guise, pourquoi en voudrais-je? Avec des pierres il peut susciter des enfants à Abraham. Avec Isaac sacrifié, il peut continuer la postérité d'Abraham. O folie de la Croix ! que tu es sage ! »

« Insensé, tu vois que Dieu te veut saint, dans une mesure inconnue de toi, mais connue de Lui, la seule bonne, la seule adorable, et tu te figures qu'il ne te dira pas, par tes supérieurs, la voie de cette sainteté. Ta raison te dit : il faut tuer ton corps. —

Dieu te dit : il faut le conserver. — Mais les saints l'ont accablé, et je veux être comme eux. — Eh ! quoi ! Dieu ne peut-il te faire saint comme eux par d'autres moyens ? — Mais tu seras le premier de ton espèce. — Eh bien ! pourquoi non ? »

« Je me donnerai donc aux autres, continue-t-il (contrairement à mes principes de sainteté qui veulent la concentration). Je ne me mortifierai que dans les limites permises, et j'*aimerai* ce qu'on me dira de faire, et je le ferai très-joyeusement, surtout quand ce sera contre ma manière de voir. »

« Réduisez-moi, Seigneur Jésus, à une vie de pure volonté intimement unie à la vôtre. Je ne vous demande rien de plus. »

« O sainte croix ! bien rude, bien pesante, je t'embrasserai, je te serrerai avec les bras de ma volonté, et pendant que la pauvre nature pleurera et luttera pour se dérober, je te presserai en mon âme, avec reconnaissance, action de grâces et amour. Je verrai mes bien-aimés frères accomplir joyeusement des sacrifices qui me coûtent beaucoup de peine. La vue de mon infériorité, loin d'exciter en moi des sentiments de jalousie, me rendra humble. O chère infirmité ! tu seras ma gloire, car c'est par toi qu'habitera en moi la vertu de Jésus-Christ. »

« Donc des croix, des croix, encore et toujours ! Elles surgissent partout, à chaque minute, au dedans, au dehors. Elles sont longues, pesantes : c'est une couronne d'épines sans cesse frappée. Vive Jésus ! que mon âme se délecte au milieu de cet océan de croix. C'est son élément. Quelle folie ! Y a-t-il rien de plus contraire à la nature ? Quelle sagesse !

Y a-t-il rien de plus conforme à la grâce, à l'auteur de la grâce, à celui qui est la grâce en moi vivante, à Jésus ? »

Telles sont les ardeurs qui se cachaient sous cet extérieur si calme, si étranger à toute démonstration, à toute manifestation d'enthousiasme. La grâce divine les attisait surtout dans les jours de retraite ; puis, de ce chaud foyer, émanait la force paisible, agile et mesurée qui se distribuait à toutes les parties de la vie de M. Hubert.

En dehors de ces époques de retraite, il a laissé très-peu de notes relatives à sa vie intérieure. Voici cependant encore quelques courts passages, de date incertaine, mais ne témoignant ni d'une moindre élévation, ni d'une moindre ferveur de sentiments :

« Mon âme a soif de rendre à Dieu tout l'honneur qui lui est dû ; elle a soif de remplir cette dette de justice, et elle se sent faible et glacée... O Jésus ! soyez mon supplément, et vous aussi, saintes âmes du ciel et de la terre ; et vous, créatures, chantez, louez, exaltez, aimez dans tous les siècles Dieu, mon unique amour. Aimez-le pour un pauvre pécheur, qui ne peut pas l'aimer comme il le voudrait. »

« O Dieu ! donnez-moi de vous glorifier le plus possible. Faites de moi ce que vous voudrez. N'écoutez pas les réclamations d'une nature corrompue. Frappez, pourvu que vous soyez le plus possible glorifié ; vous, vous seul, pas moi. Que le moi disparaisse. Rien pour moi. Tout pour vous. Rien que pour vous. »

M. Hubert reçut les ordres mineurs le 20 décembre 1873 ; le sous-diaconat, le 30 mai 1874, et le diaconat, le 19 décembre de la même année.

Quelques lettres écrites à ces diverses époques aux personnes de sa famille montrent combien ses sentiments étaient éloignés de toute vaine complaisance et de tout empressement juvénile, en voyant s'approcher pour lui le terme auguste du sacerdoce. Il s'arrête peu aux honneurs que les ordinations lui confèrent, mais il est tout pénétré des obligations qu'elles lui imposent.

« Tout récemment, » écrit-il le 30 décembre 1873, « j'ai eu l'honneur insigne et le grand bonheur de recevoir les quatre ordres mineurs, qui précèdent le sous-diaconat. Déjà, je vois devant moi, dans deux années seulement, le glorieux et redoutable fardeau du sacerdoce. Deux années seulement pour me préparer à entrer, comme un autre Jésus-Christ, dans la vie apostolique, au milieu des luttes d'un monde corrompu et sans foi, et avec une si chétive vertu et une si profonde faiblesse. Oh ! mon cher oncle, je vous le redis encore et vous supplie d'y penser souvent : votre pauvre neveu a grand besoin de prières. »

Cinq mois plus tard, au moment de commencer la retraite préparatoire au sous-diaconat, M. Hubert renouvelle ses instances auprès de ses religieux parents :

« C'est un cœur, » écrit-il, « semblable à celui du divin Maître, doux et humble, que je voudrais pouvoir présenter à Dieu au jour béni de mon sous-diaconat. Oh ! combien il devrait être pur et droit, aux yeux de ce souverain Seigneur, ce cœur qui va désormais, au nom de l'Église entière qui lui confie cette importante mission, s'élever si souvent durant la journée vers le ciel par la récitation du saint office! Qu'elles devraient être pures ces lèvres qui vont chaque jour bénir et remercier Dieu pour tous les fidèles, et attirer d'en haut les grâces nécessaires à la grande famille chrétienne. Qu'il devrait être avancé dans la perfection, celui qui, à la fin de la prochaine année, doit être élevé à la sublime dignité de prêtre. »

Des sentiments déjà si fervents s'épuraient et s'échauffaient de plus en plus pendant les jours bénis des retraites d'ordination. Cette sorte de transfiguration de l'âme, qui reluit souvent jusque sur le visage et dans l'attitude des pieux ordinands, n'était en personne plus frappante qu'en M. Hubert. Un de ses condisciples, peu suspect d'exaltation, dit avoir conservé une impression céleste d'une petite scène dont il fut témoin, le soir du jour où M. Hubert avait reçu le sous-diaconat. Un autre de leurs confrères, ordonné prêtre le même jour, l'interrogeait, à la fois comme médecin et comme ascète, sur les pratiques de pénitence qui peuvent être embrassées sans compromettre la santé. M. Hubert répondait avec son calme et sa simplicité habituels; mais on voyait sur son visage un rayonnement extraordinaire, qui semblait dire aux témoins ce qu'il y a de béatitude à se mortifier pour Jésus-Christ.

Il importe beaucoup de remarquer, sur ce sujet, la parfaite et très-prudente réserve, dans laquelle M. Hubert se renfermait en le traitant avec les autres. Ce n'est pas le moindre signe en faveur de la grande pureté de l'attrait auquel il obéissait. Ses lettres, il est vrai, sont toutes remplies de l'amour de la croix ; il ne cesse à toute occasion, grande ou petite, de l'insinuer et de le prêcher aux autres. Mais, point une seule fois peut-être, il ne l'étend au delà d'une acceptation cordiale et joyeuse des croix de Providence auxquelles chacun est soumis ; point une seule fois, il n'exhorte qui que ce soit à s'imposer aucune mortification de son choix.

Parmi les lettres réunies en grand nombre pour la rédaction de cette notice, voici l'unique allusion à ce genre de pénitences qui se soit rencontrée. C'est une recommandation de M. Hubert, devenu prêtre, à un séminariste dont il dirigeait de loin la conscience : « Si le bon Dieu, lui dit-il, vous donne attrait à quelque mortification corporelle, pendant ce temps de carême, soumettez-la d'abord à M. le supérieur ou à quelqu'un de ces Messieurs. »

VII. — *Maladies et voyages de santé.*

M. Hubert n'avait malheureusement pas pour lui-même autant de prudence que pour les autres, et l'action destructive de ses austérités sur sa constitution, autrefois robuste, en vint à dépasser tout ce qu'il avait prévu. Au mois de juillet 1873, la fatigue n'avait encore rien d'excessif, et il put, comme l'année précédente, passer en paix ses vacances entières dans la retraite de Bellevue.

Mais, à partir de l'année suivante, le délabre-

ment croissant de sa santé l'obligea périodiquement
au genre de voyages qu'il aurait choisi le dernier :
on l'envoya aux eaux de Cauterets, chercher quelque remède aux accidents singuliers, et de plus en
plus graves, qui se succédaient chez lui, et qu'il a
lui-même expliqués comme les résultats d'une anémie progressive, et finalement poussée jusqu'aux
dernières limites.

En 1874, le symptôme qui attira surtout l'attention fut une extinction de voix presque complète,
qui survint pendant les dernières semaines de l'année scolaire. La veille de la sortie de Saint-Sulpice,
il fut inopinément décidé qu'il partirait pour Cauterets, en compagnie d'un directeur, qui s'y rendait
pour son propre compte. Ce fut pour le cœur de
M. Hubert un sensible sacrifice que de ne pouvoir
faire à loisir ses adieux à tous ses bien-aimés frères :
et une pieuse émotion se répandit aussi dans la
communauté, à la nouvelle de ce départ précipité.

L'effet des eaux parut satisfaisant cette année-là,
et ce fut à la rentrée suivante que M. Hubert prit
ses résolutions de modération qui lui coûtèrent tant
d'efforts ; de toutes celles qu'il se proposa jamais, il
n'en est point, sans doute, qu'il ait aussi imparfaitement tenues. Au mois d'avril 1875, on le vit tout
à coup saisi d'un mal étrange qui parut, quelque
temps après, se caractériser comme une affection de
la moelle lombaire. Pendant les premiers jours, on
espéra y rémédier par un changement de régime.
M. Hubert, rentré à la maison paternelle, venait au
séminaire comme externe pour en suivre les principaux exercices. Sa charité, qui s'allia si souvent à

9.

son amour de la souffrance, l'entraîna, en ce temps, à de touchants excès. Un de ses confrères, qu'il soignait avec un particulier dévouement, était alors retenu par une indisposition dans sa chambre, située à l'un des étages les plus élevés du séminaire. Malgré les instances du malade, M. Hubert ne résista jamais, en venant au cours, à la tentation d'aller le visiter et l'encourager, quoique ces ascensions répétées fussent particulièrement contraires au mal dont il était lui-même atteint.

L'espèce de moyen terme grâce auquel, tout en se soignant, il continuait de suivre les cours de Saint-Sulpice, devint bientôt insuffisant. Le mal empirant au lieu de céder, M. Hubert se vit contraint de prendre le lit. La nouvelle en fut au séminaire un coup douloureux, dont plus d'un se sentit frappé au cœur. Quelques jours plus tard, le 5 mai, le malade écrivait à un ami : « Depuis que je vous ai vu, mes pauvres reins m'ont cloué au lit et, maintenant encore, me retiennent à la maison. Depuis huit jours, je n'ai pu sortir, et la privation de la sainte messe et de la sainte communion commence à se faire sentir un peu lourdement à mon âme. »

Cependant, une amélioration se produisit, et M. Hubert put se transporter à Bellevue ; avec le temps, il s'y consolida suffisamment pour entreprendre de nouveau le voyage de Cauterets.

Pendant son séjour à la campagne, il recevait, le mercredi, la visite de plusieurs de ses confrères de Saint-Sulpice, venus à Issy pour cette journée. On était toujours frappé de sa parfaite sérénité, de sa gaîté, de la bonne grâce avec laquelle il reconduisait ses visiteurs, le sourire sur le visage, bien que, dans les premiers temps, du moins, chaque mouvement lui fût douloureux.

M. Hubert, à cette époque, se sentit assez gravement atteint pour supposer que sa fin pourrait être prochaine. Il songea combien il serait pénible à son père de ne point conserver du moins un portrait de lui, et cette pensée le décida à se faire photographier. Il sut retrouver, pour cette circonstance, une apparence de vigueur et une fermeté d'attitude qui ne lui étaient plus habituelles ; mais la pureté de l'expression et la droiture du regard sont ce qu'il y a de plus frappant en son portrait. S'il fallait y mettre une devise, il semble qu'on n'en pourrait trouver de meilleure que cette parole de l'Évangile, chère à M. Hubert : « *Si oculus tuus fuerit simplex, totum corpus tuum lucidum erit.* Si votre regard est simple, tout votre corps sera éclairé. »

Voyons maintenant comment l'aimable et fervent sous-diacre de 1874, le diacre de 1875, savait à la fois sanctifier le séjour des eaux et consoler, autant que possible, à distance, sa chère famille, des soucis qu'il lui causait.

Ce lui avait été une épreuve vraiment pénible que d'être à l'improviste arraché à la tranquille retraite dans laquelle il se préparait à passer les vacances. C'est ce qu'il écrit à un ami à son retour de Cauterets :

Bellevue, 3 août 1874.

« Peut-être ignorez-vous qu'au moment de quitter le séminaire et de me rendre paisiblement dans la modeste et calme demeure où j'avais accoutumé de couler mes précédentes vacances (si le temps ne me pressait, je vous aurais tourné cela en vers), j'ai été saisi brusquement par l'autorité supérieure, et transporté à l'autre extrémité de la France, où il a fallu entourer de soins la pauvre *bête* qu'on prétendait épuisée. J'ai pensé cependant qu'il n'y avait pas là de raison pour négliger la malheureuse âme, dont on ne se préoccupait point, et je me suis efforcé de réaliser, avec la grâce de Dieu, le *omnia cooperantur in bonum*, offrant au bon Dieu, très-sérieusement, je vous assure, mes gargarismes et mes bains pour la sanctification de votre très-dévoué collègue et celle de tous ses frères. »

La nécessité de se soigner lui est en effet devenue l'occasion d'une expérience de vie chrétienne, sur laquelle il revient dans plusieurs lettres, à diverses personnes, avec une sorte d'insistance et de joie d'inventeur, comme s'il venait de faire une précieuse découverte. Il a compris sensiblement comment on peut parfois *faire le plus parfait* en soignant sa pauvre nature, aussi bien qu'en la malmenant. Voici, du reste comment il s'en explique au long dans une lettre à l'une de ses sœurs :

« Et d'abord la question de santé. Il est convenu que c'est la grande question, la question par excellence. Eh bien ! je suis heureux de t'informer que mon pauvre corps se remet tout doucement de ses fatigues. Il me semble que le bon Dieu m'a chargé lui-même de le conduire aux eaux, comme un pauvre malade dont il faut avoir bien soin, et dont on doit constamment s'occuper.

« Aussi, que de précautions! Je ne le quitte pas un seul moment, je le fais bien manger, bien boire; je le condamne à un repos absolu. Chaque jour je vais l'installer dans un bon bain, bien tiède : chaque jour, nous lui faisons boire des eaux de la Raillière, avec gargarisme, et, dans l'après-midi, nous le menons à César pour recevoir une bonne pulvérisation laryngée. Oh! qu'il est bien soigné, ce cher infirme; mais aussi, comme il en profite! »

« Et cependant les soins dont il faut l'entourer m'absorbent à ce point que je crains beaucoup pour ma santé à moi-même, j'entends ma vraie santé, celle de ma chère âme. Voici au surplus ce que j'aime à penser pour ma consolation : j'ouvre une parenthèse parce que c'est le commencement d'une tirade morale qui finira..... nous verrons quand :

« Tout ce que nous faisons est bien quand nous le faisons pour Dieu ; hors de là rien n'a de valeur; tout est mauvais. J'aurais voulu, par exemple, aller à Bellevue, faire de longues promenades avec papa, causer politique avec H..., imposer à ma très-chère et patiente sœur de longs sermons en douze points : voilà ce que j'aurais voulu. Mais le bon Dieu s'interpose et me dit : Je veux.... tu devines le reste. Il me confie ce pauvre malade avec ordre de le bien soigner. Oh! que cet ordre m'est cher, et combien je dois préférer cette volonté à la mienne. A quoi me servirait de vouloir évangéliser le monde, ou macérer ma pauvre chair par les jeûnes et les cilices, puisque je puis, en étant bien sage à Cauterets, rendre au bon Dieu beaucoup plus d'honneur et de gloire? Quand il lui plaira que j'aille travailler à sa moisson et vivre un peu durement, oh ! combien j'aimerai ce bon plaisir fort aimable ! avec quelle joie j'irai travailler et rapporter, s'il m'en donne la grâce, quelques gerbes! En attendant, je ferme la parenthèse, parce que la morale est finie, *ad tempus.* »

Tout était occasion à M. Hubert de s'exercer à cette simple union au bon plaisir de Dieu ; et son esprit de foi, s'alimentant de tous les incidents de la vie, s'élevait à partir des plus banals jusqu'aux sentiments les plus pieux.

« Depuis plusieurs jours », écrit-il encore, de Cauterets, « nous sommes enveloppés de nuages épais qui laissent à peine dans la journée quelques courtes éclaircies par où l'on entrevoit un pic, un coin de ciel bleu, ou un rayon de soleil. Enfin, c'est le bon Dieu qui met là ces nuages ; il sait que nous allons nous en aller bientôt : il sait que nous désirons faire de petites courses, et voir la belle nature; si donc il nous empêche de faire nos promenades, et de contempler les beautés qu'il a répandues autour de nous, c'est qu'il a pour cela de bonnes raisons ; lesquelles ? je l'ignore ; mais elles existent, cela me suffit ; et nous demeurons tout contents de rester au gîte, en notre chambrette, à lire, à écrire, à deviser de mille choses ; à chanter, à nous taire, mettant en pratique ce que dit l'auteur de l'Imitation : « *scribe, tace, lege, geme, canta* .... *digna est vita his æterna his omnibus.*» Tu vois, chère sœur, que nous conservons notre philosophie au milieu des brouillards et que notre cœur n'a pas besoin pour chanter de l'azur et des brillantes constellations du ciel. Nous tâchons de maintenir la fine pointe de notre esprit, comme le drapeau qui surmonte la bouée, bien haut, bien haut, par-dessus les orages, dans la région où l'air est toujours pur. »

On voit assez par ces lignes qu'il ne faut pas entendre d'une manière trop littérale ce que M. Hubert disait plus haut des soins donnés à son pauvre corps, au point d'absorber tous ses moments. On sait même par ses compagnons qu'il y faut mettre de beaucoup plus amples restrictions qu'il ne l'avoue dans aucune de ses lettres.

Donnant par exemple à son père le programme de ses journées, voici comment il s'exprimait : « Je te dirai d'abord, cher père, que si j'ai contracté depuis mon séjour en ce lieu de délices beaucoup de molles et sensuelles habitudes, du moins n'ai-je pas perdu la bonne coutume du lever matinal. Donc, de bonne heure, je vais entendre et servir la sainte messe. »

La vérité est que, cette première année, il avait su persuader au médecin qu'il lui était utile de se lever à quatre heures du matin, et qu'il fut par suite impossible de l'en empêcher. Il n'avait cependant d'autre motif en cela que celui de se mortifier et de demeurer plus longtemps à l'église, pour y servir un plus grand nombre de messes. On lui en a vu servir jusqu'à quatre et cinq dans une même matinée. Aussi, à peine était-il arrivé aux eaux, que sa piété avait frappé les ecclésiastiques nombreux présents à Cauterets. Mgr. l'Evêque de Tarbes y étant venu en visite, en 1874, M. Hubert lui fut signalé par eux comme un nouveau saint Louis de Gonzague.

Dans l'après-midi, il passait encore le plus de temps possible à l'église et, autant qu'on ne l'en empêchait pas, à genoux, *in plano*. Un directeur de Saint-Sulpice qui avait autorité sur lui voulut qu'il se servît d'une chaise ; il ne le fit d'abord que pour poser son chapeau ; il fallut une prescription de plus pour le décider à s'y appuyer : mais une fois ce ménagement réglé par l'obéissance, il n'essaya plus jamais de s'y soustraire.

Il aimait aussi beaucoup à faire la lecture spirituelle en commun, et à y ajouter des gloses sur la mortification, exercice qui se prolongeait souvent fort longtemps, par suite du plaisir qu'y trouvaient ses auditeurs.

L'un des plus assidus, jeune ecclésiastique breton, dont M. Hubert avait fait la connaissance à Cauterets même, a retracé dans quelques lignes touchantes le souvenir de cette heureuse rencontre : «Je subis vite l'influence de sa sainte âme. Jamais je ne suis sorti d'un entretien avec lui, sans en emporter quelque profit. C'était pour moi le type du saint aimable : mortifié et sévère pour lui-même, il était d'une condescendance étonnante pour nos petites faiblesses. Toujours en avant pour adoucir les fatigues de ses compagnons, il trouvait en toutes circonstances un de ces mots simples et forts dont les belles âmes ont le secret. Nous sommes trop souvent disposés, je crois, à qualifier du nom de saint les hommes en qui nous reconnaissons quelques vertus ; mais je ne crains pas de tomber dans l'exagération en l'appliquant à M. Hubert. Je l'ai vu de bien près pendant notre séjour à Cauterets, et jamais je n'ai rien aperçu en lui qui pût amoindrir l'idée qu'on avait de sa vertu. Aussi ne puis-je assez dire quel attrait j'éprouvais pour lui, ni avec quel bonheur je me rendais à nos petites réunions du soir dont, le premier, il avait eu l'idée : c'était à qui lui laisserait la parole, tant nous aimions à l'entendre. Il avait toujours le mot propre, simple et vrai ; et ses paroles pénétraient d'autant plus profondément qu'elles étaient la pure expression de ses sentiments, de son âme tout entière, de sa conduite enfin, dans tous les actes de cette vie de tous les jours où si facilement se glissent les imperfections. Au contact de tant de zèle sincère, de tant de dévouement à la gloire de Dieu et aux âmes, je suis devenu plus fort, plus disposé aux résolutions courageuses, plus prêtre enfin. Je résume tous mes souvenirs en un mot : j'ai eu le bonheur de connaître un saint. »

Beaucoup de prêtres, en traitement à Cauterets n'estimaient pas moins M. Hubert pour sa science médicale que pour sa piété, et aimaient à le consulter sur leur santé. Il s'y prêtait avec une charité admirable, et avec cette égalité d'humeur qui était si frappante en lui.

Il lui en coûtait bien quelque chose de renoncer pendant ce mois de vacances à de plus sérieux travaux. « Tu dois te demander, cher père, écrivait-il le 18 juillet 1873, quelle place occupe le travail dans la présente vie. Hélas! trois fois hélas! une place si petite, si petite, que j'en mourrais de confusion, n'était le conseil que me donna l'excellent M. M***, peu de temps avant notre séparation. «Apprenez donc, me dit-il, à ne rien faire ; c'est un grand art. » A quoi je pus répondre en conscience : « Ce n'est pas à vous que je demanderai de leçons. » Et voilà que, sans maître, je me trouve tout content de ma vie sensuelle et paresseuse, tant il est vrai que notre mauvais fonds est rempli de tous les vices imaginables, et qu'il n'y a besoin pour les voir s'épanouir que de ne pas se faire violence. »

Parmi cent petits détails plaisamment racontés dans sa correspondance pour dérider ses «chers absents» de Bellevue, on en lira volontiers un ou deux. « L'exercice du gargarisme dure environ huit à dix minutes. Un petit pavillon est installé et disposé à l'usage de ceux qui pratiquent cette opération: il y règne un perpétuel concert de roucoulements, gazouillements, gémissements, auquel on est tout fier de prendre part, pour peu qu'on aime la musique.... J'allais oublier la pulvérisation que je vais prendre dans l'après-midi à l'établissement de César. Il s'agit là de recevoir durant vingt minutes, dans la bouche, largement ouverte à cet effet, (heureux ceux qui possèdent des bouches en four à pain), un jet d'eau thermale pulvérisée, lequel doit pénétrer par le larynx jusque dans les bronches. C'est un petit exercice des plus intéressants, et auquel, à moins d'être extrêmement mortifié, on à peine à s'arracher. »

Nous savons assez à quoi nous en tenir sur le prétendu sybaritisme, (mot familier à M. Hubert dans son style épistolaire), auquel il se livrait pendant son séjour aux eaux. La trêve qu'il faisait avec son pauvre corps était une trêve encore bien armée et bien belliqueuse. Impatient de la rompre, il conclut son voyage en 1874 par une visite au monastère de Liguge, « fort ancien, » écrit-il à son père, « et jadis fort illustre, occupé de temps immémorial par les enfants de Saint-Benoît. Il m'a semblé bon, sur le conseil de saintes âmes, d'aller me réchauffer un peu à ce foyer de piété avant de commencer la seconde, et, j'espère bien, dernière phase de ces vacances, jusqu'à ce jour si étrangement mouvementées. »

Il rentrait à Paris le samedi 1er août pour présider le lendemain une fête du catéchisme de Persévérance des jeunes filles auquel il était alors attaché. Il y édifia son auditoire par le récit d'un double pèlerinage à Lourdes qui lui avait sans doute procuré les plus douces de ses consolations dans un voyage d'ailleurs si peu conforme à son goût pour la retraite.

L'année suivante, c'est encore par un pèlerinage à Lourdes qu'il inaugurait sa nouvelle saison de Cauterets : « Le matin, » écrivait-il à son père le 14 juillet 1875, « je faisais ma modeste entrée en cette ville bénie de Lourdes, où la très-sainte Vierge m'a permis une fois encore de la prier pour vous tous, et pour mille intentions particulières : on a tant d'actions de grâces à rendre, tant de demandes à faire, en ce lieu saint, si cher entre tous aux bonnes âmes ! »

Sa santé, on se le rappelle, avait été beaucoup plus profondément atteinte cette année-là que la précédente. Un mal de reins l'avait d'abord cloué au lit, puis retenu à la chambre. Aussi insiste-t-il, à maintes reprises, sur tout ce qui peut sembler ras-

surant dans les circonstances de son voyage. « Entre
Poitiers et Bordeaux, j'avais dévoré mes excellentes
provisions, dont la vue m'a rappelé vivement les
charitables mains qui les avaient préparées et, par
un enchaînement d'idées bien naturel, la douceur
du foyer domestique. Mes pauvres yeux ont été sur
le point de distiller une ou deux larmes ; enfin, ai-je
pensé, le bon Dieu fait bien tout ce qu'il fait et,
quoi qu'il envoie, il faut l'en remercier, car c'est
notre bien qu'il veut. Un détail : le jus des copieux
morceaux de viande avait transpercé ses enveloppes
de papier, et s'était quelque peu répandu sur un
cahier que, par sottise, j'avais oublié au milieu des
provisions. » Ce détail nous donne du cahier en
question un signalement encore reconnaissable :
c'étaient ses extraits des vies des saints dont M. Hubert n'avait pas voulu que son âme jeunât même un
seul jour. — « Et les reins ? continue-t-il. Eh bien !
les reins sont comme par le passé, je ne dirai pas
encore mieux, mais certainement pas non plus moins
bien. En somme, pour la millième fois, Celui qui
m'a conduit s'est fort bien acquitté de son emploi,
et nous devons l'en remercier de tout cœur. »

Le résultat de cette saison fut encore assez favorable, moins cependant que celui de la précédente.
Vers le milieu de son traitement, M. Hubert écrivait :
« Je crois que vous me trouverez florissant, c'est-à-
dire engraissé et vigoureux. La respiration a plus
de force et les reins moins de raideur : toutefois,
souffle et agilité laissent encore à désirer, mais le
bien commencé à Cauterets pourra, comme l'année
dernière, se poursuivre après mon retour : dans cet

espoir, je fais tout mon possible pour me saturer de soufre, et je suis consciencieusement le traitement prescrit. Enfin, et en conclusion, tout va, ce me semble, aussi bien que possible. » Ces derniers mots sont interprétés par M. Hubert lui-même dans une lettre de l'année suivante : « Tout va pour le mieux, parce que tout va à la volonté de Dieu. »

A la fin des vacances de 1875, le rétablissement de M. Hubert, bien qu'imparfait, fut jugé suffisant pour qu'on pût lui accorder une permission vivement souhaitée de lui : celle d'entrer au noviciat de la Compagnie de Saint-Sulpice, connu sous le nom de Solitude, et attenant au Grand séminaire d'Issy. C'est là que nous aurons maintenant à le suivre.

CHAPITRE IV

Dès les premières années de son séminaire, M. Hubert avait témoigné pour la vie de communauté une affection qui ne cessa de croître, avec le progrès du temps. Au nouvel an de 1872, il écrivait déjà à son oncle : « Cette vie se prolongera pour moi, s'il plaît à Dieu, le plus longtemps possible. » — Un an plus tard, il y revenait en ces termes : « Ma vie se poursuit avec une régularité, un calme merveilleux ; c'est cette bonne et douce existence de communauté, pour laquelle j'étais évidemment créé, et dont j'apprécie de mieux en mieux l'utilité, la nécessité même, pour une sérieuse préparation au redoutable et sublime honneur du sacerdoce. »

A mesure que ce terme solennel se rapprocha, M. Hubert sentit que le genre de vie qui avait été si favorable à sa préparation sacerdotale, le serait aussi plus que tout autre à la conservation de sa ferveur et à l'exercice de son zèle. Sur ce point, ses inclinations natives se trouvaient d'accord avec ses aspirations les plus saintes. On se rappelle quel charme il avait répandu, avant son entrée au séminaire, dans l'intérieur de sa famille. La communauté

était pour lui une nouvelle famille, où la vie de son
âme s'alimentait et s'épanchait tour à tour, et dont
le nom lui devint même si cher, qu'il n'en trouvait
pas de plus affectueux pour désigner parfois sa première famille dans sa correspondance avec elle.

Personne au séminaire n'a poussé plus loin que
lui l'esprit de famille ; on a déjà dit quelle affection
sincère et cordiale il portait à ses condisciples, que
dans ses papiers intimes il appelle, en toute sincérité de cœur, ses frères bien-aimés : lorsqu'il les attirait pendant les vacances à la campagne de son
père, on le voyait agir avec les plus jeunes, comme
un aîné complaisant, et condescendre à des jeux
auxquels, pour son propre compte, il était plus qu'indifférent. On a remarqué, d'autre part, que lorsqu'il se trouvait dans la compagnie de ses maîtres,
sa physionomie, sa conversation, revêtaient un caractère particulier de respect et d'affection. Ceux
que l'âge ou les infirmités lui rendaient plus vénérables étaient surtout, de sa part, l'objet d'attentions
et de soins, tels qu'un père les pourrait souhaiter de
la part du meilleur des fils.

La communauté n'avait pas seulement pour lui
les attraits d'une seconde famille. Il lui voyait aussi
de précieux avantages au point de vue de la vie et
des œuvres sacerdotales : l'exemption des soucis et
des embarras matériels, qui pèsent lourdement sur
le travail et sur l'esprit de plus d'un prêtre ; l'éloignement du monde, le recueillement, la régularité,
si favorables à l'entretien de la piété et de l'esprit
de foi ; cette atmosphère plus surnaturelle, dont
il importe tant, disait-il souvent, d'envelopper

son âme, dans un siècle rationaliste ; enfin les secours inappréciables qu'on tire, dans la vie commune, de l'exemple, du conseil, de l'expérience de ses frères, et le surcroît de force et d'efficacité que, pour mille raisons, l'union des cœurs et des travaux assure aux œuvres du zèle.

Une petite association de fervents séminaristes s'était formée à Saint-Sulpice en faveur de la vie commune, qu'ils aspiraient, avec l'encouragement de l'autorité diocésaine, à réaliser plus tard dans le ministère paroissial. Elle ne compta pas de membre plus intelligent ni plus zélé que M. Hubert. Un condisciple qu'il y introduisit déclare lui devoir, après Dieu, le bonheur de vivre aujourd'hui en communauté dans le ministère : « Je fus frappé, dit ce jeune prêtre, » de la conviction profonde et de la chaleur de sentiment avec lesquelles il exposait la puissance de la vie commune pour la sanctification personnelle du prêtre et pour le bien des âmes. Je me sentais pénétré par sa parole et plus que jamais désireux de mener une telle vie. Je me rappelle encore toute la joie qu'il me témoigna quand le bon Dieu me fit la grâce d'être admis dans la petite communauté de P*** ; il a toujours honoré celle-ci d'une affection très-particulière, nous réjouissant et nous édifiant par ses bonnes visites, aussi longtemps qu'il a pu nous en faire. »

Avec de tels sentiments, M. Hubert, à l'approche du sacerdoce, conservait peu d'hésitation sur la voie qu'il devait suivre ; son indécision ne portait guère que sur le choix de la communauté à laquelle il s'attacherait. Il ne balançait même qu'entre la compagnie de Saint-Sulpice, vers laquelle il se sentait fortement attiré, et la petite communauté paroissiale dont il vient d'être question. Cependant, de l'aveu des excellents vicaires qui eussent été heureux de s'adjoindre un si saint confrère, les aptitudes de M. Hubert semblaient le prédestiner au ministère des grands séminaires, bien plutôt qu'à celui d'une paroisse populeuse. Il était éminemment doué pour l'enseignement et la direction, animé d'un brûlant désir de la sanctification du clergé, plus capable que personne de faire régner dans un séminaire, par la douceur et l'amabilité de son commerce, cet esprit joyeux sans dissipation, cordial sans aucune sensiblerie, qui favorise tant la piété des jeunes gens et leur ardeur pour le bien.

« Quand, vers la fin de ses études théologiques, M. Hubert nous exprima, » dit M. le supérieur de Saint-Sulpice, « le désir d'entrer dans la compagnie, nous hésitâmes d'abord. Nous ne doutions pas qu'il ne fût appelé à rendre de grands services à l'Église, si Dieu nous le conservait ; mais nous craignions qu'avec une santé aussi délicate, il ne pût pas supporter la vie de communauté. Nous cédâmes enfin à de touchantes instances. »

Le 2 octobre 1875, M. Hubert rentrait donc, pour s'enfermer au noviciat de la Solitude, dans cette maison d'Issy où il avait posé, quatre ans auparavant, les premières bases de sa vie ecclésiastique. Il venait maintenant s'y préparer prochainement à l'ordination du sacerdoce, en même temps qu'aux fonctions de l'enseignement et de la direction, telles quelles sont en usage dans les séminaires de Saint-Sulpice.

Jamais sans doute l'arrivée d'un nouveau frère ne fut saluée avec plus de joie et de respect que la sienne; car ceux qui avaient été, à Issy, témoins de ses premiers pas dans la carrière, ne l'avaient point depuis oublié ni perdu de vue. Cette joie, cependant, se mêlait d'un sentiment de tristesse et d'inquiétude auquel il paraissait seul entièrement étranger.

Les belles espérances qu'il avait fait concevoir dès le premier jour étaient, chose rare en ce monde, non-seulement remplies, mais dépassées. On voyait en lui quelque chose de plus qu'un ecclésiastique vertueux, instruit, plein de talent et de zèle : le nom de saint lui était donné par la voix publique de ses confrères et de ses maîtres. Mais en même temps, on pressentait, hélas! qu'on ne le garderait pas longtemps. Semblable à ces soldats dont une seule guerre a desséché la jeunesse, il reparaissait aujourd'hui bien différent, au dehors, de ce qu'il était au jour de sa sortie du monde. Ses quatre années de séminaire avaient été des années de rudes campagnes, et il en revenait chargé de précoces infirmités : une démarche pénible, une taille voûtée, une poitrine haletante, une voix entrecoupée et de timbre altéré, avaient remplacé l'aisance et la bonne grâce modeste qui le distinguaient autrefois. De nobles souffrances avaient presque transformé le jeune homme en vieillard. Cependant l'âme avait grandi de la décadence du corps, et le menait encore avec une vaillance qui en dissimulait jusqu'à un certain point l'épuisement. D'ailleurs, personne ne vérifiait et ne goûtait plus pleinement que M. Hubert ces profondes paroles de saint Paul : « Je me complais dans mes infirmités :

elles font habiter en moi la force de Jésus-Christ, qui me rend tout possible. Notre homme du dehors peut bien tomber en ruines, mais la vie de l'homme intérieur se renouvelle de jour en jour. »

Bien peu de jeunes lévites approchant du sacerdoce sont dépouillés à ce point de leurs imperfections naturelles, et l'on est vraiment embarrassé de dire celles qui lui restaient encore ; du moins paraissent-elles avoir été plutôt intellectuelles que morales : ainsi, l'amour de la souffrance, que la grâce avait allumé dans son cœur, était peut-être encore un peu trop dominé par certaines idées propres, plus généreuses que correctes ; peut-être aussi son zèle de la perfection des autres, était-il, dans ses principes, un peu trop exigeant pour la faiblesse humaine. La bonté de cœur de M. Hubert était extrême ; mais il semblait parfois se croire interdit de pousser la condescendance aussi loin qu'elle est légitime, et même utile, à l'égard des âmes imparfaites : il en eût peut-être exposé quelqu'une à se cabrer sous le frein, s'il n'eût appris à se pénétrer encore plus à fond de la bénignité divine. Il venait à bonne école à la Solitude, où Jésus enfant est le modèle dont les novices s'inspirent journellement : c'est de lui qu'ils doivent apprendre, avec la perfection du renoncement, la perfection de la douceur. Jésus, conduit par les mains de Marie et de Joseph, est figuré sur la porte, par laquelle ils se rendent souvent, de l'enclos de la Solitude à la chapelle de Lorette. Sur le revers de cette même porte, ils lisent, en rentrant dans leur enceinte, la parole de saint Bernard : *O beata solitudo, ô sola beatitudo ;* devise aussi bien appropriée aux attraits de M. Hubert qu'à l'esprit du noviciat : vivre et travailler pour Dieu seul, en faire le dernier et le plus parfait apprentissage dans le silence et le recueillement, à la faveur de nombreux exercices spirituels, d'occupations modérées, et d'un fervent entourage animé tout entier de cet unique esprit.

Pendant les premiers mois de son noviciat, comme pendant la première partie de son séminaire, comme au commencement aussi de sa dernière maladie, M. Hubert passa par une phase de silence et de concentration relative ; le soin de s'effacer et de disparaître, aux yeux d'une communauté plus restreinte, et par laquelle il pouvait se sentir observé de plus près, sembla de nouveau l'absorber pour un temps ; puis, l'aisance et la gaîté reparurent : pouvait-il trouver un meilleur moyen de se faire oublier, s'il eût été possible, en même temps que de contribuer à la ferveur générale ? Mais, avant comme après, il devait continuer d'attirer l'attention de tous, et de produire par ses beaux exemples les plus salutaires impressions. La scène extérieure, sur laquelle se déroulait sa vie, était sans doute bien restreinte ; mais le spectacle d'édification qu'elle donnait à ses confrères n'en était pas moins touchant, et leurs souvenirs sont encore pleins de charme, pour un lecteur ami des choses intérieures.

« Le matin, avant l'oraison, il était à la chapelle au pied du saint tabernacle ; il y était le premier ; rarement on le devançait à cette place. Quelque diligence qu'on mît à s'y rendre, on était presque sûr de l'y trouver, et il suffisait de le voir pour se sentir porté à la prière. Rien ne le faisait sortir de son recueillement; pas un signe de distraction, pas d'autre mouvement que celui d'une respiration pénible, qui soulevait sa poitrine oppressée. Il avait la tête penchée, et semblait reposer comme le disciple bien-aimé sur le cœur du divin Maître, pour y puiser les saintes ardeurs dont il devait brûler à l'oraison. »

A la Solitude, comme à Saint-Sulpice, les membres de la communauté sont appelés, à certains jours, à rendre compte devant elle des sentiments qui les ont occupés dans leur oraison. Celle de M. Hubert devenait de plus en plus affective; aussi avait-il peu à parler en pareille circonstance. Une simple vue suffisait pour le fixer en la présence de Dieu et le tenir en état de prière, sans qu'il eût le besoin, ni même le pouvoir d'enchaîner beaucoup de considérations. Cependant, en quelques paroles, il lui fut souvent donné de toucher tous les auditeurs.

« Un jour, songeant, au commencement de sa prière, aux foules qui s'éveillaient, à cette heure matinale, sans aucune pensée de Dieu, il s'était mis, dit-il, à le prier pour elles; il s'était demandé pourquoi Notre-Seigneur avait daigné l'appeler de préférence à tant d'autres, lui, le pauvre, lui, le pécheur..... Ses larmes seules répondirent. »

Une autre fois, s'étant souvenu d'une âme que sainte Thérèse représente, embarrassée parmi les épines, tandis que ses compagnes se réjouissent sous des ombrages délicieux : « Je me figurai, dit-il, être cette âme et je me soumis à Dieu. Je lui dis même que je préférais ces épines aux fleurs qui embellissaient la vie de bien d'autres. » Il n'ajouta que

10.

quelques mots inarticulés, et ses confrères doutèrent si l'émotion ou si l'humilité lui avait coupé la parole.

A côté de la tendresse de cœur qu'il portait aux choses de Dieu, ce simple aveu laisse entrevoir les épreuves intérieures qui ne lui étaient point épargnées. Dieu, dit saint Jean Chrysostome, entremêle ainsi l'amertume aux consolations dans la vie de tous les saints.

Quelques pages écrites par M. Hubert, le 15 décembre 1875, veille de son ordination sacerdotale, surprendront à ce point de vue plus d'un lecteur, qui se le fût imaginé, en un tel moment, plongé dans les douceurs d'un ravissement céleste.

« Avant tout, bénir Dieu pour ma sécheresse intérieure. Il est étrange, en une circonstance aussi grave, de ne ressentir aucune émotion. La foi me dit que le sacerdoce est un honneur et un fardeau extraordinaires, et je demeure froid. Que Dieu en soit béni, précisément parce que j'aurais, selon ma volonté propre, choisi pour ce moment des émotions sensibles. A quoi bon ? Dieu en serait-il plus glorifié ? Toute la question est là. Moi j'en serais plus content, soit ; et puis après ? Que Dieu soit donc mille fois béni ! — Eh ! ne sait-il pas que je voudrais ressentir au cœur mille tendresses pour lui, un zèle ardent pour les âmes, une contrition véhémente ? Oui, il le sait, et il me laisse aride. Oh ! que j'aime cette aridité, non dans ma partie sensible qui en est affligée et ne peut pas ne pas s'en plaindre, mais dans la fine pointe de la volonté. »

« Quelles résolutions prendre ? Ma voie est toute tracée ; ma vocation, par la grâce de Dieu, ne m'inspire pas de doutes ; donc il y faut vivre très-parfaitement, sans rien désirer davantage. Dieu veut que, pour l'instant, je sois parfaitement solitaire ; soyons parfaitement solitaire, et ne désirons pas d'être autre chose. Il est agréable à la nature de travailler au dehors avec éclat, de voir le bien qu'on produit; c'est un danger : j'en suis exempt ; la nature en gémit ; soit, tant mieux. Que Dieu en soit béni du fond du cœur..... »

« Je ne tiens selon la chair à me distinguer des autres que par la vertu. Eh bien ! il faut encore faire ce sacrifice, et pour cela, bien me persuader que la perfection pour moi, c'est-à-dire la volonté de Dieu, est dans ma règle, dans l'accomplissement de mes devoirs d'état, purement et simplement. Faire des choses vulgaires, avec et comme tout le monde, être noyé dans la foule, y être annihilé : soit, j'accepte de grand cœur. Voilà la pauvre nature qui est morte, anéantie. *Omnis gloria ab intus.* Rien au dedans, rien au dehors où je puisse m'attacher, me trouver moi-même et me plaire. Tout, purement pour Dieu Oraisons ennuyeuses, actions de grâces après la sainte messe, ennuyeuses ; exercices, travail, ennuyeux. Oh ! pauvre moi ! te voilà bien immolé ! que te reste-t-il ? Il te reste Dieu, c'est-à-dire tout, mais sans jouissances sensibles. Il te reste une paix, une paix amère, soit ! mais une paix, une joie qui valent mieux au fond que les délices de l'esprit. Il te reste, l'action de grâces : bénir, bénir, bénir toujours, pour tout, pour tes peines surtout, et n'en point demander relâche. »

« Commençons donc à porter dès demain notre

croix et embrassons-la comme une compagne chérie qui nous suivra jusqu'à la tombe. Embrassons ces petites choses qui composent toute ma vie; embrassons cette sécheresse et insensibilité des facultés inférieures qui me pèsera, s'il le faut, jusqu'à la mort. Petit, plat, vulgaire au dehors; froid, triste, ennuyé au dedans : voilà mon avenir, s'il plaît à Dieu. Oh! que je l'aime! parce que Dieu en doit être glorifié. Et puis alors : venez et vivez en moi, ô Jésus, qui me voulez votre prêtre ! »

« Très-Sainte Vierge Marie, vous par qui je suis prêtre, je vous remets mon âme; faites-en une âme sacerdotale ! »

Tel est donc le fidèle portrait où se dépeint cette âme solidement fervente, et, dans un tel moment, toute en action sous la conduite de la grâce divine. Elle n'est occupée que d'accomplir les derniers renoncements, les derniers dépouillements : l'honneur de la vertu, et les consolations sensibles de la piété sont généreusement sacrifiés ; le cœur est vidé de tout amour-propre; la prière, commencée il y a douze ans dans le cœur de l'adolescent, obtient la plénitude de son effet dans celui du parfait chrétien, qui demain doit être prêtre.

Quel étrange contraste entre ce réel amour de Dieu, et les impressions sentimentales qu'imaginent vaguement, pour se le représenter, ceux qui n'en connaissent que le nom !

Lorsque Dieu trouve des vases vides, dit l'auteur de l'Imitation, il les remplit de l'abondance de sa grâce. C'est ce qui s'accomplit certainement en M. Hubert au jour de son ordination. Son profond recueillement pendant l'auguste cérémonie édifia tous ceux qui en furent témoins ; les larmes mêmes, à plus d'une reprise, inondèrent son visage, Dieu le comblant peut-être alors des douceurs auxquelles il avait si généreusement renoncé. « Privé par ma jeunesse de recevoir le sacerdoce avec lui, dit un de ses amis, je fus très-frappé de son air absolument perdu en Dieu. Lorsque je me prosternai pour recevoir sa bénédiction, il me la donna presque tout bas : on eût dit que le bruit même de sa voix dût troubler la solitude de son âme. Il me serra affectueusement la main lorsque je me relevai, en me glissant à l'oreille une parole, pour me recommander, je crois, de remercier Dieu pour lui. » Presque aussitôt après, une voiture le ramenait à Issy avec ses confrères. Il avait eu cependant une courte entrevue avec sa famille, au parloir du séminaire ; mais le recueillement étouffait sa voix, et ne lui permit guère que de donner une bénédiction silencieuse.

Par une exception, peut-être unique dans les annales de la Solitude, mais à laquelle tout le monde applaudit, M. Hubert ne célébra pas sa première messe à Issy. La chapelle des sœurs de l'hôpital Necker avait des titres particuliers à cette faveur : c'est là que se rassemblèrent autour du nouveau prêtre, non-seulement les membres de sa famille et ses plus intimes amis, mais aussi quelques médecins, quelques élèves et surtout des gardiens et des malades de cet hôpital où il avait laissé des souvenirs également sympathiques et édifiants. Il eut pour assistant le vénérable archiprêtre de Notre-

Dame, ami de sa famille et son premier confesseur.

M. Hubert célébra sans aucun doute sa première messe avec une bien grande piété, mais une piété humble et contenue, comme le fut d'ailleurs toujours celle qu'on le vit porter à l'autel. Il eut eu horreur d'attirer sur lui-même, par un accent ou des gestes tant soit peu extraordinaires, aucune partie de l'attention qui est due tout entière à Dieu dans les plus saints mystères. La durée de sa messe ne dépassait jamais non plus la mesure commune; mais son air de sainteté, sa foi, son recueillement impressionnaient vivement les assistants. Des jeunes gens, des enfants même ont plus d'une fois manifesté cette impression dont ils ne pouvaient se rendre compte.

Le jour même de son ordination, M. Hubert rentrait de bonne heure à la Solitude; on se rappelle lui avoir entendu dire à son retour combien il appréciait l'avantage d'avoir pu se préparer à l'ordination dans une si profonde retraite, et celui d'y demeurer encore pour se pénétrer plus à fond des premières grâces du sacerdoce.

Il n'omit cependant pas d'en faire part à l'une de ses sœurs, que les devoirs de famille avaient retenue loin de Paris. Le lendemain de sa première messe, il lui adressait une lettre qui respire une joie paisible et une affection toute sainte :

« Je m'empresse, ma bonne sœur, de te remercier de ton bon souvenir. Il est venu me prouver que, pour être bien éloignée de nous, tu n'en pensais pas moins aux grandes choses que le bon Dieu préparait et qu'il a faites en ton pauvre frère. Oui, je suis prêtre, et prêtre pour l'éternité, puisque l'onction sacerdotale, comme celle du baptême, demeure en l'âme, pour ne s'en effacer jamais. Je suis prêtre, j'en ai la ferme confiance, pour le salut et la sanctification de plusieurs, et pour ma propre sanctification ; et cette pensée me rend léger un fardeau que les anges mêmes ne porteraient qu'en tremblant. »

« J'ai eu déjà le bonheur de monter deux fois au saint autel. Tu as eu, ma chère sœur, une bonne part dans mes prières, et je continuerai de t'offrir à notre bon Maître, toi et les tiens. Je lui demanderai de vous attirer à Lui de plus en plus, et ce sera tout : mais tout est là, et le reste, j'entends les avantages de ce monde, n'est vraiment rien auprès de l'amour divin, et ne peut être désiré qu'autant qu'il nous y conduit. »

« Avec quel amour je bénirai ces chers petits neveux, auxquels je pense bien souvent du fond de ma solitude. Comme je vais maintenant les confier au bon Dieu pour qu'il en fasse de fervents chrétiens. Je ne leur souhaite, à ces chers enfants, ni les avantages matériels, ni même les dons de l'esprit ; mais ce que je leur souhaite du fond de l'âme, ce sont des cœurs bien largement ouverts à l'amour du bon Dieu. Si peu d'hommes, hélas ! aiment notre très-aimant Sauveur ; tâchons de suppléer par notre ferveur à leur ingratitude, et efforçons-nous de le dédommager de leur froideur. »

« Je te laisse, bien chère sœur, toi et les tiens, sous le manteau de notre Mère chérie. Remerciez bien les personnes qui se sont intéressées à mon ordination : je ne les oublierai pas. »

Le sentiment de gratitude exprimé dans ces derniers mots est de ceux que M. Hubert était le plus attentif à témoigner, aux personnes surtout dont il avait reçu quelque bienfait spirituel. Mais lorsqu'il s'agissait de reconnaissance et d'actions de grâces envers Dieu, il sentait fréquemment le besoin d'appeler les âmes pieuses à son aide. Il écrivait, le 29 décembre 1875, au Supérieur de la communauté paroissiale dont il avait un instant songé à devenir membre :

« Veuillez distribuer à la chère petite communauté les souvenirs ci-joints de mon ordination, et remercier *bien sérieusement* le bon Dieu pour les merveilles qu'Il a faites en moi. Il sera bon d'avoir au ciel toute l'éternité pour essayer de s'acquitter un peu de ce pressant et aimable devoir. Commençons toujours en ce monde, et faisons de notre mieux. »

« Je me sens très-pressé, ajoutait-il, depuis que j'ai le bonheur de monter au saint autel, de prier, et de prier encore, et toujours, pour la sanctification des prêtres, car je ne conçois pas un prêtre qui ne soit déjà saint, ou ne travaille très-fortement à le devenir. »

Ce sentiment de zèle anime d'un souffle ardent, une lettre adressée quelques jours plus tard par M. Hubert à un jeune homme qui venait de participer, en province, à l'ordination de Noël :

« De grandes choses se sont accomplies en nous depuis notre séparation. Vous êtes diacre : l'esprit de force vous a été communiqué, et vous met dans l'obligation d'apporter au service de notre bon Maître ce zèle, cette volonté calme, mais invincible, qui, même dans l'ordre naturel, renversent tous les obstacles. Vous avez grâce pour mépriser comme un vil grain de sable le monde entier, et qui plus est, vous-même, la vieille créature en vous, avec ses désirs insatiables et maudits de l'attention et de l'amour des hommes. Vous êtes engagé dans la voie étroite du ciel : c'est pour y marcher, pour y courir sans repos, sans trêve ni relâche ; le jour, la nuit ; dans la santé, dans la souffrance ; dans les peines, dans la joie, dans l'ivresse de votre cœur. Vous faites de tout, mais absolument de tout, échelon et degré pour monter, monter encore, monter toujours. »

« Oh ! mon cher ami, Dieu est si digne d'être aimé, et d'être aimé ardemment, généreusement, fortement ; d'être aimé pour lui-même, et non pour nous ; d'être aimé quand même et toujours. Voilà où nous en devons venir : C'est bien haut ; tant mieux. la miséricorde et la puissance de celui qui nous y appelle en éclateront davantage ; et quelle joie de faire ici-bas tout ce que l'on peut, tout, absolument tout, pour avancer le règne de Dieu ! Voyez-vous, il faut être ambitieux en cette matière ! »

« Je ne voudrais cependant pas, mon cher ami, me poser en sermonneur ; mais il m'est impossible de vous écrire des banalités ; le pourrais-je d'ailleurs, je croirais vous déplaire en le faisant. »

Tandis qu'il exhortait, avec cette chaleur et cette franchise de langage, ses amis ecclésiastiques, M. Hubert n'oubliait point, à l'occasion de son ordination, les pauvres et les petits avec lesquels, à diverses époques, la divine Providence l'avait mis en relation. Il ne crut point utile d'offrir des souvenirs d'ordination aux membres de sa famille ; mais, par une touchante attention, il chargea ses sœurs de porter de sa part divers objets de piété, à des domestiques d'hôpital et à d'autres personnes, de condition encore plus humble.

Quant à lui, renfermé dans son heureuse Solitude, il s'y appliquait avec une ardeur soutenue à cette œuvre de sanctification intérieure, dont il venait encore de tracer si fortement le plan dans sa dernière retraite. Résolu de fuir toute singularité, il n'aspirait plus qu'à se confondre dans la foule de ses frères, sans aucune autre ambition que de faire parfaitement, pour le bon plaisir de Dieu, les choses obscures et communes.

Ce fut vers cette époque, peu après son ordination, qu'on vit reparaître en lui, aux heures de délassement, autant et plus d'aisance et de gaîté qu'il n'en avait montré depuis son entrée au séminaire. « Il me parut, » dit un de ses confrères de Solitude, « devenir plus aimable, plus avenant, plus ouvert. Il ne parlait jamais le premier de ses anciennes études ; mais, lorsqu'on le mettait sur une question de médecine, de science, de littérature, de beaux-arts, il se prêtait avec beaucoup de bonne grâce et de charme à tous ces sujets de conversation. Un jour même, en promenade, avec un de nos confrères, grand amateur de poésie, il se mit à réciter des vers, exercice qui dura depuis la Solitude jusqu'au bois de Meudon. Vraiment, me disais-je, en assistant à cette petite scène, je doute qu'il en eût fait autant il y a six mois. Cependant, jamais je ne l'entendis parler de lui-même, ni en bien, ni en mal.

Jamais un mot de sa famille, jamais un mot de son passé : jamais rien pour attirer l'attention sur lui, de quelque façon que ce fût, tant il était humble et mort à toutes choses. Que cette humilité si profonde et si vraie a fait de bien à mon âme, et combien je remercie Dieu de m'avoir donné de contempler de tels exemples. »

Un trait de plus en plus remarquable dans les conversations de M. Hubert, était l'extrême délicatesse avec laquelle il y observait toujours la charité envers le prochain. Jamais une parole tant soit peu piquante ne se mêlait à sa bonne humeur, et s'il arrivait qu'en causant avec lui, on se donnât parfois un peu plus de liberté, on était rappelé à la vigilance par un certain air plus sérieux, une réserve plus marquée, qu'il revêtait aussitôt. Jamais non plus on ne surprenait dans sa bouche la moindre question curieuse, tant il avait sacrifié tout désir de savoir au désir de la sainteté, qui se nourrit surtout de privations.

Quelques traits plus particuliers auront encore, pour la pieuse jeunesse des séminaires, l'intérêt qui s'attache aux moindres exemples, quand ils sont tirés de la vie réelle et saisis sur le vif.

« Quand, aux premiers jours de froid de notre année de Solitude, je voulus essayer mon foyer, » dit un autre confrère de M. Hubert, « je m'aperçus qu'il manquait quelque chose à mon ménage : je n'avais pas de soufflet. Pendant la récréation suivante, M. Hubert l'apprit. Bientôt après, je le voyais arriver chez moi, triomphant, m'apportant l'ustensile qui me faisait défaut. Cependant comme je le con-

naissais depuis longtemps, je ne fus pas sans soup-
çon, et sachant qu'il lui avait été ordonné de faire du
feu, j'observai le lendemain matin ses pas et ses
démarches. Quand je crus qu'il devait être au
moment d'allumer son feu, je me rendis sans bruit à
la porte de sa chambre, et je le trouvai appuyé sur
les mains et les genoux, lui asthmatique, et s'épui-
sant à souffler avec sa bouche sur quelques pauvres
morceaux de bois, qui s'obstinaient à ne pas brûler.
Immédiatement, et sans lui demander avis, je lui
rapportai son soufflet en le grondant un peu et lui
reprochant de m'avoir trompé. Jamais on ne pourra
rencontrer un homme plus désappointé qu'il ne le
fût en voyant échouer son projet charitable, au
moment où il se tenait déjà sûr du succès. »

On avait remarqué, sans qu'il le dît jamais, la
peine considérable que M. Hubert éprouvait à se
baisser. Aussi, lorsque parfois il laissait tomber
quelque objet, on était plus empressé que pour tout
autre à le lui ramasser. Lui cependant se baissait
toujours, comme pour maintenir son droit à ne
point perdre une occasion de souffrir. »

« Comme il semblait encore heureux, dit un
témoin, quand, le samedi, jour de grand nettoyage,
il pouvait le premier saisir un linge et commencer à
épousseter les bancs de la salle des exercices. La
posture qu'il était obligé de prendre nous faisait un
peu sourire, et bientôt nous le forcions à céder sa
place; mais ce n'était jamais sans quelque résistance de sa part : cependant, il devait bien souffrir. »

« Dans les chapelles surtout, et dans les sacristies,
il eût voulu tout cirer et tout balayer à lui seul : le

sacristain en chef se gardait de lui permettre aucun
travail aussi fatigant, et ne lui laissait d'autre soin
que d'épousseter l'autel. M. Hubert faisait du moins
en sorte d'y employer tout le temps que ses confrères passaient aux occupations de la sacristie, se
baissant, s'agenouillant tout autour de l'autel, de
manière à n'y point laisser, de haut en bas, le
moindre grain de poussière. »

« Chaque matin, après le déjeuner de huit heures,
les solitaires sont chargés à tour de rôle, pendant
une semaine, de recouvrir les autels et de ranger
les objets qui ont servi à la célébration des messes.
Or, en été, le lundi, jour de grand congé pour la
Solitude, il se trouvait toujours qu'un bon ange
s'était acquitté de ces soins, avant que ceux qui en
étaient chargés y eussent mis la main ; ils étaient
libres ainsi de se livrer sans retard au jeu de boules
traditionnel. On devine quel était le bon ange.
M. Hubert s'était adroitement esquivé du déjeûner, prolongé ce jour-là par la conversation, et il
avait tout mis en ordre avant l'arrivée de ses confrères.

« Pendant les promenades, il avait grand'peine à
suivre la communauté, surtout lorsqu'il se rencontrait quelque côte à gravir : il était bientôt essoufflé
et hors d'haleine. On lui proposait toujours de suivre doucement, de loin, dans la compagnie d'un de
ses confrères. Jamais il ne voulut consentir à se
séparer de la communauté. On voyait même qu'il
était peiné qu'on fit attention à lui, et l'on n'osait
insister. Un jour, une pluie diluvienne surprit les
solitaires au bois de Meudon et les accompagna jus-

qu'à la maison. Les parapluies n'étaient pas en nombre suffisant; on s'empressa pourtant d'en offrir un à M. Hubert, qui ne voulut pas l'accepter. Il était, en rentrant, brisé de fatigue et transpercé de pluie; mais jamais son visage n'avait respiré une plus franche gaîté. Une autre fois, on partait en promenade par un jour de pluie; les confrères de M. Hubert firent instance auprès de M. le supérieur pour qu'il fût renvoyé à la Solitude et l'obtinrent. Il se soumit, mais un peu à regret, et ce fut l'une des bien rares circonstances où l'on vit sur sa physionomie l'expression de quelque peine. »

Des ordres positifs l'avaient bien obligé à mettre quelques bornes à ses anciennes habitudes de mortification. Il dut subir, au réfectoire, un régime particulier et se protéger contre le froid de l'hiver par un vêtement de dessus; mais son amour de la souffrance restait toujours le même, et reprenait l'avantage, aussitôt qu'il n'était plus lié par un précepte formel. C'est ainsi que M. Hubert trouva moyen de se débarrasser de son régime pendant les derniers mois de l'année, et d'éluder plusieurs des précautions qu'on désirait lui voir prendre.

Il semblait encore vouloir compenser le peu qu'il était contraint de soustraire à la mortification, par une pratique plus rigoureuse de l'esprit de pauvreté. Sa tenue au séminaire était propre, mais toujours très-simple; à la Solitude il se fit bientôt remarquer par une soutane et des chaussures plus usées que celles d'aucun de ses confrères; il dut certainement échapper plus d'une fois aux offres et aux questions du pourvoyeur, chargé de veiller à l'entretien de son vestiaire.

Cet amour de la pauvreté, loin de se relâcher après son année de noviciat, alla plutôt croissant, et l'on en peut donner la preuve. Jusqu'aux dernières semaines de sa vie il ne voulut point renouveler le chapeau et la ceinture qui lui avaient constamment servi depuis son entrée au séminaire. C'était presque toujours sous le bras qu'il portait ce pauvre chapeau : quant à la ceinture, il l'avait progressivement rognée, rentrée, cousue sur les bords, de manière à lui conserver toujours un air aussi décent que modeste. L'heure que le réglement de la Solitude destine chaque jour au travail manuel était souvent employée par lui à repriser de vieux bas ; mais il faut avouer que son talent en ce genre d'ouvrage ne s'éleva jamais bien haut : il devait moins s'occuper de se conformer aux règles de l'art qu'aux dispositions intérieures de la sainte Vierge lorsqu'elle travaillait à l'aiguille.

Aux personnes qui l'attaquaient sur l'état d'usure de ses vêtements, il opposait quelquefois gaîment son vœu de râpure, appelant sans doute ainsi la profession qu'il avait faite du tiers-ordre de Saint-François depuis la seconde année de son séminaire. Il avait peut-être étonné certains confrères, qui se faisaient les zélateurs de cette pieuse association, en leur montrant d'abord quelque répugnance à l'embrasser. C'est que l'ordre providentiel était l'objet par excellence de sa dévotion, et ne lui montrait pas ailleurs que dans les pratiques de piété du séminaire, les moyens de sanctification essentiels à sa condition : il aurait craint d'en négliger un seul, pour en adopter d'autres de son choix; car, à ce titre même, il les eût crus moins sûrs. Cependant, le tiers-ordre de la Pénitence et de la Pauvreté répondait à des attraits si prononcés de son âme, qu'il se décida bientôt à s'y agréger sans scrupule, et, bien loin de mettre le partage dans sa ferveur, cette profession ne fit qu'infuser un nouveau principe de perfection à ses vertus de séminariste et de prêtre.

Ce n'était point seulement dans le vêtement qu'il pratiquait la sainte pauvreté : on s'est aperçu quelquefois que, dînant accidentellement après la communauté, et croyant n'être point vu, il ramassait pour son usage les moindres restes de pain abandonnés sur la table. Sur les chemins de fer, il eût toujours voulu voyager en troisième classe, et c'était une vraie peine pour lui d'être parfois obligé à prendre le train express en se rendant à Cauterets.

L'amour de la pauvreté s'allie facilement avec celui des pauvres. M. Hubert savait le montrer dans les promenades de la Solitude. Il était toujours muni d'images et de médailles, pour les distribuer aux enfants des environs, qui ont l'habitude d'en demander; mais, pour rendre ses libéralités profitables à leur âme, il les mettait au prix de quelques réponses de catéchisme ou de quelques prières, qu'on devait avoir apprises dans l'intervalle d'une promenade à l'autre ; il gouvernait ainsi sa petite troupe avec un mélange de sérieux et de gaîté charitables qui édifiait beaucoup ses confrères.

L'un d'eux, désireux de l'imiter, s'informa un jour à lui de son fournisseur d'images. M. Hubert sans tarder le força d'accepter sa provision : « Qu'importe, dit-il, que ce soit ma main où la vôtre qui les distribue ? » Bien d'autres sans doute auraient été capables de ce petit acte de détachement ; mais le suivant peut passer pour un exemple héroïque de cette vertu.

M. Hubert avait reçu de sa famille, au moment de son ordination, un beau calice gothique avec émaux, une chasuble dont ses sœurs avaient brodé la croix et une aube, qui devait aussi lui être bien chère par son origine. Or il arriva qu'un de ses confrères de Solitude, destiné à l'Amérique, conçut à l'approche du départ une espérance qui le saisit vivement : celle de pouvoir pendant la traversée dire la sainte messe à bord. Voulant arrêter d'un mot cette idée qui semblait irréalisable, on lui fit remarquer qu'il n'avait aucun des objets sacrés, nécessaires pour satisfaire son pieux désir. La pensée lui vient aussitôt de s'adresser à M. Hubert, alors parti aux eaux de Cauterets, mais dont il sait bien que la distance ne diminue pas la charité. Sans prendre le temps de la réflexion, il lui adresse une demande par le télégraphe. M. Hubert répond sur-le-champ par la même voie : « *Inter fratres omnia sunt communia.* Prenez tout. » Quand cette réponse arriva, le voyageur était déjà revenu sur sa démarche inconsidérée ; il n'accepta pas ; mais M. Hubert n'avait pas balancé à tout offrir.

En même temps qu'il travaillait par-dessus tout à se sanctifier encore lui-même, pour devenir plus capable de sanctifier les autres, il se formait aussi, de concert avec ses confrères de noviciat, aux différentes fonctions des directeurs de séminaire. Parmi les exercices communs de la Solitude, les conférences spirituelles et les sujets d'oraison sont ceux dans lesquels il se distingua le plus : il disait d'excellentes choses, venant du cœur, et sa parole, naturellement très-facile, était toujours relevée par des traits et des exemples empruntés à la vie des saints ou aux écrits des grands mystiques.

Dans les classes qu'il eut à faire à son tour sur les questions philosophiques, on remarqua comme partout la clarté et la précision de son esprit, avec un art particulier pour exciter l'attention par une interrogation bien conduite. Cependant, l'obligation de s'exprimer en latin, exercice auquel il n'avait pas été rompu dès l'enfance, comme à la traduction des auteurs, put lui créer quelque obstacle, et ce fut sans doute pour le surmonter qu'il s'exerça à écrire en cette langue les choses mêmes qui n'avaient aucun rapport avec la préparation de ses classes.

Ainsi s'explique-t-on qu'il ait rédigé en latin une petite note spirituelle datée du 9 avril, c'est-à-dire du dimanche des Rameaux de cette année de Solitude. C'est une nouvelle énumération, la dernière qu'on ait trouvée de sa main, des actes d'abnégation, cette fois tout intérieurs, par lesquels il veut s'appliquer à tenir son âme entièrement vide d'amour-propre. Le texte n'en est pas entièrement exempt d'ambiguité ; le sens en reste pourtant assez clair et certainement bien élevé, comme on jugera par un court extrait :

« Du côté de Dieu. — N'accueillir aucune impression extraordinaire, remarquable, délectable, de peur que l'âme ne quitte l'auteur du don pour le don lui-même et ne s'y complaise. »

« Du côté du prochain. — Ne vouloir jamais être préféré aux autres, même au moindre de tous, dans l'estime de personne. Se réjouir intérieurement quand il ne paraît rien dans notre extérieur et notre manière d'être, qui puisse être un sujet de louanges. »

« Ne désirer aucune consolation extérieure. Envisager doucement ce dont ma nature a horreur, m'y préparer, et le supporter, Dieu aidant. »

C'est ainsi que l'attrait surnaturel de M. Hubert pour ce dénûment intérieur qui ne veut d'autre appui qu'en Dieu et Dieu seul, en Dieu même, et non en ses dons, allait se fortifiant toujours, et s'étendant enfin jusqu'aux dernières limites.

Ses vues sur la nature et la pratique de la perfection chrétienne, déjà si élevées au moment de son entrée à la Solitude, reçurent, pendant le cours de cette année de retraite, certaines rectifications et certains compléments. Elles achevaient de se développer et de se simplifier à la fois, à la faveur de l'expérience et de la réflexion, des instructions du noviciat, et d'une pratique assidue à la vie d'oraison. Plus d'un reflet de cette activité intérieure est reconnaisable dans les sujets d'entretien et de méditation que M. Hubert eut à composer à la Solitude, et dont on va lire quelques passages. Une place leur est due dans l'histoire de sa vie, car ils sont les fruits mûrs du travail le plus personnel et le plus soutenu de sa belle intelligence, doublement fécondée par l'étude et par la piété. Souvent d'ailleurs,

ils conservent la trace de ces épreuves et de ces leçons intimes, par lesquelles Dieu l'avait instruit de
ce qu'il enseigne à son tour, et plus d'une lumière
en rejaillit même jusque sur les années de son séminaire.

Un entretien sur la Sainteté du Prêtre, préparé en
vue d'une retraite d'ordination, débute par un tableau de cette vie sainte, dont l'idéal avait saisi
l'auteur dès le moment de son entrée à Issy :

« Messieurs, vous voulez être prêtres ; il faut d'a-
bord vouloir être saints, car Dieu, en vous appelant
au sacerdoce, vous appelle d'abord à la sainteté. Et
savez-vous ce que c'est qu'un saint ? C'est un
homme tout transformé en Jésus-Christ et tout divin, un homme qui n'a de l'homme que les apparences, qui semble vivre, agir, souffrir, comme les
autres ; mais qui, en vérité, est, dans son fond, séparé de ce monde, au-dessus duquel il est infiniment élevé. C'est un étranger, qui passe, les yeux
fixés au ciel, sa patrie, son espérance, son unique
désir ; qui passe, en foulant du pied la terre d'exil, où
son regard ne daigne pas s'attacher : c'est un homme
mort au monde, mort à soi, et cependant vivant ;
oui, vivant d'une vie plus parfaite que la vie naturelle ; d'une vie cachée en Dieu par Jésus-Christ ;
c'est enfin un ange dans une chair mortelle, qui
commence dans le temps la vie bienheureuse de
l'éternité. » Un peu plus loin, il ajoutait : « Soyons
saints, il le faut à tout prix, et le moyen d'y arriver
se résume en un mot : le vouloir ; mais le vouloir
d'une volonté efficace. Cette vérité sera l'objet du
présent entretien. »

Loin de dissimuler les difficultés de l'entreprise, M. Hubert en parle avec l'accent d'un homme qui en a fait l'expérience : « Ne nous faisons pas illusion ; le but à atteindre est élevé, le chemin escarpé, épineux, il faudra le gravir péniblement. Longtemps, ou plutôt toujours, jusqu'au dernier instant de notre vie, la nature souffrira, gémira, se révoltera ; alors il faudra la traîner de force, et cependant marcher, marcher toujours, sans trêve ni relâche. Certes il nous en coûtera : *non est opus diei nec ludus parvulorum.* Aussi, devons-nous mener ce travail de notre sanctification avec une volonté entière, inflexible. Tant vaut la volonté, tant vaut l'homme. Êtes-vous décidé à briser tous les obstacles : c'est bien : le succès est à vous ; mais si ce rude et long combat vous fait peur, si vous ne l'abordez pas avec la résolution de tout faire pour vaincre, c'en est fait, vous êtes perdu. »

On connaît trop la piété de l'auteur pour soupçonner qu'en exaltant ainsi la puissance de la volonté, il oublie un seul instant ce qu'elle doit tenir de la grâce. Voici, en effet, comment il appelle ses auditeurs à tremper leur énergie aux sources surnaturelles.

« L'exemple des saints prêtres, qu'on nous propose comme modèles : la lecture, la méditation de leur vie enrichira notre âme de trésors inestimables. Nous y verrons quelle haute idée ils ont eue de leur vocation, quels généreux efforts, quels sacrifices ils se sont imposés pour atteindre à la sainteté qu'elle exige. Nous y trouverons un stimulant à notre ardeur ; car enfin, ces hommes étaient pétris du même limon que nous, faibles, impuissants, inclinés au mal comme nous. — Ah ! si nous savions comme eux retremper chaque jour notre courage, entretenir cette ferveur de volonté qui ne connaît ni l'hésitation, ni la crainte ; que les défaillances, que les chutes n'abattent point, n'étonnent même pas, mais qui se redresse, pour reprendre la lutte avec un nouvel entrain ; alors, nous marcherions à grands pas dans la voie des parfaits. »

M. Hubert avait longtemps ignoré jusqu'à quel point l'obéissance doit présider au travail de la sanctification. Mieux instruit maintenant, il ne le laissera point ignorer aux autres. « Soyons zélés, dit-il, mais que notre zèle soit obéissant ; obéissant à nos règles ; obéissant à celui qui tient auprès de nous la place de Dieu. Sans l'obéissance, nos efforts seraient frappés de stérilité, par cette raison, qu'au fond, c'est par elle qu'est immolé ce que nous avons de plus cher, et partant, ce qui s'oppose le plus à notre sanctification, à savoir notre propre jugement et notre propre volonté. La sagesse qui dirigera notre zèle, le frein qui réglera notre volonté, le flambeau qui illuminera notre route, sera l'obéissance. »

Tous, il le sait, ne sont pas appelés à imiter les exemples et les œuvres extraordinaires des grands modèles de la sainteté. « Mais nous pouvons tous, » dit-il, « et nous devons, selon la mesure de notre grâce, par la pureté de nos mœurs, l'aménité de notre caractère, notre charité envers le prochain, commander le respect, la confiance et l'affection de ceux qui nous approchent. Que de saints prêtres ont ainsi laissé chez des hommes qui ne les avaient vus qu'en passant une impression profonde, un souvenir parfois ineffaçable. »

M. Hubert, sans le savoir, a souvent eu le bonheur dont il parle et c'est encore une fois son portrait qu'il vient de nous retracer.

Un autre entretien de retraite, composé à la Solitude, sur la dévotion à la sainte Vierge, est abondamment nourri de ces belles et solides pensées des Pères de l'Église, dont le pieux auteur s'était pénétré depuis l'enfance dans les *Gloires de Marie* de saint Liguori. Mais, au point de vue de l'esprit simple et droit, qui animait la dévotion de M. Hubert, le passage le plus intéressant du discours est cette partie de la péroraison : « Si nous jetons un regard sur les pratiques en usage dans l'Église pour honorer Marie, nous demeurons à la fois surpris de leur nombre et touchés de leur ingénieuse variété : on reconnaît l'effort de pieux enfants, qui ont rivalisé de zèle, pour inventer à la gloire de leur mère de nouvelles marques de tendresse. Parmi ces pratiques, beaucoup sont approuvées, ou même formellement recommandées par l'Église, et dignes à ce titre d'attention et de respect. Qu'allons-nous faire ? les passer successivement en revue pour chercher celles qui mériteront notre préférence? Nous pouvons nous épargner cette peine : le choix est tout fait. Nos pratiques seront celles que nous impose la règle du séminaire ; pratiques qui ont ce double avantage : 1° de répondre à nos besoins présents et futurs, à ceux de notre formation cléricale et de notre sanctification dans la vie sacerdotale; 2° d'être dans l'ordre de la Providence sur nous. Nous avons grâce spéciale pour accomplir tout ce que notre règle demande : voilà pourquoi nos pratiques du séminaire doivent, dans notre estime, passer avant toutes les autres. »

Dans les sujets d'oraison qu'il eut à proposer, à son tour, à la communauté de la Solitude, M. Hubert, plus libre encore de suivre son inspiration, manifeste à chaque instant les attraits dominants de sa piété.

Un des premiers sujets qu'il choisit est la Générosité dans le service de Dieu, et il la fait consister « à oublier nos propres intérêts pour ne plus penser qu'aux intérêts de Dieu. » Il compare le chrétien vraiment généreux à « ces soldats, que l'on voit entraînés par l'ascendant d'un grand capitaine. Un mot, un geste de leur chef les lance au milieu des périls, et leur fait affronter la mort sans hésiter, sans regarder en arrière : le maître le veut, c'est assez. »

« Le chrétien généreux, lui aussi, a fait à Dieu plein abandon de son corps et de son âme. Il n'en a plus la moindre préoccupation, ni pour le temps, ni pour l'éternité : cette préoccupation ne pourrait que le distraire de son application au service de Dieu seul. *Il aime et veut tout ce que Dieu aime et veut, et uniquement parce que Dieu l'aime et le veut :* courte formule, mais pleine de sens, et résumé de la plus sublime perfection. »

« Suivons dans la pratique ce généreux chrétien. Est-il appliqué à un emploi pénible, ennuyeux, sans honneur? Dieu l'y veut, cela suffit, il y demeurera joyeux et paisible. Voit-il les autres favorisés de plus de dons naturels ou mêmes surnaturels que lui ? Il n'en conçoit aucune envie. Et pourquoi s'en affligerait-il ? Son maître est glorifié : c'est tout ce qu'il veut. »

Dans une autre méditation, M. Hubert insiste sur l'Abandon de notre volonté à celle de Dieu, et en cherche d'abord le parfait modèle dans l'âme de Notre-Seigneur, qui, « dans la suprême région de la volonté, demeure la même sur la Croix et au Thabor. »

« Le mot d'abandon, remarque-t-il, dit plus que résignation, plus même que conformité à la volonté divine. »

« L'âme résignée accepte la volonté de Dieu, mais c'est comme à regret qu'elle lui subordonne sa volonté propre. »

« L'âme en conformité avec Dieu veut bien tout ce que Dieu veut, et dirige sa volonté dans le sens de la volonté divine ; mais enfin, sa volonté propre, pour être en quelque sorte parallèle à celle de Dieu, n'en demeure pas moins. »

« Quant à l'âme abandonnée, c'est une âme qui, de parti pris, ne veut plus de volonté propre, et se livre si pleinement au bon plaisir divin, que sa volonté semble identifiée avec celle de Dieu : *ipsi in nobis unum sint.* Cet abandon entraîne l'indifférence à toute chose, c'est-à-dire cet état de paix et de joie qui, dans la partie supérieure de l'âme, habituellement unie à Dieu, ne saurait être troublé par rien. »

Un état si sublime paraîtra sans doute bien mystérieux à plus d'un lecteur. Qu'on ne croie pas cependant que M. Hubert allât s'égarant dans un mysti-

cisme vague, dont les formules ne correspondraient
plus à de solides réalités. Il connaît les choses dont
il parle; il les a vues et touchées. Au surplus, le langage de son âme, loin de devenir plus subtil, paraît
plutôt se simplifier, et pour ainsi dire s'humaniser,
à mesure qu'il avance dans son année de Solitude.

La fête de saint François de Sales lui donne, par
exemple, occasion de proposer un sujet d'oraison
« sur la Bonté dans les pensées. » Il commence par arrêter ses regards sur la personne de Notre-Seigneur,
« parfait modèle de douceur. La foule l'entoure, le
presse, et, dans plus d'une circonstance, le tourne en
dérision ou le menace. Mais Lui, conserve pour ces
hommes grossiers ou méchants, une bonté, une tendresse inexprimable. Loin d'en rebuter aucun, il se
met à leur portée, les instruit, les console, les gué-
rit, les presse de venir à Lui : *Venite ad me omnes.* »

Venant bientôt au point précis de son sujet, « c'est
beaucoup assurément, dit M. Hubert, de ne pas faire
de mal au prochain et de n'en pas mal parler; mais
cela ne suffit pas : il faut encore n'en pas penser
mal. »

« *Caritas non cogitat malum.* Non, celui qui est
vraiment doux et humble de cœur ne pense pas le
mal : entre deux interprétations, il refoule immédiatement la mauvaise pour embrasser la bonne, et
quand un acte est évidemment blâmable, loin de
grossir dans son esprit les torts du coupable, et de
s'aigrir contre lui, il s'efforce au moins d'excuser
son intention, et de se pénétrer pour lui d'un sentiment de douce et profonde commisération. »

« Il n'imite pas ces critiques chagrins qui, devant

une œuvre d'art, sans égard pour les beautés, s'appliquent uniquement à y découvrir des défauts; il fait plutôt comme ce philosophe chrétien qui disait : « Quand mes amis sont borgnes, je les regarde de profil. »

Quelques semaines plus tard, le Carême, puis le Temps pascal amènent le pieux solitaire à méditer sur les Droits de la justice de Dieu, puis sur la Joie chrétienne.

C'est d'abord en la personne du Sauveur crucifié qu'il contemple les redoutables exigences de la justice divine. « Nous voyons, dit-il, broyé pour nos péchés, Celui qui n'a porté que la ressemblance du péché. Nous entendons le cri déchirant qui marque l'excès de ses souffrances intérieures : *Deus, Deus meus, quare me de reliquisti ?* Nous l'entendons encore crier : *Sitio;* oui, j'ai soif, soif de l'amour des hommes, mais aussi soif des souffrances, soit de l'accomplissement parfait en moi de la justice de mon Père. »

« Sainte Catherine de Gênes nous enseigne, » continue M. Hubert, « que ce même sentiment saisit avec une incroyable force, au moment où elles entrent dans l'éternité, les âmes justes, qui n'ont pas pleinement satisfait ici-bas à la justice divine. Leur soif d'expiation suffirait à les précipiter au milieu des flammes du Purgatoire, où elles se plongent, dit la sainte, avec une joie indicible, comme dans le lieu où la justice de Dieu doit s'accomplir en elles. »

« Les saints, dès cette vie, ont aussi éprouvé ce sentiment, d'autant plus vivement que la grâce les élevait davantage au-dessus de la nature. Les saints sont des voyants ; la lumière d'en haut leur découvre l'horreur du péché et la sainteté de Dieu ; c'en est assez pour allumer dans leur âme une insatiable ardeur de venger sur leur chair maudite les droits de Dieu injustement violés : *esuriunt et sitiunt justitiam.* Cette faim et cette soif les poussent, selon l'énergique langage de M. Olier, à faire carnage de leur chair, et à se complaire au milieu des plus cruelles souffrances, par la joie qu'ils éprouvent de rentrer dans l'ordre, et d'expier le crime en châtiant le coupable. »

La dernière méditation que M. Hubert proposa à ses confrères à l'approche de leurs vacances, était sur la lecture de la vie des saints, considérée comme un moyen de charmer saintement ce temps de loisirs. Nous connaissons déjà ses principales vues à ce sujet. Il citait, en terminant, une parole du P. Faber, qui lui était devenue chère, comme l'expression fidèle de son propre sentiment : « Je n'ouvre volontiers que les livres sur la première page desquels je lis le nom de quelque saint. »

De plus en plus absorbé par l'amour des choses de Dieu, il n'en devenait cependant pas moins intelligent des choses humaines, même des moindres : il les envisageait seulement d'un point de vue supérieur ; et lorsqu'une occasion providentielle l'engageait à s'en occuper, il le faisait généralement avec succès comme avec zèle. Le vif intérêt qu'il prit pendant les vacances de cette année aux débats de nos chambres sur l'enseignement supérieur n'étonnera personne : la portée religieuse d'une telle question était évidente. Mais il savait également entrer dans les petites préoccupations de ceux qui le consultaient sur des sujets d'un tout autre ordre. Il était, en particulier, le conseiller de sa famille dans toutes sortes d'affaires, grandes et petites : jusque sur des questions d'économie domestique, on aimait à prendre son avis, et l'on s'en trouvait bien.

Malgré le fond de répugnance qu'il conservait toujours à ménager sa santé, elle se soutint jusqu'au bout de l'année de Solitude à un niveau que le médecin de la communauté osait à peine espérer. La raideur de ses reins et l'essoufflement de sa poitrine ne disparaissaient pourtant pas ; le larynx avait bien repris toute sa sonorité, mais il était devenu rauque, et lorsqu'aux offices du séminaire M. Hubert chantait, avec son zèle habituel, sans omettre une syllabe des parties que le chœur exécute en commun, il affligeait les auditeurs par les déchirements de sa voix, autant qu'il les édifiait par sa ferveur.

Aussitôt les vacances ouvertes, il fut donc condamné à repartir pour Cauterets, voyage de moins en moins conforme à ses goûts, mais que ses principes d'obéissance et d'abandon lui faisaient une obligation d'accepter. On lui en adoucit la perspective, en le lui montrant comme une occasion de pieux pèlerinages, ainsi que de visites fraternelles dans plusieurs séminaires sulpiciens, échelonnés sur sa route. Le profit de l'âme l'emportait à tel point, dans l'estime de M. Hubert, sur celui du corps, que, dès le lendemain de son départ, il retomba dans un excès qu'on eut peine à lui pardonner. S'étant rendu de Paris à Clermont-Ferrand, par un convoi de nuit, il avait de bon matin célébré la sainte messe dans le sanctuaire de Notre-Dame du Port. L'excellent curé de cette église allait l'obliger à déjeuner, mais M. Hubert lui échappe ; il veut arriver le plus tôt possible auprès de ses confrères du séminaire. Une suite de contre-temps et de malentendus le retint cependant jusqu'à midi, toujours à jeun, après une nuit de chemin de fer et une matinée de marche : c'était mal débuter pour un voyage de santé.

Dès le lendemain, il allait rejoindre à Rodez, à l'occasion des fêtes de Notre-Dame de Ceignac, un directeur de Saint-Sulpice qui se rendait comme lui à Cauterets ; dès lors, plus surveillé dans ses incorrigibles tendances, il redevint forcément plus prudent. Cependant, cette troisième saison d'eaux n'amena pas dans son état la même amélioration que la première, ni même que la seconde ; c'est dans une lettre datée de Cauterets que, pour la première fois peut-être, il fit assez clairement entrevoir à un ami le pressentiment de sa fin prochaine.

Son voyage de retour fut marqué par de plus nombreux détours, et des arrêts plus prolongés que celui qui l'avait conduit à Cauterets. Le sanctuaire de Langeac l'attira d'abord auprès du tombeau de la vénérable Agnès de Jésus, assez connue pour avoir été la mère spirituelle du fondateur de Saint-Sulpice. Les nombreuses infirmités de M. Hubert lui donnèrent souvent occasion de s'appeler dès lors l'enfant gâté de cette sainte religieuse, si grande amie de la croix, et d'attribuer même à sa faveur les nouvelles aggravations que ses propres maux corporels allaient bientôt recevoir.

Au séminaire du Puy, dont Langeac est peu distant, il avait depuis longtemps concerté une rencontre avec deux confrères de Solitude, en vacances dans le voisinage. L'affection et le détachement qu'il unissait dans de tels plans s'expriment dans une lettre qu'il écrivit alors à l'un d'eux :

« Voilà bien des projets, n'est-ce pas, et de beaux projets ; se réaliseront-ils à nos souhaits ? C'est possible ; mais il est bien probable qu'il y aura quelque accroc à notre trame. Après tout c'est dans l'ordre, (surnaturel), et il faudra bien s'en consoler, puisque les choses ne vont jamais mieux, que quand elles ne vont pas tout à fait à notre gré. Cependant, comme on ne peut demander des croix au bon Dieu sans une inspiration spéciale, je pense que nous pourrons souhaiter, en toute simplicité de conscience, la réalisation d'un projet, qui nous rappellerait à distance, les beaux jours d'une solitude irrévocablement terminée. »

La rencontre eut lieu en effet pour la joie et l'édification mutuelle des trois frères : mais afin de la rendre possible, M. Hubert dut faire accepter un délai de quelques jours à sa famille, que des circonstances particulières rendaient pourtant désireuse de le revoir promptement. Voici dans quels termes il confiait à sa sœur cette petite négociation :

« Mes deux confrères me disent, pour m'exhorter à la patience jusqu'à leur arrivée, des choses si bonnes, si affectueuses, si touchantes, que mon pauvre cœur n'a plus d'oreilles pour écouter les remontrances de dame de raison. Comme au fond, je ne crois pas, en toute modestie, être bien utile à Issy-Bellevue, et que, d'autre part, le séjour au milieu de bons confrères et dans un pays très-pittoresque décercle une pauvre tête qui n'a été que trop bandée, je crois, sauf avis contraire, (qu'on recevrait à bras ouverts), pouvoir attendre quelques jours. »

« Voilà, bien chère sœur, mes petites cogitations. Dis-moi tout bellement ce que t'en semble, et crois que je ferai plus de cas de ton avis que du mien. Prie quelquefois pour l'absent, qui va mendiant auprès de tous un peu de sainte dilection. »

Une circonstance qu'il ne mentionne pas contribua, beaucoup plus que toutes les beautés pittoresques du pays, à charmer son séjour au séminaire du Puy. Son arrivée y coïncidait avec l'ouverture de la retraite pastorale, véritable bonne fortune pour un prêtre si pieux, et si rempli du zèle de la sanctification des autres prêtres. M. Hubert ne songea sans doute qu'à prendre dans le spectacle et les exercices de cette retraite sa part d'édification ; mais le fait est, qu'il ajouta notablement à celle d'un grand nombre d'ecclésiastiques du diocèse. Quelques souvenirs conservés par les directeurs du séminaire vont le montrer.

« L'économe, en le recevant, parut d'abord un peu confus de voir que la seule chambre qu'il lui restait à offrir fût une petite cellule du troisième étage. M. Hubert fut tout heureux de s'y blottir ; la dernière place était la seule qu'il ambitionnait partout. Il n'occupait guère d'ailleurs sa chambrette que la nuit. En dehors des exercices de la retraite, il passait presque tous les temps libres soit à la chapelle

soit sur la terrasse ou dans les allées du jardin. La
magnificence du point de vue ne l'occupait guère ;
on le voyait tout plongé dans ses prières et ses méditations, et dès lors son aspect frappa vivement
plusieurs retraitants : son visage d'adolescent con-
trastait avec un maintien et une gravité de vieillard ;
la présence de Dieu se reflétait, pour ainsi dire, dans
tout son extérieur, si modeste et si recueilli. Pendant les récréations, il aimait à converser avec les
bons curés de la montagne, dont il admirait la foi
robuste et la franche simplicité. Il a avoué que plusieurs d'entre eux, et des plus vénérables, s'ouvraient à lui avec une candeur d'enfant, lui propo-
saient des cas de conscience, et en venaient bientôt
à lui faire confidence de toutes leurs peines, spirituelles et corporelles. Ce fut bien autre chose quand
le bruit se répandit qu'il était docteur en médecine :
chacun voulut avoir sa consultation. Il écoutait l'un
après l'autre avec une déférence, une patience, une
charité inaltérables, et ne pouvait s'expliquer cette
confiance universelle dont il se voyait entouré.
Il n'est pas jusqu'aux domestiques du séminaire,
aux désirs desquels il ne se prêtât avec une condescendance sans limites. Un de ses confrères, le trouvant un jour en compagnie de l'un d'eux, fut prié
par M. Hubert d'attendre qu'ils eussent fini leur
conversation ; elle avait cependant déjà duré plus
de deux heures. Aussi, ce pauvre homme ne tarissait pas quand, par la suite, il parlait de M. Hubert : « Celui-là, disait-il, c'est bien un saint. »

On peut remarquer à cette occasion que M. Hubert avait inspiré des sentiments analogues aux

domestiques de Saint-Sulpice, bien qu'ils n'aient pas de fréquents rapports avec les séminaristes : sa bonté, son humilité, trouvaient des occasions d'atteindre et de toucher ces braves gens. Un jour, à la sortie d'une classe, on rencontre l'un d'eux étendu à terre sous le cloître. M. Hubert s'approche, et lui dit en souriant : « Ce n'est rien ; quand vous aurez bu un coup, il n'en sera plus question. » Le remède était au goût du malade, qui ne tarda pas à l'appliquer. Un autre domestique étant chargé de préparer l'ancienne chambre de M. Hubert pour un nouvel habitant : « Ce cher monsieur, disait-il, il se mettait toujours à la dernière place. »

Pour revenir au séminaire du Puy, où l'on faisait naguère la même réflexion, M. Hubert, après la fin de la retraite pastorale et l'arrivée de ses confrères de Solitude, y séjourna encore un peu avec eux. L'invitait-on à sortir pour visiter les curiosités du pays, il répliquait aimablement par quelqu'une de ces maximes des saints dans laquelle on le trouvait lui-même peint au naturel : « Mépriser tout ce que le monde estime. *Nec videre, nec videri.* » Il ne se laissa conduire qu'une fois en ville, pour visiter quelques églises et la maison natale de la vénérable mère Agnès.

Quelques jours après, racontant dans une lettre à sa sœur qu'à son passage à Nîmes, il avait visité les arènes, par quelque raison de convenance sans doute : « Entre nous, ajoutait-il, je t'avoue que les belles choses ne me touchent guère, et que n'étaient mes petits pèlerinages, je serais bien vite près de vous. » Il se rendait alors à la Sainte-Baume. Sa dévotion le conduisit ensuite à Notre-Dame de Fourvières, puis à l'église d'Ars, où il fallut l'arracher du tombeau du saint curé, pour le faire monter en voiture : sa dernière étape fut pour Paray-le-Monial, après lequel cependant il retrouva encore à Paris et à Issy des sanctuaires capables de toucher son cœur. Il écrivait en effet, quelques jours plus tard, à son dernier compagnon de voyage, auquel il connaissait plusieurs sujets d'affection : « J'ai bien pensé à vous, cher absent, et à tous les confrères, dans le sanctuaire du·Sacré-Cœur, puis à Saint-Sulpice, à l'autel de la sainte Vierge, enfin à Lorette. Oh ! comme j'aurais voulu rapporter de ces pèlerinages un cœur dilaté et surdilaté pour aimer sans mesure Notre-Seigneur, sa sainte Mère et notre cher prochain, surtout les prêtres, auxquels notre vie est désormais consacrée. Prions beaucoup, bien cher ami, prions sans cesse et pâtissons de grand cœur les uns pour les autres. Bienheureuses prières, bienheureuses souffrances, bienheureux ennuis et contrariétés, qui avancent en nous et en tous l'œuvre de Dieu ! Hors la croix rien n'est solide, ni fécond, ni durable en ce monde. »

Ce fut à la Solitude, que M. Hubert revint prendre domicile, vers le commencement d'août, mais non sans faire une large part dans ses journées de vacances soit à sa chère famille, alors réunie à Bellevue, soit aux anciens confrères de séminaire, qu'il retrouvait en grand nombre dans les paroisses de Paris et des environs.

A Bellevue, presque au lendemain de son arrivée, il eut la première occasion d'exercer son pouvoir de baptiser en faveur d'une petite nièce ; on fut souvent touché dans les semaines qui suivirent, de voir la tendre affection dont il se montrait pénétré envers cette enfant, que les vues de la foi surtout lui rendaient chère. Il écrivait quelques mois plus tard à la pieuse mère qui l'avait mise au monde : « Cette chère petite M*** me revient bien souvent en pensée, au moment de l'offertoire. »

Une réponse, qu'il fit vers la même époque à l'un de ses anciens condisciples de Saint-Sulpice, respire toute la vigueur que l'esprit de foi unissait dans son âme avec la tendresse sacerdotale. Ce jeune prêtre savait ses supérieurs à la veille de lui confier un nouvel emploi : or il était, sans qu'il y parût beaucoup, d'une santé très-délicate, au point que, souvent, M. Hubert même lui avait prêché les ménagements. « Ne pensez vous pas, lui dit son ami, dans la conjoncture actuelle, que je ferais bien d'exposer complétement à mes supérieurs ma situation de santé ? » — « Ils la connaissent assez, abandonnez-vous donc à la divine Providence. » Quelques jours plus tard, cependant, ce prêtre recevait, contre les prévisions de son conseiller, une mission qui leur parut à tous deux bien pesante pour ses forces. « Ne ferais-je pas bien encore, dit-il, avant de m'y engager, de prévenir du moins mes supérieurs ? » — « Je ne crois pas, dit M. Hubert ; vous vous êtes abandonné à Dieu ; s'il vous envoie plus de travail, il vous enverra plus de grâces. » La réponse était hardie, et peut-être discutable au point de vue même de la prudence chrétienne. Elle montre bien du moins dans quel esprit M. Hubert attendait, en ce même temps, la mission qu'il espérait recevoir du supérieur de Saint-Sulpice.

Peu s'en fallut cependant que cette espérance ne fût trompée. L'état chancelant de sa santé était si notoire, qu'on hésita très-sérieusement à le charger d'aucune fonction. Mais, en réalité, une année de repos complet, une année d'inaction, eût été la plus lourde croix qu'on pût alors imposer à sa vertu ; du consentement des médecins, cette épreuve lui fut épargnée. On choisit donc pour lui la plus douce place possible, à médiocre distance de Paris, et, dans la seconde moitié de septembre, il reçut sa mission comme professeur d'Écriture sainte au grand séminaire de Dijon.

CHAPITRE V.

I

LE SÉMINAIRE DE DIJON.

Après s'être offert à Dieu et à la très-sainte Vierge, pour aller faire leur œuvre au séminaire de Dijon, M. Hubert écrivit sans retard à son nouveau supérieur, et lui demanda ses instructions. La réponse qu'il reçut montre avec quelle humilité lui-même s'était annoncé. « N'ayez aucune préoccupation, » lui disait M. le supérieur, « de ce que vous voudriez appeler votre insuffisance; je sais d'avance que vous seul y croirez; et ce sentiment ne peut être à mes yeux qu'une assurance de plus, que Notre-Seigneur se servira beaucoup de vous, pour nous aider à faire du bien à nos chers enfants.

« Pour plusieurs raisons, il est à désirer que vous

donniez un sermon à la retraite qui commence les exercices. Je vous prie de me faire savoir le plus tôt possible si, en effet, vous le pourrez, et quel sujet vous choisiriez, en dehors des suivants, qui sont déjà pris. »

Quand M. Hubert reçut cette lettre, il ne lui restait que fort peu de jours jusqu'à son départ pour Dijon : car il tenait à s'y installer quelque temps avant la rentrée, afin d'être alors tout à son affaire. Ne trouvant pas, sur le moment, d'autre personne à consulter qu'un de ses jeunes confrères, il lui communiqua les deux questions auxquelles il fallait promptement donner une réponse : c'est par esprit de foi qu'il agissait ainsi, et pour imiter tant de saints, qui répugnaient à prendre d'eux-mêmes le moindre parti dans leur propre cause. Suivant le conseil de son ami, il accepta de prêcher, et désigna la Mortification pour son sujet. Ceux qui savent le succès avec lequel il le traita, ne pourront qu'être édifiés en apprenant qu'il ne l'avait pas choisi. Une fervente oraison aux pieds du Saint-Sacrement fut sa première et principale préparation; puis, il employa à écrire les moments discontinus que lui laissèrent libres, pendant trois jours, les divers incidents inséparables d'un départ. Ses paquets, du moins, ne l'occupèrent pas longtemps. Il accepta pour ce détail les bons offices de son confrère, dont le seul embarras fut de se procurer une enveloppe proportionnée à l'exiguïté du bagage. M. Hubert se trouvait alors dépossédé d'une vieille valise, qui le suivait jusque là dans ses voyages : on chercha donc une caisse dans les greniers d'Issy. La plus

petite qui se rencontra ne fut pas à moitié remplie
par le peu de hardes et de livres qui faisaient tout
l'attirail du nouveau professeur; on combla le vide
avec du foin, et l'on cloua le couvercle.

La conclusion de cet incident se trouva dans une
lettre que M. Hubert écrivait à sa sœur, six semaines
après son installation : « L'autre jour, celui de nos
confrères qui a la charge du vestiaire, sur le rapport perfide des personnes chargées de laver notre
linge, est venu me déclarer que je n'avais rien en
fait de trousseau : ni chemises, ni bas; qu'en conséquence, malgré mes vives protestations, il allait
me remonter entièrement. Déjà il m'avait accablé
de chaussures neuves, etc., et maintenant... c'en est
fait! C'est une bien grande misère que de ne pas
disposer de soi, et cependant on s'y fait, et bien cordialement encore. »

La cordialité, qui donne tant de douceur aux relations dans la famille sulpicienne, avait en effet
présidé, dès le premier jour, à celles de M. Hubert
avec ses confrères de Dijon. L'estime et la sympathie qu'on lui portait avant de l'avoir vu s'accrurent
de l'impression produite par le spectacle de sa vie
sainte et par les charmes de son commerce : impression bientôt partagée par les séminaristes comme
par les directeurs. Elle fut grandement fortifiée lorsque, dans le cours de la retraite, on entendit deux
fois la parole de M. Hubert : car à son sermon récemment préparé sur la mortification, il se laissa
volontiers induire à en ajouter un autre. La veille
de l'ouverture de la retraite, comme les directeurs
prenaient ensemble un moment de récréation,

celui qui s'était chargé de donner le sermon de clôture sur la sainte Vierge dit à M. Hubert: « On dit que vous avez un bon sermon sur la sainte Vierge? » — « J'en ai même un très-bon, » répondit-il avec un fin sourire. « Vous devriez alors prêcher à ma place; le mien ne vaut rien. » — « Très-volontiers, » reprit-il aussitôt. « Mais n'en serez-vous pas fatigué? » objecta le supérieur. « Je ne le pense pas. » On le laissa faire, devinant son désir de consacrer à Marie les débuts de son ministère, et sachant bien que cette double prédication ne pouvait que lui acquérir une plus grande estime auprès des séminaristes.

Il n'y a pas à revenir sur ce second discours, composé dans le courant de l'année de Solitude ; mais le sermon sur la Mortification est un fruit trop spontané de l'âme de M. Hubert, et porte trop profondément son empreinte personelle, pour ne pas réclamer une place ici.

L'orateur entre en matière par un développement vigoureux de quelques paroles de son texte : « *Si quis vult post me venire, abneget semetipsum et tollat crucem suam et sequatur me.* » « *Si quis vult.* s'il se rencontre par hasard dans la foule des tièdes. des craintifs, un homme de volonté, d'énergie ; car il faut de la résolution pour suivre de près le divin Maître, non pas à distance et en hésitant. Et qu'y-a-t-il à faire ? une grande chose, et bien rude à la nature : renoncer à soi-même, dans les petites occasions. comme dans les grandes; chaque jour, *quotidie* ; embrasser la croix ; non pour la traîner péniblement, mais pour l'enlever joyeusement : « *tol-*

lat crucem suam. » Et quelle croix ? celle de notre choix ? Non ; mais celle que le bon Dieu nous a préparée de toute éternité ; celle qui nous convient entre toutes, celle aussi qui, souvent, nous répugne le plus ; glorieux fardeau, sous lequel nous devons suivre notre divin modèle, et l'accompagner, s'il le demande, dans sa voie douloureuse et jusqu'au Calvaire. »

En présence d'un aussi vaste sujet que celui de la mortification, M. Hubert détermine ainsi son point de vue : « Nous tâcherons d'abord de nous convaincre que la mortification est d'une obligation rigoureuse ; nous verrons ensuite comment il faut nous mortifier. »

« La nécessité de la mortification, c'est-à-dire de la souffrance, ne nous était pas primitivement imposée par le plan divin. Elle est une conséquence du péché d'Adam ; et si le baptême efface la tache originelle, il laisse subsister la concupiscence, qui nous entraîne vers le mal, et qui nous enveloppe comme un vêtement de perdition. Et quel a été le fruit de la Rédemption ? La vie de la grâce ; ou, pour parler le langage énergique de saint Paul, la substitution au vieil homme de l'homme nouveau. Jésus-Christ veut nous communiquer sa vie, répandre en nous l'esprit qui l'anime ; mais la chair résiste et lutte contre l'esprit de Jésus-Christ ; la chair, par laquelle saint Paul désigne l'âme même, considérée dans ses inclinations naturelles, prétend non pas mourir, mais régner en maîtresse. C'est contre elle qu'il nous faut lutter ; lutte cruelle, mais lutte nécessaire, puisque la mort à nous-mêmes est la condition de la vraie vie...... »

« Selon cette doctrine de la mortification, Dieu ne nous demande, en définitive, qu'une seule chose : la suppression des obstacles qui entravent son œuvre en nous. Il nous demande un cœur vide des créatures, vide de nous-mêmes: un cœur dilaté pour recevoir en plénitude le don divin. La mortification n'est pas, remarquez-le bien, le but dernier de nos aspirations ; et nous ne sommes pas faits pour la mort, mais pour la vie. Si Jésus-Christ est mort, ç'a été pour ressusciter à une vie plus pleine et plus glorieuse ; et quand il nous dit de mourir, c'est pour qu'il puisse verser plus librément sa vie en nous : semblable à l'architecte, qui ne demande qu'un terrain débarrassé des matériaux informes qui l'obstruent, pour y pouvoir élever à l'aise un magnifique palais...... »

« Il a donc plu à Dieu de sauver l'homme par la folie de la croix. Porter sa croix, mortifier sa chair n'est pas seulement une convenance, mais une nécessité : « *Si secundum carnem vixeritis, moriemini ; si autem spiritu facta carnis mortificaveritis, vivetis .*» Mais ici même, éclate l'extrême bonté de Dieu, qui, pour nous rendre la croix non-seulement tolérable, mais aimable, l'a d'abord serrée dans ses bras et teinte de son sang...... La croix dès lors a perdu son amertume, son horreur, pour devenir la consolation, la force des saints ; et la mortification, cessant de paraître repoussante, se montre pleine de douceur et de suavité. Oh ! Messieurs ! ne séparons jamais ces deux choses: la mortification et la paix intérieure ; la souffrance et la joie ; la mort et la vie. C'est pour les séparer que les mondains se scandalisent de la croix, et que tant de chrétiens ne veulent pas comprendre les mortifications des saints ! »

M. Hubert n'a pas de peine à éclairer cette partie de son sujet par des exemples tirés de la vie des saints dont sa mémoire était si bien nourrie. « La mortification, conclut-il, est donc comme un buisson d'épines, qui entourerait un arbre couvert de fruits savoureux. Passez résolûment au milieu des épines, et vous bénirez votre peine......; la croix ne pèse qu'à celui qui la traîne languissamment. » .

Après avoir brièvement énoncé plusieurs autres motifs, qui confirment pour les chrétiens, et beaucoup plus encore pour les ecclésiastiques, la nécessité de la mortification, il entreprend d'en expliquer la pratique.

« La mortification doit être universelle, embrasser l'homme tout entier, corps et âme, la mortification intérieure l'emportant d'ailleurs de beaucoup sur l'extérieure, qu'elle doit toujours vivifier. Nous nous garderons cependant de parler légèrement de la mortification corporelle. Notre-Seigneur en a donné de grands exemples, et l'Eglise la prescrit formellement à ses enfants. Il est possible que les chrétiens appelés à de rigoureuses macérations soient moins nombreux de nos jours qu'ils ne l'ont été autrefois ; mais peu nous importe ce point ; nous n'entendons parler ici que de mortifications qui ne compromettent pas la santé, qui s'offrent d'ailleurs à chaque instant du jour, et sont parfaitement compatibles avec nos devoirs d'état. »

M. Hubert, avec une modération bien remarquable de sa part, et peut-être un peu timorée, réduit ici la mortification corporelle à une disposition de renoncement au plaisir sensible qu'on ne peut, en diverses circonstances, s'empêcher de ressentir. « Nous ne disons même pas, ajoute-t-il, qu'on doive repousser avec une sollicitude inquiète toutes les satisfactions des sens ; notre pauvre nature n'y tiendrait pas ; ce que nous disons, c'est que nous devons les recevoir en toute simplicité et naïveté d'âme, comme les caresses d'un bon père, mais sans nous y attacher comme à une fin dernière : *utentes tanquam non utentes*, et dans la disposition habituelle de les sacrifier au bon plaisir de Dieu. »

Il inculque d'ailleurs avec une grande sagesse, que la mortification par excellence d'un séminariste, mortification à la fois intérieure et extérieure, doit consister dans la fidèle observation de ses règles ; « nous y trouverons, dit-il, la source de mille renoncements dont nos journées seront semées, depuis le moment du lever jusqu'à celui du sommeil. »

Son propre portrait est reconnaissable dans ce passage voisin de la conclusion :

« En général, quand Dieu inspire à une âme le désir de se donner entièrement à lui, il lui communique en même temps un vif attrait pour la pénitence. Cette âme croit qu'elle n'en fera jamais assez ; elle supporte impatiemment les résistances de son directeur, et croit que rien ne lui est impossible.

Cette générosité, cette ardeur à embrasser la croix, est une grâce très-précieuse, et si notre Seigneur nous y a donné quelque part, il faut l'en remercier de tout cœur, et nous en reconnaître indignes. Mais on ne doit pas oublier que Dieu inspire souvent des désirs dont il ne demande pas la réalisation, et, qu'en cette matière surtout, il ne faut jamais entreprendre rien sans conseil. Au surplus, ce sera toujours une disposition habituelle excellente, que celle d'embrasser en esprit bien au delà de ce qu'il nous est permis de faire, et de nous tenir dans la volonté de tout oser, de tout souffrir, pour la gloire de Dieu. »

« En attendant, nous serons bienheureux quand nous aimerons à être privés de quelque chose, à n'avoir pas toutes nos aises, à n'être guère bien ; quand nous nous plairons, comme dit saint Paul, au milieu de nos faiblesses, de notre misère, de nos ennuis, de nos infirmités ; quand nous aimerons, comme la Reine des martyrs, à nous tenir debout, contre la croix de Jésus. »

L'accent de conviction avec lequel fut prononcé tout ce discours ne contribua pas moins que la solidité des pensées à produire sur les auditeurs une impression profonde ; on en a souvent parlé depuis au séminaire de Dijon. Il est vrai que le spectacle de la vie du prédicateur, pendant le peu de mois qu'on le posséda, ne cessa d'être le vivant commentaire et le mémorial quotidien de sa parole. « On était édifié, dit M. le supérieur, de sa parfaite régularité ; de son attitude recueillie, à l'oraison et aux autres exercices religieux ; de son courage pour dominer les fatigues qu'il ne parvenait pas à cacher ; de sa mortification au réfectoire ; du peu de précautions qu'il prenait contre le froid ; de son esprit de pauvreté, qu'on pouvait remarquer en beaucoup de points. »

Le jour même où se terminaient les exercices de la retraite, M. Hubert rendait ainsi compte à son père des débuts de sa nouvelle vie : « Dijon 10 octobre 1876. Ma santé se maintient bonne ; je ne demande au bon Dieu que le *statu quo ;* je n'espérais pas traverser aussi allègrement les fatigues inséparables de la rentrée. Il est vrai que ces messieurs sont pour leur jeune et inexpérimenté confrère d'une bonté toute cordiale. D'ailleurs, mes occupations n'auront rien d'absorbant : deux fois par semaine, un petit cours d'Ecriture sainte à la communauté entière ; puis, dans ma chambre, de petites leçons d'hébreu en famille ; de plus, je n'ai que quatre pénitents à diriger. En somme on me fait la vie douce et l'on me donne à cueillir des roses sans épines. » « C'est aujourd'hui, ajoutait-il, dans quelques lignes adressées à ses sœurs, qu'elle finit, cette bonne retraite, pendant laquelle on a versé à pleins flots sa petite éloquence, et l'on a tâché de tirer du bon trésor de son cœur de quoi nourrir les pauvres pénitents confiés à nos soins ; priez bien le bon Dieu pour mon pauvre ministère. Hélas ! que ne peut-on quand on est un saint homme ? et qu'il me serait bon de vivre encore séminariste quelques années, avant d'être porté sur le chandelier. Ce qui me console, c'est que je ne m'y suis pas mis *proprio motu.* »

La même lettre contenait cet affectueux retour

vers le cercle de sa famille encore réunie à Bellevue :
« Vous l'avouerai-je, chères sœurs, il me vient
parfois comme de petites pointes de remords, de
prendre si joyeusement la vie loin de vous, et pour
si longtemps ; pardonnez-le à qui n'y cherche pas
malice, et n'en pense pas moins souvent à vous et à
tous les nôtres, grands, petits, et tout-petits. »

La sainte joie que lui inspiraient les prémices de
son travail sacerdotal s'exprime souvent dans ses
lettres de cette époque. On y voit en même temps
combien il était pénétré des conditions qui rendent
le travail fécond.

Quelques jours plus tard, par exemple, le 19 octobre, reprenant avec une de ses sœurs le même ton
de pieuse gaîté : « Il faut devenir un saint homme,
dit-il : voilà une vérité qui brillait déjà assez à mes
regards avant mon entrée en ministère, et qui
maintenant brille encore plus. « Faut pas dire, faut
faire » nous répétait jadis M. L***. C'est une parole
d'or. Il est très-bien de dire de bonnes choses mais
il est mieux de les pratiquer. Et par-dessus la parole et l'exemple il y a encore la prière, le levier par
excellence, que nous tenons tous en main, mais que
nous manions avec tant de timidité. Les saints hommes font les saints hommes..... Hélas ! que le pauvre monde s'en porterait mieux et serait plus content, s'il y avait beaucoup de curés d'Ars. »

L'enseignement particulier confié à M. Hubert
répondait mieux que tout autre aux aspirations de
sa piété et de son zèle ; les saintes Ecritures en étaient
l'objet direct ; le professeur avait donc à se tenir
constamment lui-même et à mettre ses élèves en

contact intime avec ces divines paroles que saint Augustin a nommées « les chastes délices » de l'âme chrétienne ; avec cette loi sainte, qui selon le chantre inspiré des Psaumes, « convertit les âmes, réjouit les cœurs, éclaire les yeux intérieurs, et donne la sagesse aux humbles. »

Chargé d'initier de jeunes lévites à la science des saints livres, M. Hubert jeta d'abord un coup d'œil juste et clairvoyant sur les fins d'un tel enseignement. Il n'eut garde d'engager ses élèves dans des discussions transcendantes d'érudition ou de critique, mais se proposa de leur inspirer avant tout un religieux amour de l'Ecriture sainte, de leur apprendre à nourrir leur âme de la divine parole, pour en nourrir plus tard les fidèles confiés à leurs soins. « J'espère, écrivait-il, que les choses iront, sinon brillamment, du moins, ce qui mieux vaut, utilement pour leur futur ministère. »

L'ordre suivi pendant les années précédentes l'amenait à commencer son cours par les épîtres de saint Paul ; aucune partie de la Bible ne pouvait mieux favoriser ses vues. Il en avait d'ailleurs fait à la Solitude l'objet de méditations quotidiennes. L'explication qu'il en commença à Dijon fut donc très-goûtée. Une diction facile et toujours distinguée ajoutait un nouvel attrait à ses réflexions solides et précises. La chaleur de sa foi animait sa parole, lorsqu'il développait surtout quelqu'un de ses thèmes favoris, comme la mortification, dont saint Paul est le grand docteur. Sachant bien que le meilleur moyen d'instruire les jeunes gens n'est pas tant de leur parler que de les faire parler, le sage professeur les interrogeait souvent; on admirait alors la bonté ingénieuse avec laquelle il suggérait des réponses à ceux qui ne les avaient point prêtes. Sur ce point cependant, il est à présumer que l'expérience l'aurait amené à modérer un peu son extrême condescendance.

Un autre soin, complémentaire de l'enseignement de sa chaire, lui était échu dès son entrée en fonctions : celui de rédiger, pour la partie de l'Ecriture sainte le programme des conférences diocésaines de l'année. Les questions portaient sur Isaïe : « Bien que ce travail dût être achevé en très-peu de jours, » dit M. le supérieur de Dijon, « il fut trouvé parfait, et fit sensation dans la commission présidée par Monseigneur, où ces programmes sont discutés avant d'être livrés à l'impression. Au sortir de la séance, un des membres les plus capables me témoigna l'estime qu'il en concevait pour l'auteur. Monseigneur de Dijon jugeant par lui-même et par les rapports qui lui parvenaient, exprima plus d'une fois, dans la suite, le prix qu'il attacherait à conserver dans son séminaire le jeune directeur qui venait seulement d'y paraître. »

Aux fonctions régulières du professeur d'Écriture sainte, la charité de M. Hubert le porta bientôt à joindre quelques répétitions de sciences naturelles et de langue anglaise, en faveur d'un petit nombre de séminaristes qui achevaient de se préparer aux épreuves du baccalauréat : toute occasion de faire le bien lui était une bonne fortune.

Cependant le côté faible de la situation ne tarda pas à se trahir. Sa santé, si profondément ébranlée depuis plus d'une année, était médiocrement remise au moment de son départ pour Dijon ; elle ne pouvait soutenir quelque temps ces diverses charges, bien que légères en elles-mêmes, sans de grands ménagements qu'il ne sut jamais s'accorder.

De plusieurs côtés, il est vrai, M. le Supérieur de Dijon avait été prévenu, comme on peut l'être par lettres ; mais il n'avait point deviné de quelle autorité absolue il eût fallu s'armer pour imposer sur divers points à M. Hubert un régime différent de celui de la communauté. On se fia trop à lui pour l'application des règles générales de prudence qu'on lui traçait; on céda devant de certaines protestations auxquelles son ton de sang-froid et ses connaissances médicales donnaient quelque prestige, sur l'esprit de confrères qui ne le connaissaient pas encore à fond. « Un demi-aveu qu'il me fit, » écrivait plus tard M. le Supérieur, « du jugement qu'il portait lui-même de son état m'ouvrit les yeux. Les adoucissements qui lui furent prescrits alors me parurent acceptés par lui avec un aimable sourire de scepticisme sur leur efficacité. Encore ne les prit-il qu'avec trop de mesure. Il aurait fallu intervenir pour chaque détail, aller activer son feu dans sa chambre, lui verser le vin au réfectoire, le faire asseoir aux exercices, etc...., toutes choses qui n'échappaient pas aux séminaristes et lui attiraient de plus en plus leur estime. Cette vertu forte et généreuse, ce mépris de la vie, cet amour de la souffrance, se faisaient aussi sentir dans la conversation par certaines saillies et des mots accentués qu'on se répétait. » Un séminariste rieur lui dit un jour assez

étourdiment : « Monsieur, aujourd'hui que la médecine découvre des remèdes pour toutes les maladies,
peut-être en trouvera-t-elle un pour empêcher de
mourir. » — « J'espère bien que non, répartit aussitôt
M. Hubert, car il y aurait beaucoup de gens assez
fous pour s'en servir. »

Nulle teinte de mélancolie ne se mêlait à cette
estime chrétienne de la mort. Jamais au contraire
pareil épanouissement de franche gaîté n'avait paru
en lui, depuis le temps de sa première jeunesse. « Je
sens, » écrivait-il le 11 novembre à un sérieux confrère, « une incroyable tendance à la jovialité, telle
que j'en suis tout étonné, et aussi, reconnaissant pour
le bon Dieu, qui donne des grâces d'état de ce genre
à ceux qu'il envoie au milieu des Bourguignons, bons
enfants très-ouverts, très-affectueux et pleins de
vivacité. Jusqu'à présent nous nous entendons à
merveille, et nous avons tout l'air d'avoir été faits les
uns pour les autres. »

Devenant en effet Bourguignon avec les enfants
de la Bourgogne, il poussait aussi loin qu'un esprit
de sainte et joyeuse liberté le peut permettre, sa
condescendance pour leur humeur. Dans ses visites
à la chambre des malades, surtout, on le voyait se livrer pour les distraire à mille joyeusetés de paroles et
d'actions ; enfin, il devenait sujet à la maladie du fou
rire. Des dehors si gais dissimulèrent sans doute
pour un temps, l'aggravation de ses infirmités, aux
yeux des jeunes gens qui pouvaient observer, de plus
près que personne, ses rigueurs envers lui-même.

Dès la fin d'octobre cependant, M. Hubert consta-
tait déjà le pauvre état de sa santé, dans une lettre

adressée à l'un de ses anciens directeurs. Rarement il a mis moins de réticence à parler de lui-même, et cette lettre est un fidèle et précieux résumé de sa manière d'envisager alors toute sa situation.

« Monsieur et bien cher Père, vous m'avez demandé, s'il vous en souvient, au moment de mon départ pour Dijon, de vous écrire en toute simplicité ce qu'il adviendrait de mon pauvre corps. Depuis quelques jours déjà, je me proposais de donner satisfaction à votre infatigable intérêt, et j'attendais un petit moment de loisir. L'instant désiré est enfin venu et j'en profite. »

« Commençons donc par l'enveloppe; à vrai dire, elle n'est pas fringante depuis mon entrée en fonctions. »

« D'abord, mon chef s'est mis à peser de plus en plus sur le malheureux cou, qui manquait de force pour conserver sa position droite, et s'est tout doucement incliné, de manière à me laisser peu de chose à envier, surtout dans les moments de fatigue, à l'attitude de M. Ardaine. Actuellement, depuis les froids, les mouvements sont plus libres; mais, par compensation, mon diaphragme s'est mis en insurrection, et quand il faut parler, spécialement au grand air, en récréation, mes phrases sont, le plus souvent, interrompues par de petits accès de toux, qui d'ailleurs disparaissent entièrement dans les moments de silence, et, par une faveur spéciale du bon Dieu, me laissent pleine liberté pendant mon petit cours d'Écriture sainte. Autre point noir : je continue de souffler comme un vieux cheval fourbu, ce qui impose un exercice de patience

13.

très-méritoire aux pauvres enfants auxquels je m'accole, dans la cour ou en promenade. »

« D'ailleurs, l'appétit, le sommeil et le reste vont suffisamment. Mais, hélas ! que de précautions il faut prendre, que de prévenances pour cette machine détraquée ! Priez Dieu, mon bien cher père, de me donner patience, et même goût à la chose. En y pensant bien, je suis ravi qu'il y ait dans mon ciel ces légers nuages. *Sine dolore non vivitur in amore;* et vraiment, sans cela, je me ferais le mieux du monde à l'idée de vivre longtemps. J'ai trouvé ici une sympathie et une charité qui ne m'ont pas étonné, à la vérité, mais cependant m'ont touché beaucoup, et me font bénir de plus en plus le bon Dieu de ma vocation. Et ce ne sont pas seulement les confrères que j'ai trouvés bons et serviables, mais aussi les séminaristes. Du jour même de la rentrée, je me suis senti en famille. Les connaissances se sont faites avec une aisance et une ouverture de cœur toutes naïves, qui m'ont laissé la plus douce impression. En général, ces petits Bourguignons sont très-bons, très-sincères, très-affectueux, peut-être un peu bruyants dans l'explosion de leur gaîté ; mais c'est là un heureux mal. »

« J'ajouterai que le travail que m'impose ma classe d'Écriture sainte m'intéresse beaucoup. Nous voyons saint Paul ; c'est une matière bien faite pour attacher et satisfaire à la fois le théologien et le mystique. »

« En somme, mon bien cher Père, tout va pour le mieux, parce que tout va à la volonté de Dieu. Je suis enchanté de ne pouvoir la veille me promettre le lendemain. On est si bien dans la main du bon Dieu, surtout quand on sent qu'on y est. Je mène le moins mal possible, hélas! que c'est peu dire! mes pauvres petites journées. Je ne désire qu'une chose, faire aimer le bon Dieu de tous ceux qui m'entourent, et l'aimer moi-même de plus en plus. Il me semble bien que tout le reste m'est égal. »

Aussi longtemps qu'il le put absolument, et Dieu sait au prix de quels efforts, il suivit tous les exercices de la communauté, y compris les récréations et les promenades; seulement, il était contraint, dans celles-ci, de demeurer en arrière, accompagné de deux ou trois séminaristes, auxquels il gémissait d'imposer ainsi son pas d'infirme, mais qui regardaient comme un bonheur l'occasion de passer ce temps dans sa société.

Une telle baisse de ses forces ne pouvait long-temps rester ignorée de sa famille. Il en donne d'abord comme un pressentiment dans ces mots écrits à sa sœur vers la fin d'octobre : « Ici, tout va bien ; chacun continue de mener paisiblement sa petite existence, et d'utiliser de son mieux le temps qui lui reste à passer ici-bas. »

L'idée d'une mort prochaine se présentait certainement à lui, mais elle ne le préoccupait guère ; il regardait plutôt cette éventualité comme un détail indifférent dans le cours de cette grande vie, que le chrétien ne commence ici-bas, que pour la continuer éternellement dans le sein de Dieu.

« Qu'importe, » disait sainte Thérèse, « à celui qui, demain, va rentrer dans la patrie après un long exil, que lui importe une dernière nuit de voyage passée dans quelque mauvaise auberge ? » M. Hubert s'était souvent nourri de l'esprit de cette grande âme, et c'est dans un sentiment d'indifférence, analogue à celui du passage précédent, qu'il écrivait le 4 décembre :

« En somme, je vois qu'il y a tout avantage à prendre joyeusement la vie et à se moquer de tout dans le bon sens. Je n'ai jamais pu me persuader qu'un individu de mon espèce valût mieux agissant que pâtissant. Pourvu que le bon Dieu tire de moi pour sa gloire tout ce qu'il en pourra tirer, que ce soit par un moyen ou par un autre, vite ou lentement, en me laissant faire de vieux os ou en me supprimant tout de suite, que m'importe ? Je n'ai même pas à y penser ; ce n'est pas mon affaire. Vogue donc la galère, avec ou sans voie d'eau, en mer calme ou agitée ; pourvu que la volonté de Dieu se fasse pleinement, tout est pour le mieux, mille fois adorable et aimable. »

Cette lettre est adressée à un ancien professeur que M. Hubert consultait maintenant dans l'intérêt de son enseignement. Le même jour il disait à sa sœur : « Je suis fatigué, essoufflé, et ma tête tombe de telle sorte que j'ai peine à regarder le ciel. N'importe, si je puis y aller, tout est pour le mieux. »

Dix jours plus tard, il ajoutait : « 14 décembre. Je suis toujours dans le même état. Je me sens vieux, bien vieux. Que la sainte volonté de Dieu se fasse ; je n'aime qu'elle. Qu'arrivera-t-il ? Je n'en sais rien ; je ne m'en inquiète pas ; nous devons être comme des enfants sur les bras de leur mère, dans une indifférence parfaite ; priez pour m'obtenir cette très-sainte indifférence, comme dit saint François de Sales. »

Il venait d'apprendre, deux jours auparavant, par un ancien condisciple, la mort subite du vénérable M. Ardaine, naguère son supérieur à la Solitude, et répondait à ce sujet : « Que la volonté de Dieu s'accomplisse en tout et toujours, quand et comme il lui plaît. N'est-ce pas la même main toute bonne et adorable qui envoie la mort et la vie ? M. Ardaine était un prêtre accompli ; je ne sais quelle vertu brillait en lui davantage ; peut-être l'humilité. Et maintenant il est entré dans la vraie vie ; il s'en donne à cœur joie. Est-il à plaindre ou à envier ? Et nous qui avons eu le bonheur de voir de près ce modèle de la perfection sacerdotale, n'allons-nous pas enfin nous y mettre tout de bon ? Pardon, bien cher ami, je parle pour votre pauvre confrère, non pour vous. »

Le 21 décembre, M. le supérieur de Dijon adressait au supérieur général de Saint-Sulpice ce compte rendu alarmant :

« M. Hubert est assez fatigué depuis quelque temps. Il n'en paraît rien sur sa physionomie ; mais il avoue lui-même une espèce d'épuisement. Je l'ai déterminé à ne plus assister, le dimanche, aux offices de la cathédrale, où il fait assez froid ; à ne plus aller en promenade avec la communauté ; à s'exempter des récréations ; à accepter un régime particulier au réfectoire. Je viens de lui dire de ne plus assister à l'oraison avec la communauté et de la faire dans sa chambre. Je lui soumettais tout à l'heure l'idée d'une absence de quinze jours, avec repos complet dans sa famille, ce qui ne serait pas d'un grand détriment pour ses classes à cette époque de l'année. Il avoue que ce remède serait plus efficace que tout autre, mais il ne le croit nullement possible. »

Au grand désappointement de M. Hubert, le parti qu'il croyait impossible fut jugé nécessaire, et après quelques jours de pourparlers avec Paris, son retour fut résolu.

Il ne partit cependant que le 2 janvier, après avoir été rendre ses devoirs à Monseigneur de Dijon. Quelque sensible que lui fût ce départ, il sut encore couvrir de son aimable gaîté la peine qu'il en ressentait. Le jour où il devait faire sa dernière classe : « Il faut, » dit-il en riant, aux jeunes confrères avec lesquels il prenait souvent ce ton, « il faut aujourd'hui que je me distingue et qu'on en parle longtemps ; faisons quelque chose de solennel ; entrez, par exemple, au milieu de ma classe en portant des crêpes noirs et entonnant des chants lugubres. »

La vigueur d'âme cachée sous ce badinage de conversation éclata devant toute la communauté sous une forme plus sérieuse, et qui la toucha profondément. M. Hubert voulut encore donner le sujet d'oraison, qui lui revenait par tour de rôle, pour le 27 décembre, jour de saint Jean l'Évangéliste. Il avait, dès ses débuts, signalé sa supériorité dans ce genre de compositions. Il n'aimait point qu'on les surchargeât d'une multitude de développements qui occupent plus l'esprit qu'ils n'excitent les affections du cœur : un petit nombre de pensées pieusement et simplement exprimées lui paraissaient plus efficaces pour habituer les âmes à se porter vers Dieu dans la prière ; et ses succès pratiques étaient la meilleure justification de ses principes. Mais de toutes les méditations qu'il donna à Dijon, aucune ne fit plus d'impression que cette dernière, dans laquelle il considérait saint Jean comme le modèle de la générosité que nous devons porter au service de Dieu.

« Parmi ceux qui se donnent à Dieu, » disait-il, « il en est de deux sortes : les uns se donnent à moitié ; ils ont peur d'aller trop loin et font des réserves : voici mes limites ; j'irai jusqu'ici, mais pas au delà ; ceci, c'est du commandement, mais cela n'est que du conseil ; après tout, cette haute vertu qu'on nous prêche n'est pas faite pour moi ; mon ambition est plus modeste ; d'ailleurs, je ne tiens pas à me tuer : voilà ce qu'ils disent, et ils agissent en conséquence. »

« L'âme généreuse, vraiment chrétienne et sacerdotale, ne s'arrête pas à ces bas calculs. Loin de l'effrayer, les obstacles lui servent d'aiguillon ; elle se plaît dans la lutte et ne doute jamais du triomphe ; ce qu'elle fait n'est rien, au prix de ce qu'elle voudrait faire ; aussi s'abîme-t-elle de confusion en voyant son impuissance et sa tiédeur à répondre à l'amour de son Dieu, et voudrait-elle que son cœur fût dilaté cent et cent fois pour aimer davantage. »

« Elle porte en elle cette noble ardeur que le Sauveur avait remarquée dans son disciple de prédilection et pour laquelle il l'avait surnommé : fils du tonnerre, *Boanerges.* »

« A l'exemple de saint Jean, elle porte haut son
ambition et aspire à une place élevée dans les cieux,
non pour la satisfaction de désirs purement naturels, mais afin de se dédommager de son impuissance ici-bas, en aimant là-haut de toutes ses forces
et durant l'éternité. Un tel honneur, elle le sait,
s'achète par la croix, mais qu'importe ? De telles
âmes ne craignent pas la croix ; elles l'aiment plutôt, et quand le Sauveur leur demande, à elles
aussi : *Potestis calicem bibere ?* elles s'écrient avec
une généreuse confiance : *Possumus !* »

« La passion de l'âme généreuse, passion unique
et indomptable, est celle de la gloire de Dieu. Les
droits de Dieu la touchent vivement et, comme saint
Jean, l'outrage de son maître la blesse au vif : *Domine, vis dicimus ut ignis descendat de cœlo et consumat
illos ?* excès répréhensible à la vérité ; mais excès
que les âmes lâches ne connaitront jamais, parce
qu'il a sa source dans un zèle fort et généreux. »

« L'âme généreuse enfin ne connaît pas le repos :
elle n'aspire qu'à deux choses, travailler et souffrir
pour Jésus-Christ ; elle conserve, alors même que
l'âge a ruiné les forces du corps, cette noble ardeur,
ce désintéressement, qui font le plus bel ornement
de la jeunesse et en sont trop souvent l'apanage ex-
clusif. Saint Jean travaille, jusque dans son extrême
vieillesse, à confirmer les églises d'Asie dans la foi ;
il les soutient par ses paroles, ses écrits, ses exemples. Enfin ses forces trahissent son zèle ; mais alors
même, porté par les bras de ses enfants, il veut que
sa voix éteinte aille répéter encore à ceux qu'il a

engendrés à Jésus : « *Filioli, diligite invicem.* »

« Quel contraste entre cette âme généreuse, abandonnée sans réserve à la grâce, et ces âmes molles, pusillanimes, médiocres, également incapables de grands crimes et de grandes vertus ! »

« Après ces considérations, nous reviendrons sur nous-mêmes. En entrant au séminaire il y a trois mois, après notre retraite étions-nous animés de ces généreuses dispositions ? si nous les avons eues, y avons-nous persévéré ? nous sommes-nous bien dit que ce que nous venions faire dans cette maison était quelque chose de très-grand, de très-sérieux, décisif même pour notre vie et notre éternité ? qu'en conséquence, il fallait y porter cette volonté forte, persévérante, qui seule assure le succès ? Sommes-nous convaincus qu'une volonté molle et partagée ne fera de nous que des hommes vulgaires, exempts de fautes graves peut-être, mais certainement au-dessous de leur sublime vocation ? »

« Ne sentons-nous pas dans l'âme un reste de fierté qui nous fasse rougir, quand nous nous surprenons à marchander bassement avec un Dieu qui nous a aimés avec excès et s'est donné à nous sans réserve ? »

Comme résumé de toute cette méditation, M. Hubert ne proposa d'autre texte à retenir que le surnom même de saint Jean, *Boanerges*, fils du tonnerre.

L'énergie d'accent, le ton pénétré de sa parole firent éprouver à ses auditeurs une sorte de saisissement ; et ils ont souvent répété depuis que, dans cette dernière méditation, comme dans son ser-

mon sur la Mortification, M. Hubert s'était peint lui-
même.

Contraste gracieux et touchant ; le soir de ce
même jour de saint Jean, se souvenant de ses pauvres de Paris et de cette ancienne servante qui les
secourait en son nom, il adressait à celle-ci la première de ses lettres du jour de l'an. Après avoir témoigné à cette bonne fille beaucoup d'intérêt pour
ses affaires personnelles, il lui donnait aussi cette
commission : « Pour avoir part à vos bonnes œuvres,
je vous envoie un petit secours que vous distribue-
rez à qui vous voudrez et quand vous voudrez.
Vous connaissez beaucoup mieux que moi les personnes qui peuvent être dans un besoin pressant ;
par conséquent vous avez pleine liberté d'arranger
tout à votre gré. Je désirerais seulement, si vous n'y
voyez pas d'inconvénient, que les petites P*** eussent un cadeau d'étrennes, auquel vous pourriéz
ajouter un joujou amusant : les enfants aiment beaucoup cela. » Les enfants en question étaient deux
petites jumelles qu'il avait vu naître, dans une famille pauvre, pendant les rigueurs du siége. La réponse de sa charitable commissionnaire assura
M. Hubert qu'elles avaient eu leur joujou, avec
un peu de bon chocolat « pour fortifier leur poitrine. »

Deux jours après, il envoyait encore de Dijon, ses
vœux de bonne année à l'aînée de ses sœurs qu'il ne
devait pas trouver à Paris. Il y joignait un aveu de
ses imprudences passées, dont il s'accuse humblement, mais sans beaucoup en regretter l'effet. « Le
bon Dieu me prend par mon côté faible, lui disait-

il ; c'est la bonne manière de corriger une activité trop naturelle et trop humaine. Et, pour tirer de là une petite morale ; voilà comment on en arrive, après avoir fait le matamore, à ne pouvoir même plus soutenir la vie commune, et à se voir condamné, pour le reste de ses jours, à végéter en serre chaude ! Enfin, ce qui console, c'est que ces misères peuvent se changer en or, si on les prend bien, comme le bon Dieu les envoie. D'ailleurs elles n'ont encore enlevé ni la bonne mine, ni la bonne humeur. »

Si la ville qu'habitait sa sœur, lui disait-il encore, avait été plus voisine de Dijon, c'est chez elle qu'il aurait voulu aller passer une quinzaine, pour rétablir un peu ses forces. Il pressentait bien qu'à Paris, la prudence de son père exigerait un plus long repos. C'est pour cette raison que jusqu'au dernier jour il se reprit à négocier pour conjurer ,s'il était possible, son départ. « Je regrette bien, » écrivait-il en anglais à ses deux autres sœurs, tout à la fin de décembre, « que papa soit contrarié à mon sujet. Il voudrait sans doute que votre pauvre frère revînt à Paris ; et alors, pour combien de temps ? ? Mais que la volonté de Dieu soit faite. Je suis très-content de tout cela. On va être dans l'embarras au séminaire ; on prendra patience, j'en suis sûr ; et toutes choses tourneront bien, pour eux et pour moi-même. Demandez pour moi, je vous prie, bonnes sœurs, la sainte indifférence. »

On peut regarder ce « Je suis très-content de tout cela » comme une parole héroïque de sa part, et Dieu seul sait l'effort qu'un tel sentiment dut lui coûter.

Aucun des proches parents auxquels il avait coutume d'écrire à l'époque du nouvel an ne fut oublié. A son bon père, qu'il savait plus soucieux que personne, il donnait, en annonçant enfin un retour prochain, le bulletin le plus rassurant que la vérité pût permettre :

« Au fond, mon état ne présente rien de nouveau sinon, sentiment de fatigue, anémie prononcée, plus qu'à mon arrivée, et paresse des voies digestives : mon rachis est voûté, mais nullement douloureux. J'ajoute que les apparences sont excellentes...... J'engraisse. »

En quittant Dijon, son cœur charitable emportait la préoccupation d'une bonne œuvre. Un de ses confrères, originaire de Lorraine, venait de lui raconter la pénible situation d'un jeune homme de cette province affligée ; élève du séminaire de Metz, il se voyait menacé par des malheurs de famille d'avoir à renoncer à sa vocation ; car il ne pouvait imposer plus longtemps à ses parents la charge de son entretien. Peu de jours après le départ de M. Hubert, le confrère qui lui avait fait ce récit recevait de lui une longue et affectueuse lettre; elle était chargée de deux billets de banque, auxquels ce mot de post-criptum faisait seul allusion: « Ci-joint, quelques deniers, colligés sans grand'peine, pour l'affaire que vous savez. »

II

DERNIER HIVER A PARIS.

M. Hubert, en se repliant, par obéissance, sur Paris et la demeure paternelle, ne renonçait pas au combat et ne prit point l'attitude de la retraite. Son frère, étant allé l'attendre à la gare, fut surpris de le voir se présenter sans bagages ; le courageux malade osait donc encore espérer, qu'après quelques moments de repos, et une courte absence de Dijon, il lui serait permis d'y aller reprendre son poste. Il ne se faisait pourtant point grande illusion sur son état d'épuisement ; on en peut juger par une conversation qu'il eut peu après avec un ancien condisciple de séminaire. Ce jeune prêtre l'avait perdu de vue depuis un an et le rencontrait à l'improviste. Frappé de l'air de prostration que donnait à M. Hubert l'attitude tombante de sa tête : « Mais qu'avez-vous donc là, mon cher ? » s'écrie-t-il sur un ton d'étonnement, et d'émotion un peu brusque. « c'est, » dit M. Hubert, avec un calme parfait, et comme s'il s'agissait de la question la plus indifférente, « C'est que j'ai au cou une vertèbre cariée. » — « Mais, n'est-ce pas là un mal grave ? » — « Mais oui. » — « Mais enfin, est-ce une maladie qui dure long-temps ? » — « Peut-être bien.... six mois. » C'était le moment de sa mort que M. Hubert prédisait à très-peu près. Il faut ajouter cependant que la catastrophe fut précipitée par une cause accidentelle, et que, dans l'intervalle, il douta lui-même plus d'une fois, si la vie ne reprendrait pas le dessus. Cet incident montre, en tout cas, de quelles hauteurs sereines il envisageait la question. N'en peut-on pas conclure aussi que, s'il parlait encore de retourner à Dijon, c'était avec l'espoir secret de tomber sous les armes, ou peut-être, de soutenir la lutte jusqu'au terme de l'année scolaire, et de succomber ensuite ?

Dans l'intérieur de sa famille, où il dut bientôt se résigner à s'installer pour l'hiver, il sut donner le spectacle et l'exemple de la plus aimable gaîté. Déjà resserré par l'absence de ses deux sœurs mariées, le cercle domestique n'était que trop exposé à s'assombrir par la présence d'un fils si cher, et dans la personne duquel on se sentait si menacé. Pour écarter les nuages, pour maintenir la sérénité, l'aimable saint retrouvait la joyeuse humeur et la verve de ses vingt ans, rajeunies, comme elles venaient de l'être, au contact du terroir et de l'esprit bourguignons.

Jamais cependant le fond de ses pensées n'avait été plus sérieux, ni ses dispositions plus surnaturelles ; jamais une piété plus édifiante n'avait présidé à l'emploi de ses journées.

La demeure de son père touchait à la maison dite de la Petite Œuvre, sorte d'orphelinat dont l'origine et les traditions se rattachent étroitement aux catéchismes de saint Sulpice. La chapelle de cette communauté était donc pour M. Hubert de l'accès le plus facile, et c'est là que, chaque matin, il disait la sainte messe et que souvent, dans la journée, il allait visiter le Saint Sacrement. Les directrices et les enfants même de cette maison diront quel parfum d'édification son passage y répandait.

. Tous les autres exercices de piété avaient leur place largement assurée dans le partage de son temps. Presque toutes ses visites étaient pour les maisons de Saint-Sulpice, ou pour ses anciens condisciples de séminaire. Chaque semaine, à jour fixe, on le voyait paraître à Issy; il y retrouvait à la Solitude le directeur de son année de noviciat, qui bientôt devait l'assister dans les épreuves du dernier passage. La journée du dimanche était consacrée en majeure partie au séminaire de Paris, auquel le cœur et l'âme de M. Hubert tenaient toujours par tant de liens; le soir du même jour, il allait prendre son repas au presbytère de Saint-Sulpice, au sein d'une autre communauté fraternelle. Il avait eu peu d'occasions de la fréquenter jusque-là, mais il lui fut bientôt uni par un attachement mutuel et profond. L'épuisement général de ses forces ne lui permettait plus une application prolongée au travail. Cependant, il n'abandonnait point les études d'Écriture sainte relatives à son enseignement. Alors même qu'il eût perdu l'espoir de retourner finir l'année à Dijon, elles lui parurent rester pour lui conformes à l'ordre providentiel. L'esprit de devoir continua de l'attacher à la préparation d'un cours qu'il prévoyait bien ne pouvoir jamais reprendre, mais dont il n'avait cependant pas été positivement déchargé. Un de ses beaux-frères, professeur lui-même dans une université catholique, étant venu le voir à Pâques, fut très-vivement frappé de cet exemple.

Les confrères que M. Hubert avait laissés à Dijon, l'un d'eux surtout, avec lequel il avait souvent fait échange de charitables assistances, reçurent de lui d'assez nombreuses lettres, où l'on voit quelle grande place ils tenaient tous dans son cœur. Quant aux quelques pénitents dont il avait commencé la direction, et qui lui restèrent provisoirement confiés, rien n'égale le zèle dont il était animé pour eux. Ces jeunes ecclésiastiques en conservent pour gages des lettres de conseils qu'ils estiment comme des trésors. Plusieurs prêtres fixés en province entretinrent aussi avec lui, à la faveur de ses loisirs forcés, une correspondance plus ou moins suivie. Elle revêtait comme naturellement de sa part le caractère de l'apostolat le plus saint et le plus aimable. « Ce m'a été, dit l'un d'eux, un tel bonheur et une si grande grâce de connaître ce cher confrère, que je désire contribuer pour ma petite part à le faire connaître à d'autres. » Plus d'un a partagé ce sentiment, et partagera la reconnaissance des amis de M. Hubert pour les extraits suivants de sa correspondance.

La première fois qu'il donna de ses nouvelles à Dijon, c'était en ces termes : « Paris, 8 janvier. « Croiriez-vous que je ne me suis pas encore ennuyé ici ? Le bon Dieu a maintenu jusqu'ici mon modeste baromètre au beau fixe. »

« Oui, c'est toujours la même pensée. Dijon, le séminaire, vous, bien cher frère, et tous les autres, n'êtes chers à mon pauvre cœur que par ces dons excellents que le bon Dieu à mis en vous ; et voilà que je retrouve ce même Dieu, tout bon, tout adorable, tout aimable, partout où je vais ; partout il m'est également cher, et voilà pourquoi, même à Paris, je ne puis que l'aimer, le bénir et me réjouir. »

« Hélas ! on est bien loin de l'idéal rêvé au sortir de la Solitude ; mener allègrement et, pour ainsi parler, à la pointe de l'épée, une vie toute d'étude et de prière, en traitant le corps en esclave ; conduire son année sans broncher et comme tambour battant. Voilà l'idéal : encore une fois, hélas ! que nous en sommes loin ! traînailler et grimacer pendant trois mois, puis fainéanter tout à fait, voilà ce que le bon Dieu a substitué à l'idéal. Mais que cette substitution est excellente, que cette fainéantise est douce, utile à tous, et tout aussi bonne au fond que le travail et les austérités ! Dites-moi, n'y a-t-il pas dans ces pensées de quoi se tenir en joie et en actions de grâces continuelles ? »

Le grand travail de son âme était donc de s'abandonner sans réserve à la divine Providence et de mettre pleinement en pratique les principes de sainteté, qu'il avait depuis longtemps adoptés et médités. Voici comment il s'y prend et reprend sans cesse, d'après une seconde lettre à son correspondant de Dijon : « Si le bon Dieu voulait me guérir en un clin d'œil, il le pourrait ; s'il ne le fait pas, c'est qu'il a pour cela d'excellentes raisons, que je m'efforce de goûter et d'aimer fort, sans les connaître. J'en vois qui travaillent dans la vigne du Seigneur en menant une vie dure, en agissant, en instruisant les autres, en se livrant à toutes les œuvres de la charité ; d'autres, travaillent en restant dans leur coin, à s'ennuyer pour l'amour du divin Maître, en comprimant cette activité qui nous porte à beaucoup faire et à beaucoup dire, en faisant, en un mot, le contraire de ce qu'ils auraient rêvé : le monde et notre mauvaise nature plaint ces derniers et les estime inutiles, mais nous que dirons-nous ? *Fortunatos nimium sua si bona norint.* »

La fin de cette lettre change un peu de sujet mais n'en est pas moins édifiante ; elle ne sera pas sans consolation pour ceux qui se sentant bien au-dessous de la vertu de M. Hubert le verront éprouvé comme eux par les aridités de la prière. Il ne faut rien changer à l'humble et naïve énergie de ses expressions : « Combien de fois ne m'est-il pas arrivé, dans la prière en présence de Notre-Seigneur, de rester comme un idiot, mais de rester quand même, pour arracher par importunité ce que je veux avoir à tout prix et coûte que coûte, une goutte de vraie dilection. Oh ! que tout le reste, même la santé ; les talents, le succès, est peu de chose au prix de ce saint amour, qui un jour nous dilatera et restera seul, tout seul, dans notre cœur. J'aime à penser que ces moments passés devant Dieu ne seront pas tout à fait inutiles à notre chère maison. C'est par confiance en la parole de Notre-Seigneur que je parle ainsi, car mes pauvres oraisons ressemblent au fonds qui les produit : elles sont maigres, froides et insipides. Mais n'est-ce pas déjà une grande grâce que d'avoir le courage de prier quand même, avec un grand désir de faire mieux ? et ne serait-ce pas une vie bien passée, qu'une vie passée tout entière à soupirer après la divine charité ? »

Le 12 février au commencement d'une autre lettre : « Permettez-moi, dit-il, de vous envoyer une petite citation de Fénelon, que je lisais hier soir, et dont l'élévation et la simplicité m'ont frappé. « L'ha-« bitant de la cité sainte porte au fond de son cœur « un *Fiat* et un *Amen* continuels. Il veut toutes « ses peines, et ne veut aucune des consolations « dont Dieu le prive. Demandez-lui ce qu'il veut ; « il vous répondra que c'est précisément ce qu'il a. « La volonté de Dieu est son pain quotidien, le « rassasiement de son cœur, la manne de tous ses « goûts. C'est l'époux vivant et voulant dans l'é-« pouse, et ainsi commence dès ici-bas le bonheur « de cette Jérusalem nouvelle, dont le prophète dit « que son nom propre sera la volonté de Dieu, *et* « *vocaberis voluntas mea in te.* »

« Il me semble, continuait M. Hubert, qu'une âme pénétrée jusqu'à la moelle, de cette unique pensée s'avancerait bien suavement dans la vie, le sourire sur les lèvres, la joie dans le cœur, et le ciel dans son fond intime. Elle irait chantant ce joli cantique de saint François de Sales :

> Que vos pavillons souhaitables,
> O Dieu des armées redoutables,
> Hélas ! à bon droit sont aimés !
> Mon âme fond d'ardeur extrême,
> Et mes sens se pament de même,
> Après vos parvis réclamés.
>   Mon cœur bondit,
>   Ma chair ravie
> Saute après vous, Dieu de la vie.

« Voilà bien, n'est-ce pas, ce que chanterait une pauvre âme qui aurait faim et soif du bon Dieu de la bonne manière. Votre indulgence aveugle vous fait supposer que votre pauvre confrère ressent quelque chose de ces saints tressaillements pour le ciel. Hélas ! il est plongé jusqu'au cou dans sa misère et le bon Dieu ne donne un avant-goût du paradis qu'aux cœurs purs. Cependant, je vous l'avouerai, la considération de la sainte volonté de Dieu, du prix inestimable de la croix, de la brièveté de la vie, ôte à ma petite épreuve à peu près toute son amertume. Du reste la santé remonte notablement en ce moment; à part la bosse et le souffle tout va vraiment bien. Je suis souvent confus de voir que le bon Dieu retire sa main, dès qu'elle a commencé de s'appesantir un peu. Ce n'est pas ainsi qu'il a traité les saints. »

Le 26 mars, « J'ai cru, écrivait-il, j'ai cru un instant tenir mon départ comme en main, et voici que maintenant... vous devinez le reste. Puis après quelques plaisanteries, sur le ton de celles qu'on a lues plus haut : « Hélas ! je ne sais pourquoi le bon Dieu me laisse encore un fonds de gaîté, au milieu de ces tristesses. Jamais je n'ai mieux senti le *servus sum inutilis*, ni mieux goûté la douceur qu'il y a dans le bouleversement de nos petits projets, lorsqu'il est accepté et béni pour l'amour de Dieu. Et l'avenir que sera-t-il, avec une patraque telle que celle que je remorque partout où je vais ? Je ne sais; et pourtant il me semble le voir tout en rose, ce cher avenir, surtout si le bon Dieu y place quelques petites croix, avec la force de les porter joyeusement. Cependant il me semble que cette inaction, pour une âme tout embrasée de zèle, serait un très-cruel supplice, et votre chétif confrère la porte tout paisiblement et sans désir immodéré d'en voir la fin. Enfin, il faut se prendre comme on est. »

« Hélas! disait-il ailleurs, notre pauvre vie est ainsi faite, que toujours l'amertume y domine, et le seul moyen d'y goûter quelque bonheur est de faire bon visage à nos misères, et de nous porter nous-mêmes en toute patience et mansuétude, bien convaincus que, jusqu'au grand et bienheureux jour de l'éternité, nous ne porterons pas grand' chose qui vaille. »

M. Hubert inspirait, de loin comme de près, une si grande confiance par ses bontés, ses vertus et ses lumières, que plusieurs amis se sentaient attirés à lui découvrir leurs peines intérieures; et à lui demander conseil. Il le donnait alors avec une simplicité, dont il se vantait presque, ou du moins dont il faisait profession, comme étant la vertu sulpicienne par excellence.

« Vous m'ouvrez votre cœur avec une simplicité qui me confond,» écrivait-il à un prêtre moins jeune que lui-même, «car enfin, que voulez-vous que vous dise un pauvre inexpérimenté, qui n'est déjà point trop à l'aise pour se conduire soi-même ? Je vous ferai part néanmoins de mes faibles lumières, parce que je ne veux pas me laisser vaincre en simplicité chrétienne. La simplicité est notre vertu par excellence : c'était celle du P. de Condren qui la transmit à M. Olier pour la répandre sur son «petit troupeau. » Il me semble que nous devons y aller bien franchement, rondement et naïvement avec tous, disant tout bellement ce que nous pensons, quand cela peut être utile au prochain. »

14.

Un de ses confrères avait employé en lui écrivant une formule très-respectueuse. M. Hubert aimait en cette matière aussi, plus de simplicité, et voici comment il y rappelait gaîment son ami :

« Confrère bien cher et moult vénéré, pourquoi m'obliger à manquer de simplicité en substituant de pompeuses formules de salutation à l'expression brève et naïve qui sort tout droit du cœur ? »

Ainsi donne-t-il avec le précepte l'exemple de cette aimable et simple rondeur, qui contribuait tant à mettre à l'aise ceux avec lesquels il en adoptait le ton.

Avec les séminaristes confiés à sa direction, la gravité qui convenait à de tels rapports est toujours tempérée par une douce charité. L'une des vertus qu'il leur inculque le plus souvent est cette humilité solide et sincère qui trouve son aliment dans l'expérience de nos misères, et son profit jusque dans nos fautes. Il écrit par exemple à l'un d'eux. « Nos misères, quand nous les sentons et les déplorons, sont comme le marchepied qui nous permet de croître dans l'humilité, parce qu'elles nous font petits, non-seulement aux yeux des autres, mais encore à nos propres yeux ; » et, dans un autre passage : « Bien loin de nous étonner de légers manquements, nous devons plutôt nous étonner de ne pas tomber dans de plus grands écarts. Habituons-nous, comme pratique très fructueuse d'humilité, à remercier le bon Dieu de nous avoir empêchés de faire tout le mal auquel nous nous sentions portés. »

La pureté d'intention avait été, dès sa première jeunesse, l'une des plus vives lumières qui l'eussent éclairé dans la poursuite de la perfection. Voici

comment il l'enseigne maintenant : « Pensez toujours à la pureté d'intention qui doit animer nos actions. Travaillons très-activement à arracher de notre cœur tout ce qui n'est pas de Dieu et ne tend pas
à Dieu. Tâchons de n'être hommes en rien, mais
chrétiens en tout ; que nos yeux soient sans cesse
fixés au ciel ; le reste est indigne de nous ; par conséquent, ne nous livrons pleinement à aucun objet
extérieur, afin que le meilleur de notre cœur soit
toujours à Jésus. Aimons, travaillons, prions, dor-
mons, non pour notre satisfaction, mais pour plaire
à Dieu, et uniquement pour Dieu : voyons Dieu,
aimons Dieu, en tous et en tout. Vous voyez que,
de loin comme de près, je vous répète toujours les
mêmes choses ; mais soyez sûr que tout est là ; mourir
à nous-mêmes d'abord pour vivre en Dieu, *ex mortuis
viventes*. Si nos yeux étaient plus perçants, nous se-
rions effrayés de voir combien nous nous recher-
chons nous-mêmes, dans nos actions, même les plus
saintes, au lieu de rechercher purement Dieu. »
Mais en même temps qu'il pousse les âmes à
l'amour et à la poursuite d'une vertu très-pure et très-
parfaite, le sage directeur leur apprend à se tenir
dans la paix si favorable au progrès spirituel : «Pour
l'amour de Dieu, que jamais l'inquiétude n'ait
entrée chez vous. Vous savez notre devise : *Pax et
gaudium*, envers et contre tout. La marque la plus
sûre de la pureté de notre amour est la persévérance au milieu des ennuis et des déceptions. Quand
on ne nous tient pas compte de notre bonne volonté, et que nous nous sentons envahis par la tristesse,
c'est alors qu'il faut tenir ferme et bénir le bon Dieu,

et se réjouir dans la pointe de l'âme, et se répéter : *Ecce nunc tempus acceptabile*. Croyez que nous n'avons de moments vraiment bons dans la vie, que ceux où nous avons quelque chose à souffrir. »

Le besoin de la paix renaît souvent dans les âmes, à tous les âges de leur formation. Il les avertit que, sur quelque point, l'équilibre de leurs sentiments chrétiens est encore instable et doit être raffermi. Aussi M. Hubert rencontre-t-il l'occasion d'exhorter à la paix intérieure ses confrères dans le sacerdoce, aussi bien que les jeunes gens de Dijon. « Je dis et je soutiens, » écrit-il à un prêtre, « que la pensée de notre impuissance, quand elle devient importune, doit être, sans merci, jetée par-dessus bord, comme contraire à la confiance aveugle due à notre père céleste, et ennemie de la paix intérieure. La conclusion pratique me paraît fort simple : faire tout bellement, paisiblement, du mieux que l'on peut, ce que le bon Dieu donne à faire, *hic et nunc*, et se moquer du reste, sans penser au lendemain, sans souci pour l'opinion de Pierre ou de Paul, en un mot, sans arrière-pensée aucune. Nous avons fait ce que nous avons pu ; le reste, nous n'en avons cure ; nous l'avons jeté en bloc dans le sein de Dieu, et c'est assez, parce que, *Illi cura est de vobis*, le Père céleste veille pour vous. »

Paix et joie : c'est bien comme il le disait, sa devise définitive, et ses lettres de cette époque en sont souvent le commentaire ; très-souvent même, elle y est reproduite en propres termes, et avec elle cet autre vœu qu'il emprunte au cœur de saint Paul, et qu'il répète à presque tous les amis auxquels il s'adresse : « *Oro consummationem vestram.* Dieu vous conduise à votre perfection. »

Il avait parfois, comme on vient de le voir, à rappeler ceux mêmes qui depuis longtemps poursuivaient ce but aux principes d'une paisible confiance; mais il pouvait, d'autre part, moins que personne, omettre d'initier même les débutants, à un généreux amour de la croix : « Vous désirez pour ce temps de la Passion une pratique spéciale de dévotion, » écrit-il à l'un de ses pénitents, « je ne puis que vous engager à entrer dans l'esprit de l'Église pour communier aux mystères douloureux de Notre-Seigneur, pour puiser plus abondamment et plus avidement que jamais, aux plaies sacrées du Sauveur, un ardent amour de la croix. La croix, selon la pensée de M. Olier, est formée de trois branches : pauvreté, mortification, humilité. C'est la croix ainsi faite qu'il nous faut serrer contre notre cœur, afin de l'y graver profondément. La valeur d'un chrétien, celle d'un prêtre surtout, se mesure à son amour pour la croix. Et quel exemple en Notre-Seigneur! »

« Mon cher ami, si vous voulez monter haut et vite dans la voie parfaite, il faut vous nourrir de la croix, y penser le jour, y penser la nuit, la saisir partout, l'aimer, la poursuivre avec ardeur, la chérir comme une compagne qui ne vous quittera qu'au dernier soupir et vous donnera sous ses épines une suavité que l'expérience seule fait concevoir. Préparez-vous à être contrarié de toutes façons, pensez aux dépouillements, aux adversités qui vous seraient le plus pénibles, et tâchez d'aimer d'avance

tout cela pour l'amour du bon Dieu et de l'accepter
bien paisiblement. C'est là un grand moyen de nous
dégager, à l'exemple de Jésus dépouillé de ses vêtements, de tout ce que nous aimons selon la nature,
pour n'aimer plus en tout que Dieu, Dieu seul. »

De tels conseils montrent qu'on ne s'est pas
trompé en disant que M. Hubert poussait les âmes à
la perfection avec une douce vigueur. C'est la vertu
la plus solide qu'il leur enseigne. Aussi leur ap-
prend-il en même temps à n'attacher qu'une importance très-secondaire à ces consolations et douceurs
sensibles, dans lesquelles une piété novice est si
exposée à se complaire.

A un jeune homme qui s'affligeait des difficultés
de l'oraison, voici toute sa réponse sur cet article :
« Pour votre oraison, faites de votre mieux, sans
contention d'esprit, sans trop désirer de bien réus-
sir. Vous avez toujours la ressource de vous tenir
comme Magdeleine en toute humilité et confusion
aux pieds du divin Maître, en vous ennuyant un
peu pour son amour. »

Quand, à l'époque de Pâques, ses dernières espérances de retour à Dijon s'évanouirent devant le
jugement porté par la prudence de son père et de ses
supérieurs, il invita les jeunes gens qui lui écri-
vaient régulièrement à chercher plus près d'eux
leur direction habituelle. Alliant avec un tact parfait la discrétion et la charité, il se démettait de
l'autorité qu'il avait conservée jusque là pour les
conduire, et leur témoignait le très-vif intérêt avec
lequel il recevait cependant de leurs nouvelles lorsqu'ils auraient le loisir de lui en donner.

A quelques regrets qui lui furent témoignés de le perdre comme directeur, voici sa réponse : « Voyez comme nos petits projets du commencement de l'année ont été bouleversés et comme se sont envolées nos illusions d'avenir. Eh ! Seigneur, qu'en serait-il de nous maintenant, si nous n'avions vu planer au-dessus de nos pauvres petits désirs la très-sainte, adorable et aimable volonté de Dieu ? Que seraient devenues la paix et la joie de nos âmes, ces trésors que le chrétien ne doit céder à aucun ennemi, si nous avions mis dans nos propres volontés notre paix et notre joie ? Mais aussi qui pourra nous séparer de la charité de Jésus-Christ si nous n'aimons, si nous ne voulons que la très-uniquement chère volonté du Sauveur ! »

« *Alter alterius onera portate* (Portez les fardeaux les uns des autres). Oh ! la belle et suave parole ! qu'il est bon de ramener le soleil et la joie dans les cœurs ! » La cordiale sympathie que M. Hubert exprimait ainsi, toujours vers la même époque, pour les peines d'un ami, bien d'autres auprès de lui y avaient part : dans ses propres épreuves, il paraissait puiser une grâce nouvelle pour adoucir celles de ses frères. Ses visites, par exemple, aux séminaires de Saint-Sulpice et d'Issy, apportaient chaque semaine de vraies consolations, de puissants encouragements à des infirmes, à des vieillards, à des jeunes gens, qu'il réjouissait et fortifiait par sa seule présence et par ses bonnes paroles. Monter aux étages élevés de ces maisons, était pour lui, dans son état d'oppression, un sujet de fatigue considérable. Il arrivait presque suffoqué, et il lui fallait plusieurs minutes pour reprendre haleine. Mais sans qu'on eût le temps de lui exprimer la compassion qu'on en ressentait, son air d'épanouissement obligeait, pour ainsi dire, à sourire avec lui au lieu de s'apitoyer. Plusieurs ont dit quelle force et quelle joie leur laissaient dans le cœur ces affectueuses visites.

Malgré tant de salutaires influences qu'il répandait à distance et autour de lui, il lui semblait qu'il vivait dans l'inaction, et elle lui pesait comme la plus lourde de toutes ses croix. Il ne pouvait concevoir un Sulpicien hors de son séminaire. Le médecin dont il recevait les conseils lui parla de prolonger son repos dans sa famille pendant toute l'année suivante, afin de s'assurer un rétablissement complet. Il parut impossible à M. Hubert d'envisager comme pratique une telle proposition : « des vacances, » disait-il, « sont-elles faites pour un homme et pour un prêtre de mon âge? Pour un écolier de dix ans, à la bonne heure! »

Cependant, cette espèce d'émoi que lui causait la perspective d'un séjour prolongé dans sa famille, se fût bien calmé, s'il l'eût fallu, c'est-à-dire s'il y eût vu des signes assurés de cette sainte volonté de Dieu qu'il voulait aimer uniquement. Certains projets de travail, auxquels il se laissa engager à cette époque, sembleraient même indiquer de sa part la prévision d'une telle éventualité.

M. l'abbé Riche, vicaire de Saint-Sulpice, livrait en ce moment même à l'impression son opuscule des *Merveilles du cœur*. Il s'y proposait comme dans les *Merveilles de l'œil*, publiées l'année précédente, de faire ressortir d'un sujet anatomique et physiolo-

gique des enseignements religieux, tout spécialement appropriés aux besoins comme aux attraits des
lecteurs contemporains. Pour assurer à la partie
scientifique de son travail une correction irréprochable, il saisit l'occasion de le soumettre à la révi-
sion de M. Hubert. Celui-ci trouva peu à reprendre;
M. Riche cependant fut charmé du zèle et de la
compétence dont son jeune confrère lui donna les
preuves, et désira l'associer plus activement à la
bonne œuvre dont lui-même avait conçu le plan.
Les *Merveilles du cerveau* auraient dans sa pensée fait
suite à celles du cœur; mais ici, l'étude anatomique
et physiologique devenant incomparablement plus
délicate, la collaboration d'un homme du métier
était nécessaire à la digne exécution de l'ouvrage.
Dans les limites où il pouvait disposer de lui-même,
M. Hubert fut heureux de s'offrir. Il n'avait jamais
renié ses anciennes études, et son excellente
mémoire n'avait rien oublié de la science qu'il avait
acquise; peu de sujets lui inspiraient même naturellement plus d'attrait; et du moment où un motif
surnaturel l'y ramenait, il était prêt à s'y adonner
avec ardeur. Il put croire lui-même qu'il allait
reprendre goût à ouvrir des livres de médecine alors
que, depuis longtemps, il n'ouvrait plus volontiers
que les livres des saints.

Dieu cependant le dispensa de redescendre dans
la mêlée des travaux humains, et l'intérêt que lui
inspira l'œuvre de M. Riche, n'eut le temps de produire qu'un court article, publié dans la *Semaine
Religieuse* de Paris pour annoncer les « *Merveilles du
cœur*; » en voici les premières lignes : « Notre siècle

est ardent aux recherches scientifiques, et admirateur passionné de l'expérimentation. Jamais, dans les époques antérieures, on ne vit autant d'hommes livrés à ces sortes d'études; jamais on ne vit « les conquêtes scientifiques » exaltées comme elles le sont de nos jours. Cette admiration est justifiée, dans une large mesure, par les découvertes qui ne cessent de se multiplier dans les diverses branches de la science; mais on croirait que certains savants en ont été frappés d'une sorte de vertige. On les voit peser, mesurer, discuter les faits, sans s'élever jamais à leur cause première; semblables à ces enfants, qui battent des mains devant un automate, sans se demander ce qu'il y a sous le théâtre. Nous ne faisons pas allusion aux lois scientifiques autour desquelles se groupent les phénomènes multiples de la nature ; car tout homme instruit s'élève immédiatement du phénomène à sa cause prochaine, c'est-à-dire à sa loi. Mais cela ne suffit pas ; nous n'admettons pas qu'un savant en demeure là, et qu'il dise : Je touche aux limites de mon domaine, je suis uniquement homme d'observation. Non, vous n'avez pas le droit d'être uniquement homme d'observation. Vous êtes avant tout homme, dans le sens complet du mot, et, comme être raisonnable, il vous faut, en présence des faits et des lois scientifiques, raisonner jusqu'au bout, franchir votre barrière arbitraire, arriver à Dieu, et payer à Celui qui a si bien fait toutes choses un juste tribut de louanges et d'adoration. »

« Que l'on entende bien notre pensée. Nous ne demandons pas aux savants consacrés spécialement à la science expérimentale de se lancer dans le domaine de la philosophie. Non ; à chacun son genre d'études. Nous leur demandons seulement de ne pas étouffer, de parti pris et systématiquement, le cri d'admiration qu'arrachent, à la gloire de Dieu, les merveilleuses harmonies du monde créé; nous leur demandons surtout d'étudier, non pas avec leur seule intelligence, mais aussi avec leur cœur : la science n'y perdra rien, et les hommes y gagneront. »

Ce vœu que le zèle sacerdotal inspirait à M. Hubert fut dans l'ordre des études scientifiques comme son modeste testament : C'est en effet en portant à sa destination la page qu'on vient de lire, qu'il fut frappé du coup dont il ne devait plus se relever. Toutefois l'occasion principale d'un accident si malheureux, à parler humainement, se rattache à un travail plus pieux encore, et nous ramène aux relations qu'il entretint pendant son dernier séjour à Paris avec la communauté de la Petite-Œuvre. Il était depuis plusieurs années bien connu des orphelins de cette maison, qui suivent à Saint-Sulpice le catéchisme de Persévérance auquel il avait été attaché en dernier lieu. Sa modestie, son recueillement, le ton de piété et de conviction de sa parole les avaient frappées dès l'abord ; elles gardent encore le souvenir de sa première homélie sur les petits actes de vertu dont chaque instant fait naître l'occasion, et dont la répétition conduit à une véritable sainteté.

On l'avait depuis lors regardé lui-même comme un saint, et l'on avait vivement désiré assister à sa première messe : mais elle fut, comme on l'a vu, célébrée à l'hôpital Necker, de sorte que deux des directrices purent seules s'y rendre ; elles n'oublièrent pas de demander au nouveau prêtre, pour toute leur maison, une bénédiction qu'il donna de grand cœur.

Ces pieux souvenirs firent accueillir comme une grâce du ciel le désir manifesté par M. Hubert, de dire habituellement la sainte messe dans la chapelle de la Petite-Œuvre, durant son séjour à Paris. Il en fut ainsi depuis le 2 janvier jusqu'au 10 mai 1877, pour la grande édification de toute la communauté. Ce qui saisissait surtout jusqu'aux plus jeunes enfants c'était le profond recueillement qu'on lui voyait toujours devant le Saint-Sacrement. Malgré le progrès de ses infirmités il passait toujours à genoux, au pied de la balustrade du sanctuaire, le quart d'heure qu'il employait à se préparer au saint sacrifice, et la moitié au moins de la demi-heure qu'il consacrait à l'action de grâces. Un jour de fête, un évêque étranger étant venu dire la messe à la Petite-Œuvre, immédiatement après M. Hubert, on observa que celui-ci se retirait après le temps accoutumé, sans avoir une seule fois levé les yeux sur le prélat, ni sur le prêtre et le diacre qui l'assistaient à l'autel. L'impression de sainteté produite par de tels exemples porta parfois les enfants à baiser la trace des pas de M. Hubert, et l'une des plus étourdies déclarait à ses maîtresses, que lorsqu'elle l'avait vu le matin, elle ne pouvait être ni bavarde ni méchante, de tout le reste du jour.

La fête de la Compassion de la très-sainte Vierge étant survenue, le saint prêtre auquel l'amour de la croix et et celui de la mère de Dieu rendaient ce jour doublement cher, céda pour la première fois à l'attrait d'adresser quelques paroles à la communauté. Il s'attacha à faire comprendre à des âmes si jeunes comment rien n'est meilleur, ni plus doux que la souffrance, et l'on jugea, comme plus d'une autre fois, qu'il s'était peint lui-même avec la plus grande simplicité.

La directrice de la maison lui demanda de parler encore à l'occasion d'une fête Sulpicienne qui suit de près celle de Pâques. Enfin, le mois de Marie approchant, M. Hubert obtint du directeur de Saint-Sulpice, la permission de faire chaque semaine une courte instruction à la Petite-Œuvre. Il ne pouvait ignorer quelle joie cette nouvelle y causerait ; les enfants avaient, en toute vérité, soif de l'entendre. En faisant humblement ses offres à la directrice. « Je suis trop heureux, lui dit-il, de trouver une occasion de sortir de mon indolence. »

Ce fut sur ces entrefaites, peu de jours après sa première instruction, que M. Hubert alla s'installer avec sa famille à la campagne de Bellevue dont on espérait que le séjour serait favorable à sa santé. Il fut donc convenu qu'il reviendrait, une fois par semaine, à la Petite-Œuvre, et le samedi fut choisi, comme le jour le mieux approprié à la dévotion du mois de Marie.

Ce programme s'exécuta, pour la première et la dernière fois, le samedi 12 mai. L'air de sainteté du prédicateur frappa ce jour-là, plus encore que d'ordinaire, la pieuse communauté. Il parla de la mortification, du détachement, expliquant comment celui qui ne possède rien et dont rien de créé ne possède les affections est le plus heureux homme du monde, parce qu'il a Dieu seul pour partage et que Dieu seul est tout.

Il était sur son terrain favori, il laissa parler son cœur : « Oh! je comprends maintenant, » dit-il en finissant, « une image que dans mon enfance je ne pouvais m'expliquer. Un pauvre y était représenté, appuyé contre un pan de mur et les genoux couverts d'une natte. Au bas étaient écrits ces mots : « Mon « Dieu je vous remercie de m'avoir donné ce mur « pour m'abriter et cette natte pour me couvrir. » L'émotion étouffa la voix de M. Hubert, et sa physionomie prit une expression saisissante, qui disait avec quelle ardeur son âme ambitionnait un tel dénûment.

Les enfants qu'il tenait suspendues à sa parole ne pouvaient deviner qu'en ce moment même l'indifférence à tout souci matériel lui portait le coup de la mort. En descendant, une demi-heure auparavant, de la gare du Montparnasse, surpris par une violente averse, il en avait eu sa soutane transpercée. Il ne lui vint point à l'esprit de remettre à un autre jour son instruction ; mais au sortir de celle-ci, il fut saisi de fièvre et de frisson. Il alla cependant jusqu'au presbytère de Saint-Sulpice porter l'article cité plus haut sur le livre de M. Riche. Il l'avait achevé le matin même, et ce fut, avec les notes de son instruction, le dernier travail sorti de sa plume, ses adieux à la science et ses adieux au saint ministère ; Dieu ne lui réservait plus ici-bas que l'œuvre suprême de la souffrance et de la mort.

III

DERNIÈRE MALADIE A BELLEVUE

Les dernières scènes de la vie de M. Hubert sont, en un sens très-vrai, la raison d'être de toute cette notice ; mais ce sont celles aussi qui demandent le récit le plus simple et le plus succinct.

Tout ce que les pages précédentes ont pu renfermer d'édifiant resterait sans doute enseveli dans la mémoire de quelques amis ou dans les papiers intimes de M. Hubert, si sa mort eût été moins prématurée ou si elle eût été plus subite. C'est l'éclat de sainteté jeté par ces derniers jours qui a rejailli sur un passé encore si voisin ; et les rayons de l'auréole qui les a couronnés ont frayé la voie, pour remonter aux origines de ses vertus et en retracer les progrès. Mais ces derniers jours eux-mêmes se refusent presque à la description, par cette simple raison, qu'on ne peint pas la lumière.

On ne peut cacher ici cependant une empreinte d'elle-même, que cette lumière de son âme a gravée pour ainsi dire sur quelques feuilles qui nous l'ont fidèlement conservée : car des mains pieuses et fraternelles se sont senties inspirées de conserver jour par jour, les paroles touchantes et sans aucun apprêt qu'on recueillait de la bouche du saint malade. Mais les images les plus fidèles que nous puissions dérober à la nature sur nos papiers photographiques ne sont guère que des ombres, auprès de la lumière du jour, et surtout auprès de la vie. De même et plus encore, la lettre de paroles si simples semblera terne et décolorée à ceux qui la liront en ce lieu ; à moins toutefois, qu'ils ne puissent assez se représenter M. Hubert pour les lire aussi dans son âme, et dans la céleste expression de son visage déjà transfiguré.

Son portrait moral, le seul important, ressort autant qu'on a su le procurer, de tout ce livre. Les quelques circonstances qui restent à marquer ici n'en seront plus que les derniers encadrements.

M. Hubert, qui n'aimait pas à choisir pour lui-même, n'a certes pas choisi ces circonstances de sa mort. Il eût voulu, s'il eût été consulté, souffrir jusqu'à la fin et mourir dans un séminaire, sous le toit du Saint-Sacrement, journellement assisté par le directeur de son âme, s'unissant d'esprit, heure par heure, aux exercices de sa communauté, et ne laissant qu'à ses frères et à ses enfants spirituels les derniers exemples de sa foi, de sa patience et de sa simplicité.

A ce qu'il eût désiré par amour de l'ordre providentiel, il a cordialement renoncé devant une disposition différente de la même Providence ; et quant à sa famille religieuse, tout heureuse qu'elle eût été de l'entourer à sa dernière heure, elle n'a pu se plaindre à Dieu de le voir rendu pour lors à une autre famille, bien digne de cette consolation et de cette grâce.

M. Hubert était toujours rempli de sa maxime de la Solitude : « Dieu seul suffit; » et c'est lui même qui peu de jours avant sa mort disait à l'une de ses sœurs : « C'est une privation que l'éloignement de mon confesseur ; mais peut-être sans cela, j'aurais bien des misères que le bon Dieu m'épargne. » C'est lui aussi qui, se voyant privé de la sainte communion un jour où il l'avait espérée, ne répondit à l'annonce de cette nouvelle que par le seul mot de : *Fiat*.

Un entier abandon entre les mains du Père céleste est d'ailleurs la disposition constante et parfaite qui a mis dans ses derniers jours, le comble à ses mérites et à l'édification de tous les témoins.

Ce fut, on se le rappelle, le samedi 12 mai qu'il tomba malade. Dans son tendre amour pour la trèssainte Vierge, il exprima plus d'une fois depuis, la joie qu'il ressentait de cette circonstance ; il était heureux que sa suprême épreuve eût commencé en un jour consacré à cette sainte Mère, et que sa dernière messe eût été célébrée en son honneur.

Dès ce jour, en effet, il dut renoncer à monter au saint autel. Transpercé de pluie, comme on l'a vu, en arrivant le matin à Paris, il n'avait pas laissé de faire en cet état son instruction à la Petite-Œuvre et de porter ensuite le manuscrit de son article au presbytère de Saint-Sulpice. Il se proposait encore d'aller voir un prêtre de ses amis ; mais, se sentant saisi de frisson, il repartit sans plus tarder pour Bellevue. Son premier soin en y arrivant fut d'achever son bréviaire ; puis il se mit au lit dans l'es-

15.

poir d'abattre la fièvre. Elle demeura cependant très-forte, et le soir, il fit avertir M. le curé de Bellevue que le lendemain dimanche on ne comptât point sur sa messe.

Ce fut ainsi qu'à l'improviste il se trouva étendu sur la couche dont il ne devait, pour ainsi dire, plus se relever, et dont son angélique piété allait faire l'autel de son dernier sacrifice.

Voici maintenant quel entourage une paternelle Providence lui ménagea pendant les longues semaines que dura son agonie. L'entourage, physique même, a toujours eu son prix pour les saints; libres de choisir, ils préfèrent la solitude et le silence de la nature au tumulte bruyant des villes. M. Hubert tombait malade dans une des demeures les plus retirées de ce gracieux village de Bellevue, qui touche à Paris par le chemin de fer, mais où l'on peut encore être enveloppé de calme, d'ombrage et d'air pur : c'était un soulagement pour lui-même et pour les siens, et son âme en dut recevoir plus d'une bienfaisante influence. Moins de huit jours avant sa mort il dit, à deux heures du matin, à celle de ses sœurs qui veillait alors près de lui : « Les petits oiseaux font déjà leur prière du matin, vois-tu, et moi aussi, je fais la mienne : *Non sicut ego volo, sed sicut tu.* » Cet acte d'abandon était pour accepter de vivre encore, après avoir espéré de mourir plus tôt.

Faut-il parler ici des soins matériels dont le bien-aimé malade fut entouré nuit et jour ? Ils ne pouvaient assurément être plus vigilants ni plus délicats; ils ne pouvaient non plus avoir d'autre résultat que de prolonger sa patience en prolongeant son agonie ; mais, malgré son amour de la privation et de la mort, il les acceptait avec reconnaissance, par charité pour Dieu, et par charité pour ses proches. Il ne témoignait rien de la disposition de ces saints qui ont désiré de mourir très-vite pour n'occuper d'eux personne, ni de celle qui fit un jour dire, tout au contraire, à saint François de Sales qu'il aimerait à mourir d'une maladie si longue que ses amis, fatigués de le soigner, le laissassent dans l'abandon. Les sentiments qu'inspire la grâce ne sont pas moins variés que ceux de la nature ; et, pour M. Hubert, tout en souffrant de voir qu'on s'affligeât et qu'on se fatiguât à cause de lui, c'est du bon côté qu'il continuait de prendre toutes choses. Par esprit de foi, donc, par effort de vertu, il eût encore pu dire sincèrement, comme au moment de quitter Dijon : « Je suis très-content de tout cela. »

Pendant les premières semaines, il n'eut pour société habituelle, outre son vénérable père, que le frère et la sœur demeurés les derniers au foyer domestique et dans l'intimité desquels il venait de passer l'hiver. Un peu plus tard, quand l'issue de sa maladie n'eut plus rien de douteux, on vit des quatre extrémités de la France accourir ses plus proches parents. Tous voulaient entourer les derniers jours d'une existence si précieuse, et réchauffer leur cœur aux rayons qui en émanaient.

Le frère de sa mère était retenu en Lorraine par les devoirs de la magistrature. Il voulut du moins faire une courte apparition au chevet de ce saint neveu, qu'il avait autrefois félicité de choisir la meilleure part, et dont il avait voulu servir la première messe. A quelques semaines de distance, il renouvela ce voyage de cent lieues pour venir prier un instant sur la tombe encore fraîche de M. Hubert.

Les deux sœurs dont il avait béni les enfants, après les avoir elles-mêmes autrefois réjouies et édifiées dans leur première jeunesse, étaient retenues de leur côté par leurs devoirs maternels. Elles réussirent à les concilier avec leurs sentiments fraternels et filials et vinrent compléter autour du cher mourant le cercle de famille, élargi par les nouveaux frères qu'elles y avaient fait entrer.

La seconde mère de toute cette famille n'arriva pas la dernière au pieux rendez-vous. Elle ne manquait point chez elle de souffrances à assister, mais plus longuement initiée que toute autre à ce charitable ministère, elle venait apporter ses soins, là où ils étaient le plus urgents. Bien qu'elle n'eût point veillé sur le berceau de son cher Léon, elle avait acquis des droits à veiller sur sa dernière couche, et fit bien voir à quel point il était devenu l'enfant de son cœur.

Plus admirable encore que ce concours unanime était, on peut le dire simplement, à l'honneur de celui qui s'en voyait l'objet, l'esprit de foi et de piété qui, de son cœur surtout, rayonnait sur toute la maison. La douleur sans doute était vive, il y avait dans les cœurs d'intimes déchirements ; mais la sérénité, mais la paix du prêtre mourant avaient une vertu assez pénétrante pour s'imposer en quelque sorte à son entourage, et pour élever de plus en

plus les âmes à la hauteur de ses propres sentiments.

Plus d'un rapprochement touchant dans ce tableau de ses derniers jours portait encore la marque
d'une Providence aimable et miséricordieuse. Ainsi
le médecin dont, chaque jour, M. Hubert recevait
la visite, n'était point seulement un voisin de campagne de son père, c'était aussi le dernier chef sous
la conduite duquel l'ancien interne avait fait à Necker l'apprentissage de son art ; et ce médecin chrétien
n'approchait, ni sans respect, ni sans affection d'un
malade auquel de tels sentiments étaient si bien
dus.

On ne peut davantage oublier cette ancienne et
dévouée servante qui n'avait pris sa retraite qu'a-
près l'ordination de M. Hubert, perdant alors l'espoir
de le voir reparaître dans sa famille. On se rappelle
comment, près de quinze ans plus tôt, l'humble étudiant allait à la cuisine demander à cette fille d'un
pays de foi, de lui faire de pieux récits. Bien plus
récemment, en lui écrivant de Dijon il l'avait félicitée
de s'être faite la sœur de charité de son quartier.
Pénétrée de vénération pour son caractère sacerdotal, elle était digne aussi d'être sa garde-malade
et réclama ce privilége avec ardeur. Elle eût voulu
passer seule toutes les nuits, si l'on eût consenti à
lui abandonner ce monopole. Les entretiens pleins
de foi qu'elle eut avec le saint malade, et les pieux
services qu'il lui demanda ne sont pas les détails les
moins édifiants qu'il reste encore à rapporter.

Enfin, la famille spirituelle de M. Hubert ne perdit
point sa place auprès de son lit de souffrances.

L'accès lui en fut toujours ouvert avec une extrême bienveillance, malgré le nombre des visites, et la fatigue qu'on aurait pu redouter pour le malade. Il est vrai qu'on lui voyait faire l'accueil le plus gracieux, le plus reconnaissant à tous ceux qui l'approchaient ; il ne semblait point s'apercevoir qu'on vînt bien souvent, pour lui demander, plutôt que pour lui offrir, des exhortations, des encouragements. Il ne paraissait jamais en avoir besoin ; mais on les puisait dans son seul aspect et dans son céleste sourire.

On aurait peine à imaginer un autre lieu où M. Hubert eût pu être, plus facilement et plus fréquemment, visité par un aussi grand nombre de ses pères et de ses frères dans le sacerdoce, qu'aux portes d'Issy et de Paris, à une demi-heure de la maison de campagne où les deux communautés de Saint-Sulpice passent régulièrement en été une journée de chaque semaine.

La famille dijonnaise à laquelle il avait inspiré si vite un si profond attachement eût seule pu se trouver sacrifiée au profit de ses aînées. Mais toutes ensemble doivent reconnaître que Dieu a bien pourvu à leurs intérêts, en permettant qu'on tînt dans la famille de M. Hubert cette espèce de journal de sa dernière maladie dont on n'eût point conçu l'idée dans un séminaire.

Le lundi 14 mai, surlendemain de son accident, il sentait bien déjà que les suites en seraient longues, et disait à sa sœur : « Si vous allez au mois de Marie, demandez pour moi les vertus nécessaires à un malade : la patience, l'indifférence, le support des ennuis et des dérangements qu'on cause aux autres... C'est un état enviable, d'abord parce que ce n'est pas nous qui le choisissons, et qu'ensuite nous sommes bien sûrs, en y restant en paix, de faire le plus parfait. »

« Il y a bien des symptômes qui feraient croire à une fièvre typhoïde; il y a du pour et du contre. »

Il fit promptement demander son confesseur qui, de la Solitude d'Issy, s'empressa de répondre à son appel et continua de le visiter régulièrement, au moins une fois par semaine. A sa première visite, M. Hubert lui répéta qu'il croyait voir dans son état les indices d'une fièvre typhoïde ou peut-être d'une fluxion de poitrine, en tout cas, d'une maladie aiguë qui pouvait être grave et longue.

« La patience est quelque chose de bien glissant » disait-il le lundi 17 : « on croit la tenir, et elle vous échappe. Oh! comme on sent toujours la pauvre nature ! »

Sa sœur, qui connaissait bien sa dévotion pour le saint abandon, lui dit dans la journée du lendemain comme pour l'éprouver : « Voudrais-tu bien être à ce soir pour dormir, ou à demain pour te confesser ? » — « Je voudrais être au moment présent, » répondit-il sans hésiter; « puis il reprit avec une sorte d'enjouement qu'il sut conserver jusqu'à la fin : « Crois-tu qu'on puisse aller loin, quand on a un coffre dans cet état-là ? » — « Je ne sais pas; et toi, le crois-tu ? » — « Ce n'est pas mon affaire heureusement » — « Tiens-tu à la vie? » — « Pas plus qu'il ne faut. »

Pendant les premières semaines il fut relativement très-grave et très-silencieux. Subissait-il l'accablement du mal, ou bien était-il absorbé par ses réflexions ? C'est ce qu'on n'a jamais pu bien éclaircir. Une diminution de fièvre, un soulagement général, écartèrent assez promptement la perspective d'une maladie aiguë. Ce ne fut point ce qui ranima sa gaieté. Vers la fin de mai, il se trouvait en état de se lever pendant quelques heures, et commençait à prendre un peu plus de nourriture : « Manger, digérer, dormir ; disait-il, voilà toute ma vie à présent. *Bonum mihi quia humiliasti me.* »

Ces paroles d'actions de grâces pour une épreuve pénible n'étaient pas seulement l'expression d'un principe de piété, adopté par conviction, mais celle d'un sentiment qui lui était habituel. Il remerciait de toutes choses, petites ou grandes, douces ou amères, le Dieu tout bon qui envoie tout par amour. Comme on mettait près de lui le même jour une tasse de lait, il leva les yeux au ciel avec un soupir. « Deux verres de lait, lui dit-on, méritent bien ce gros soupir. » — « Ah ! dit-il, c'est un soupir de reconnaissance envers Dieu. »

On peut remarquer ici qu'il ne manqua jamais, pendant les six semaines de sa maladie, et jusque dans les instants de délire qui survinrent à la fin, de faire le signe de la croix avant de prendre la moindre chose, et de même après l'avoir prise. Ce seul détail donne la mesure de l'attention, de la délicatesse qu'il apporta constamment à pratiquer les vertus extérieures, convenables à son état. Quant à l'intérieur, on a découvert, dans les derniers jours, qu'il se faisait une règle de ne jamais demander le moindre soulagement, pas même une gorgée d'eau quand il était dévoré de soif. Ceux qui le soignaient et qui ne connaissaient point cette résolution étaient dans l'étonnement : « On n'a jamais vu, disaient-ils, un malade aussi facile; il n'a jamais besoin de rien. » Il ne refusait rien non plus de ce qu'on lui offrait, et remerciait de tout, au moins par un sourire de bonté, dont on se trouvait bien payé.

Sa dévotion à la très-sainte Vierge ne fut jamais surprise en défaut. Il se faisait réciter l'Angelus, dès que la cloche l'annonçait, et y répondait lui-même, bien que réduit en dernier lieu à ne parler qu'avec grand'peine. Un gros chapelet était constamment enroulé autour de son poignet. Comme on lui demandait, longtemps encore avant sa mort, s'il le récitait souvent : « Je ne puis pas, avoua-t-il, soutenir seulement la récitation d un *Ave Maria.* » Il va sans dire que, depuis le commencement de sa maladie, il avait dû renoncer à son bréviaire. Un jour seulement, pendant l'intervalle où il allait mieux, il essaya de le reprendre, mais reconnut bientôt que ses forces s'y refusaient.

Cette amélioration passagère ne progressa pas, et bientôt, rétrograda. Le malade comprit très-clairement la signification de son état : la fièvre continue qui le brûlait ne devait plus s'éteindre, qu'après avoir consumé jusqu'au bout son organisme épuisé. A partir de ce moment il redevint très-gai : ce n'était pas qu'il désirât la fin de ses souffrances; il allait témoigner pour elles le plus généreux amour; mais il saluait l'approche du moment où il se réunirait à son Dieu.

Le lundi 4 juin, s'étant encore levé quelques heures,

il se trouva très-fatigué en se recouchant : « Comme mon pauvre corps a peu de forces, dit-il ; si cela continue ainsi... » et il leva les yeux au ciel avec un sourire plein de douceur qui se prolongea long-temps. Le lendemain , se sentant encore plus fatigué, il commença à parler des derniers sacre-ments : « Ils ne me feront pas mourir, dit-il, et au moins je serai en règle. Peut-être me fais-je illu-sion, mais dans cet état de faiblesse, je crains les syncopes ; il ne faut pas se laisser prendre au dé-pourvu. »

Il fut cependant jugé prudent de différer encore quelques jours pour préparer plus doucement le père du malade à un spectacle si émouvant pour lui. Il connaissait et partageait trop bien la foi de son fils pour opposer aucun obstacle à un tel désir. Le mercredi 13 juin donc, M. le curé de Bellevue, dont les visites alternaient avec celles du confesseur de M. Hubert, lui apporta l'extrême-onction et le saint viatique ; cérémonie d'autant plus touchante, qu'une grande partie de la famille était déjà réunie dans l'attente du dernier jour.

Le saint malade habituait tous ceux qui l'en-touraient à l'entendre parler de sa mort prochaine et à s'en entretenir avec lui. Il faut reconnaître que la divine bonté leur faisait en sa personne une grâce peu ordinaire : malgré les sentiments de componc-tion et d'humilité dont il était pénétré, jamais il ne parut ressentir la moindre appréhension de la mort, la moindre crainte sur son salut, le moindre doute que bientôt Dieu ne l'appelât au ciel. Aussi ses der-niers entretiens portaient-ils, sans exception, le

caractère d'une paix et d'une sérénité toutes surnaturelles.

Les moins touchants ne furent pas ceux qu'il eut
avec cette ancienne et pieuse domestique de sa famille qui le regardait presque comme son enfant,
qui s'était faite sa garde, et qui eut la consolation de
recevoir son dernier soupir.

« Dès les premiers jours que je passai auprès de
lui, rapporte-t-elle, il me dit : « Parlez-moi du bon
Dieu, dites-moi de bonnes choses ; les malades s'oublient si facilement ! Je serai bien heureux que vous
me rappeliez tout cela. » Un jour, je lui demandai
de prier pour moi quand il serait dans le ciel, et il
me dit : « La vierge suit l'agneau partout où il va, et
elle chante un cantique qui n'a jamais été entendu
sur la terre. » — « Et le ministre de Dieu, repris-je,
appelé ici-bas à de si grandes choses, que fait-il
donc là-haut ? » — « Oh ! sur la terre, il n'est que faiblesse et que misère ; mais au ciel, il connaîtra
toutes choses…. » et il resta les mains jointes comme
en extase : « Merci, mon Dieu, de m'avoir donné la
foi ; merci, de m'avoir appelé au sacerdoce, malgré
mon indignité ; merci, de m'avoir accordé la grâce
de faire partie de la compagnie de Saint-Sulpice ;
merci, d'avoir voulu que je fusse un enfant de
M. Olier…. » Je fus obligée de l'arrêter, voyant qu'il
se fatiguait à parler ainsi.

Une nuit, il me dit : « Rappelez-moi donc quelque
faute de ma vie passée, cela me rendrait grand service…. » J'hésitais ; mais, pour lui obéir, je lui dis :
« Eh bien, M. l'abbé, je pense que vous aviez de
bonnes intentions, mais vous avez fait trop de péni-

tences; votre confesseur savait sans doute tout ce que vous faisiez, mais il ne connaissait peut-être pas bien votre tempérament, et vous auriez dû vous modérer.... » — « Oh! ne parlez pas de cela; il faut parler de ces choses-là le moins possible. » Puis, quelques minutes après, il me rappela et me remercia en me disant qu'il voyait bien que je lui portais intérêt de toutes manières; puis, me demanda si je me souvenais encore de quelque chose. Je lui rappelai une petite faute de sa vie de jeune homme, et il me dit : « Vous avez raison, » et me témoigna tant de reconnaissance, que j'en étais confuse : « Je vous ai dit cela, M. l'abbé, pour vous épargner un peu de purgatoire; mais j'espère bien que vous n'y resterez pas longtemps : on priera tant pour vous! « Oh oui! pas longtemps, j'espère; chaque membre de la compagnie dira trois messes pour moi; et il se mit à compter le nombre des messes qui seraient ainsi dites à son intention. »

Une autre nuit, dix jours environ avant sa mort, il eut une crise très-pénible; je voulais appeler sa famille. « Non, ne les dérangez pas; je suis bien bas, mais ce n'est pas encore mon heure »; et il se mit à remercier le bon Dieu, ajoutant : « J'ai bien souffert, mais ce n'est pas encore assez; pour le bon Dieu, je voudrais souffrir bien davantage »; et il récita le *Te Deum* presque tout entier. Arrivé à *Sanctus, Sanctus, Sanctus*, il leva les yeux au ciel; on eût dit qu'il voyait quelque chose. Une autre nuit, qu'il avait encore une crise, j'appelai Monsieur, qui lui demanda sa bénédiction; il nous la donna; mais en disant que ce serait plutôt à lui à demander celle de son père. Un jour aussi, il lui demanda pardon de tous les chagrins qu'il lui avait causés. »

Le dimanche, 10 juin, trois jours avant l'administration des derniers sacrements, son estomac commença à rejeter la nourriture qu'on lui faisait prendre. Il dit alors en souriant à une de ses sœurs qui se trouvait auprès de lui : « Je suis presque content que cela se passe ainsi, parce que, quand je ne pourrai plus rien prendre, cela ira plus vite.... *Dissoluta terrestris hujus habitationis domo, æterna in cœlis habitatio comparatur.* » — « Tu feras donc ce chemin ? tu seras bien heureux de t'en aller ? » — « Oh! oui, certes » ; et il souriait de son sourire fin, et paraissait gai et heureux. Puis il continua : « Les pauvres malades, comme ils ont besoin des pensées de la foi pour ne pas devenir fous! Heureusement en ces moments-là on les sent plus fortes et plus douces que jamais. »

Un peu plus tard, dans la même journée, sa sœur lui offrant de prendre quelque chose et le consultant sur ce qui lui conviendrait le mieux, il lui répondit en riant : « Donnez-moi ce que vous voudrez.... pourvu que cela ne passe pas. »

Ce fut à partir de ce jour, où il avait reçu la sainte communion, pour la quatrième fois depuis le commencement de sa maladie, qu'il reprit complétement sa gaîté, cette sorte d'enjouement même avec lequel on vient de l'entendre parler. La force d'âme qui suppose une telle réponse, était bien loin de lui inspirer aucune présomption. Le soir de ce même jour, il disait encore à sa sœur : « Je t'avouerai qu'une de mes petites préoccupations, c'est de savoir combien de temps cela durera encore, parce que je ne me sens pas beaucoup de patience; pourtant je sais que l'épreuve ne sera jamais au-dessus de mes forces, et le bon Dieu envoie tant d'adoucissements. Je voudrais qu'on remerciât le bon Dieu de la grâce qu'il me fait; mais je t'en charge, n'ayant pas bien le courage de le faire moi-même. »

Dès le lendemain cependant on l'entendait dire : « O bonne croix, bonne croix, quel état enviable que le mien !.... J'accepte d'avance tout ce que le bon Dieu voudra et comme il le voudra. Je ne veux pas lui demander d'abréger mon temps, quoique j'en aie bien envie. Notre Père qui êtes aux cieux ! Père !.... Père !.... Oh ! soyons comme de petits enfants entre les bras de notre Père ! — Ce que je fais là, souffrir, c'est ce qu'on peut faire de plus grand, puisque c'est ce que Notre-Seigneur a choisi pour lui-même. Je trouve une grande force à penser à Notre-Seigneur en croix ! Combien il a dû souffrir ! Il ne pouvait pas boire ni changer de place ; c'était bien dûr.... Que Dieu est bon !.... qu'il est bon !.... que sa sainte volonté est bonne ! J'espère que bientôt je ne dirai plus que cela !.... »

De tels épanchements de cœur touchaient d'autant plus les personnes de sa famille qu'elles l'avaient vu toujours plus réservé dans l'expression de ses pensées intimes. Presque aucune lecture, presque aucune prière vocale ne pouvait alors entretenir en lui des sentiments si pieux ; il fallait qu'ils fussent entrés jusque dans la moelle de son âme, et que le Dieu fidèle l'assistât en même temps de grâces bien particuliéres.

M. Hubert, avant sa maladie, n'était point de ceux dont la piété prend tout son appui sur la sainte humanité de Notre Seigneur. Le nom de Dieu seul, la seule pensée de ses grandeurs infinies, les sens moraux de la croix, les maximes de l'Imitation, qu'on pourrait appeler quelque peu abstraites, en comparaison du saint Évangile parlaient très-vivement à son âme. Mais à l'approche de la mort, et dans la défaillance progressive de ses forces, il paraissait éprouver plus sensiblement le besoin du Dieu incarné, du Sauveur qu'on touche et qu'on voit.

Son amour de la souffrance se retrempait dans la contemplation de Jésus crucifié, et l'image matérielle même lui devenait d'un grand secours. Le crucifix suspendu dans sa chambre étant d'un métal un peu sombre, il désira qu'on lui en apportât de Paris un autre de couleur blanche, afin qu'il pût bien le voir de son lit se détacher sur la croix noire. Dans ses derniers jours, on l'entendit même demander des lunettes pour le mieux distinguer; sa parole, à vrai dire, était alors embarrassée, et l'on douta s'il avait en cet instant toute sa présence d'esprit; mais ces intervalles mêmes de délire devenaient édifiants à leur manière. Nul ne serait étonné de voir, en de tels moments, la pensée chancelante s'égarer dans des rêves de toutes sortes, ou l'humeur aigrie se trahir par des plaintes involontaires; des hommes très-vertueux sont sujets, dans la maladie, à ces humiliations de la nature: il semble même souvent que les défauts les mieux domptés reprennent alors leur empire, et remontent comme une écume à la surface de l'âme dans les profondeurs de laquelle la volonté les tenait depuis longtemps refoulés.

Il n'en fut jamais ainsi en M. Hubert : ses divagations passagères ne s'écartaient point du terrain de la piété, et les paroles de son délire étaient le plus souvent des expressions d'obéissance. La mauvaise nature semblait vraiment morte en lui, quoique le naturel restât entier et imprimât souvent à son langage un cachet très-personnel. La veille du jour où il reçut l'extrême-onction, exhortant pieusement ses sœurs : « Oh ! leur disait-il, il n'y a qu'une chose à faire ici-bas : aimer Dieu, l'aimer le plus possible et ne pas s'inquiéter du reste. Si tout va de travers, si on ne réussit pas, tout cela est bien bon ; c'est le bouquet de myrrhe, qu'il faut presser contre sa poitrine. »

Le lendemain, mercredi, 13 juin, après avoir reçu les derniers sacrements : « Je suis bien heureux maintenant, dit-il, je suis en règle. » Puis, s'adressant à Dieu et à la sainte Vierge : « O Père ! Père ! qu'il fait bon être entre les bras de son Père ; on est toujours bien. O Mère ! Mère chérie ! c'est bientôt samedi. » — Ce samedi était le jour où il espérait mourir.

Deux traits qu'on ne peut omettre, en parlant de ses derniers jours, sont la parfaite présence d'esprit avec laquelle il prévit jusqu'aux moindres dispositions à prendre ensuite de sa mort, et une inclination, bien rare chez un malade, à s'occuper plus volontiers des autres que de lui-même.

Il voulut, par exemple, dicter à sa sœur le nom

des anciens condisciples auxquels il faudrait envoyer des lettres d'invitation à ses funérailles ; puis ceux des amis plus intimes auxquels il désirait laisser en souvenir un des livres qui avaient été à son usage : la fatigue, il est vrai, l'empêcha de désigner celui qu'on donnerait à chacun, et sa petite bibliothèque s'est trouvée plus pauvre qu'il ne l'eût fallu, pour réaliser toutes ses intentions affectueuses.

Afin d'abandonner autant que possible à la divine Providence jusqu'à la distribution de ses legs, il voulut que divers objets qui lui appartenaient demeurassent, pour ainsi dire, entre les mains dans lesquelles ils se trouvaient déjà placés. C'est ainsi que les livres par lui possédés à Dijon furent destinés à ceux qui avaient été ses confrères ou ses élèves dans ce séminaire. Son calice fut laissé à la chapelle de la Petite-Œuvre où il s'en était servi pendant tout l'hiver ; son aube et sa chasuble, à la Solitude, d'où il n'avait point encore voulu les retirer.

Son affection et son dévouement pour l'œuvre du séminaire le poussèrent cependant à prendre en sa faveur une disposition positive et très-généreuse, car il désira qu'on lui offrît une partie importante de sa fortune personnelle.

Un autre désir lui fut inspiré tout à la fois par son amour pour la famille sulpicienne, et par sa tendre dévotion envers Celle qui en est la mère : il souhaita de reposer à l'ombre du sanctuaire de Notre-Dame de Lorette, dans le petit cimetière où, depuis M. Émery, viennent se réunir tous ceux des membres de sa compagnie que Dieu appelle à Lui dans les maisons de Saint-Sulpice et d'Issy. Ce que M. Hubert demandait timidement comme une grande faveur, en était une aussi pour ses confrères; après l'exemple de ses vertus et la promesse de ses prières, il ne pouvait leur laisser de plus précieux héritage que ses restes si chers et si vénérés. Mais il y avait un sacrifice à imposer à ses proches, à ses sœurs surtout, auxquelles sa tombe ne serait pas accessible, comme l'eût été la sépulture de famille, où sa mère reposait déjà. Le mourant n'eut pas de peine à obtenir leur consentement, en leur faisant valoir les pieux motifs de son désir. N'était-ce pas, en effet, une grande consolation pour une famille chrétienne de savoir que sa tombe serait visitée chaque jour par les communautés d'Issy et de la Solitude, et chaque semaine par celle du séminaire de Paris? Nulle part sans doute, la fidélité au souvenir des morts n'est poussée plus loin qu'à Saint-Sulpice, où, chaque soir, à la prière commune, les noms de M. Olier et de ses deux premiers successeurs, auxquels on a joint M. Émery, sont encore rappelés dans l'oraison pour les défunts. Chaque jour aussi, presque tous les séminaristes d'Issy, comme leurs directeurs, vont de leur propre mouvement réciter le psaume des morts sous les cloîtres du cimetière. Bien souvent, il est vrai, ceux qui s'acquittent de ce pieux devoir se surprennent à prier pour eux-mêmes, autant et plus que pour ceux dont ils entourent les tombes. Une douce confiance élève leur âme vers le ciel au souvenir de leurs pères et de leurs frères dans la vie sacerdotale. Ce bas séjour dont parle le *De profundis* leur paraît être cette terre sur laquelle nous demeurons encore, tandis qu'ils voient ces prêtres vénérables entourant déjà le trône de Dieu et lui recommandant les prières que nous faisons monter vers lui.

M. Hubert, en édifiant la famille qui l'entourait par des exhortations toutes surnaturelles, y entremêlait d'une manière touchante des encouragements familiers. « Parce que je ne serai plus là, leur disait-il, la maison ne vous paraîtra pas si triste que vous croyez. Vous serez tous réunis d'abord ; et puis, vous ferez peut-être un petit voyage ; cela vous distraira et vous fera du bien. » Comme autrefois, à la veille de son départ pour le séminaire, il tâchait de consoler par avance ceux auxquels il allait manquer.

Telle était la disposition qui le portait toujours, au milieu même de ses souffrances, à s'occuper des autres et de leurs intérêts, petits ou grands. A ceux qui venaient le voir, il était moins prompt d'ordinaire à donner de ses propres nouvelles qu'à en demander d'eux-mêmes et de leurs amis communs. Un séminariste de Paris, bien gravement atteint, mais qui pourtant lui survécut de quelques semaines, avait été, pendant l'hiver, l'objet de ses préoccupations charitables : il ne cessait pas de l'être, et quelques jours avant de mourir, M. Hubert s'informait avec empressement de l'état de M. Boitelle. La veille de sa mort, il s'intéressait aux fonctions que le bon M. Dugrais, qui devait aussi le suivre de près dans la tombe, remplissait ce jour-là même à Issy, dans les offices de la fête du Sacerdoce.

Deux ecclésiastiques des Missions Étrangères qui visitèrent souvent M. Hubert pendant sa dernière maladie, étaient singulièrement édifiés du zèle apostolique dont leur présence réveillait les sentiments dans son cœur. Voici leurs propres paroles : « La sainte Église faisait-elle des conquêtes dans les lointains pays d'Orient, ou quelque nouveau départ de missionnaires allait-il y renforcer la petite armée du Seigneur, aussitôt son cœur débordait de joie. Il s'intéressait vivement aussi à la prospérité de notre séminaire, car, disait-il, « la moisson est grande et les ouvriers sont rares. » Les textes de la Sainte-Écriture, dont il s'était nourri, revenaient souvent sur ses lèvres. Il avait lu la vie de nos martyrs et leurs exemples étaient restés profondément gravés dans son cœur. Il lui arriva même de nous humilier, en nous citant des traits que nous ne connaissions pas. »

L'avenir chrétien des neveux de M. Hubert, quoiqu'ils fussent bien jeunes encore, était aussi l'objet de sa sollicitude et de son zèle. « Il faut, » disait-il à leur mère, « leur donner une très-solide instruction religieuse ; les bons sentiments ne suffisent pas ; » et comme les catéchismes de persévérance n'étaient pas institués dans la ville qu'elle habitait, l'oncle mourant se préoccupait des moyens pratiques de les y introduire ou d'y suppléer.

Un jour, par extraordinaire, on l'entendit demander un verre d'eau ; mais, comme on le lui présentait : « Ce n'est pas pour moi, dit-il, c'est pour ce pauvre homme qui attend à la porte. » La charité, comme l'obéissance, hantait ainsi ses moments de délire passsager.

Son attention pour le bien des autres se soutenait jusque dans les plus minimes détails. Presque à la veille de mourir, au milieu d'une crise très-inquiétante et très-douloureuse, qui tenait groupés autour de son lit tous les membres de sa famille, il remarqua que quelqu'un n'avait pas de siége et demanda qu'on lui en donnât un.

Quelques instants enfin avant de rendre le dernier soupir, voyant entrer de grand matin dans sa chambre une des personnes qui le soignaient, et se souvenant que la veille elle avait souffert de la migraine, il s'informa immédiatement de sa santé : « As-tu passé une bonne nuit, ne souffres-tu plus? » Et comme elle le quittait au bout d'un moment : « Merci bien, lui dit-il encore, de ta petite visite. »

Mais il est temps de revenir au journal de sa maladie, et de le suivre jusqu'au bout, sans aucune digression.

Le lendemain du jour où il avait reçu l'Extrême-Onction, c'est-à-dire le jeudi 14 mai : « A quoi penses-tu? » lui dit sa sœur qui le voyait silencieux. « Je pense que je serai mieux au ciel qu'ici... Que disent ceux qui me voient? Croient-ils que j'en aie pour longtemps? Seigneur, prolongez mes maux, pourvu que vous prolongiez ma patience. » Puis, s'adressant de nouveau à sa sœur : « Priez le bon Dieu pour que j'aie de la patience, car je suis bien agacé et bien faible. »

Le lendemain vendredi, se trouvant pris d'une sorte de faiblesse : « Venez, Seigneur Jésus, disait-

16.

il, et souvent dans la soirée de ce jour il répéta cette aspiration empruntée au cœur de saint Jean : « *Veni Domine Jesu. Ecce venio cito.* » Une heure avant minuit, sa sœur veillait encore près de lui ; « C'est pour demain, lui dit-il, en lui serrant la main d'un air heureux. Oh! bonne nuit, bonne nuit. » Dans sa tendre confiance envers Marie, il s'était persuadé que le samedi auquel on touchait serait le jour de sa délivrance. « Est-il minuit? dit-il un peu plus tard.» — «Pourquoi demandes-tu cela ?»— « Pour saluer le samedi.»— «Tu as toujours bien aimé la sainte Vierge, n'est-ce pas ?»—«Oh oui, et c'est une de mes plus douces espérances. »

Aussitôt minuit sonné : « C'est pour aujourd'hui » s'écria-t-il avec un accent de béatitude, ce qu'il répéta bien souvent pendant les heures suivantes.

Une autre personne veillait à son tour près de lui dans la seconde moitié de la nuit : « Vous vous donnez bien de la peine aujourd'hui » lui dit-il, « mais j'espère que la nuit prochaine nous reposerons tous en paix. »

Ses forces étaient tellement abattues ce samedi matin, que sa prévision parut sur le point d'être justifiée. Un ami qui ne la connaissait point encore étant venu le voir, crut le moment venu de lui dire le dernier adieu. M. Hubert, d'une voix éteinte, lui dit alors à l'oreille quelle était sa pieuse espérance. Elle ne devait pourtant point se réaliser, et il plut à Dieu de prolonger encore son épreuve pendant onze jours, à travers des alternatives de prostration et d'agitation qui ne lui enlevèrent presque jamais sa présence d'esprit, et ne vainquirent point un seul instant son admirable patience.

Dès le lendemain, il disait aux personnes qui l'entouraient : « Vous ne remerciez pas assez le bon Dieu. » — «De quoi? de te prendre?» — «Non, de me prolonger. Que sa sainte volonté est bonne et aimable en tout. Aidez-moi donc à remercier le bon Dieu de me faire vivre encore, de me donner encore des forces... »

Ce même dimanche, pendant une crise violente, on l'entendait s'écrier : « Merci, mon Dieu, merci. O vie douce, bonne vie, c'est la voie du salut. » Peu après, le voyant sourire, on lui demanda : « Tu ris? Tu es donc content? » — « Oui. » — « Et pourquoi? » — « Parce que je fais la volonté de Dieu. »

Tous ceux qui le visitaient ont gardé le souvenir de ce sourire joyeux par lequel il les accueillait toujours. Son état cependant, même dans les périodes de calme relatif, n'était plus qu'une sorte d'agonie perpétuelle. Les brusques soulèvements de sa poitrine oppressée étaient devenus presque aussi fréquents que les battements fiévreux de son pouls ; la sueur coulait souvent sur son visage ; sa bouche desséchée se contractait involontairement, mais aussitôt qu'il s'apercevait de l'approche de quelqu'un, son visage s'illuminait doucement. On eût dit un coureur haletant, qui, touchant au bout de l'arène, et déjà sûr d'emporter le prix, invite en souriant ses amis à se réjouir de sa victoire.

Le mercredi 20 juin, huit jours s'étant écoulés depuis qu'il avait reçu les derniers sacrements, la sainte communion put de nouveau lui être donnée en viatique. Ce matin-là, de pieuses mains avaient répandu un sable neuf sur l'allée du jardin que devait suivre le prêtre, et y avaient effeuillé des roses comme au jour de la Fête-Dieu. Dans cette maison, éclairée par la foi du saint mourant, le Dieu de la vie n'était point reçu avec effroi, comme un visiteur de mauvais augure, et la parole du Sauveur approchant du tombeau de Lazare remplissait toutes les âmes. « Je suis la résurrection et la vie ; et celui qui croit en moi vivra, même après sa mort. »

Fortifiées encore par cette divine visite, la patience et la charité de M. Hubert continuèrent de s'élever au niveau de ses épreuves croissantes. Le lendemain matin, comme on l'engageait à offrir ses souffrances, en réparation des péchés qui seraient commis, tandis qu'il les endurait : « Oh, oui ! » répondit-il en joignant les mains avec ferveur « de tout mon cœur ! »

Bien qu'il mît en Dieu toute sa confiance, et s'interdît de rien demander en fait de soulagements matériels, par un côté cependant, il payait tribut à l'infirmité humaine et l'avouait ingénument : la solitude, qu'il n'avait jamais aimée que par vertu, lui causait maintenant une sorte de tristesse et d'appréhension instinctives : aussi ne le quittait-on plus d'un instant.

« Je suis redevenu comme les enfants, disait-il, j'aime à avoir quelqu'un auprès de moi ; cela m'occupe, quand l'intelligence ne peut plus rien, rien... Auprès des pauvres malades, il faut apprendre la patience. C'est l'exercice de la foi pure, le plus méritoire. »

Après avoir ainsi parlé, le vendredi 22, il eut une crise très-douloureuse au milieu de laquelle il s'écriait encore : « Mon Dieu, mon Dieu, je vous aime, je vous aime de toute mon âme. Oh ! ce sera bientôt fini. Merci, mon Dieu !... Soyez béni. » Puis s'adressant à ceux qui le soignaient : « Remerciez bien le bon Dieu pour moi, mais d'une façon toute spéciale, remerciez-le pour tout ce qu'il m'envoie. Vous ne le remerciez pas assez. Remerciez-le du temps et du lieu qu'il a choisis pour ma mort, quels qu'ils soient.

Ses remerciements à sa famille alternaient avec ses actions de grâces envers Dieu : « Tu m'as rendu un bien grand service, disait-il le samedi 23 à l'une des personnes qui lui avaient été le plus constamment dévouées. Tu m'as aidé à supporter mes petites misères. Mais quand je serai là-haut, je ne l'oublierai pas. Oh ! non. »

Le lendemain, dimanche, il y eut dans son état une amélioration passagère, et il put lui sembler que la fin de son épreuve s'éloignait encore. Fidèle à l'esprit d'abandon et d'actions de grâces : « Mon Dieu, dit-il, je vous remercie du mieux que vous m'accordez. Si cela change, je vous remercierai ; si cela ne change pas, je vous remercierai encore. Mon Dieu, je vous aime extrêmement. »

Le lendemain, lundi, comme on était embarrassé de lui faire humer un œuf, il proposa d'employer une aiguille à tricoter pour en percer le jaune, puis aussitôt ajouta en souriant : « Voilà que je deviens gourmand ; j'ai des recherches ; » un peu plus tard, comme son estomac paraissait supporter ce léger aliment. « Voilà, dit-il, un œuf qui me recule du port. » Le même jour, son père au moment de sortir lui demanda : « Que veux-tu que je te rapporte de Paris ? » — « Rien, dit le malade, absolument rien,» puis, se ravisant avec une pieuse gaieté : « Ah ! si, rapporte-moi un peu d'amour de Dieu, car il ne faut pas rester stationnaire, il faut toujours avancer. »

Cependant, l'épuisement des forces touchait à son terme, et le dernier moment approchait visiblement. Le mardi 26 était le jour où l'on célébrait dans les deux séminaires de Saint Sulpice et d'Issy la fête propre du Sacerdoce de Notre-Seigneur. Un confrère de M. Hubert étant venu le voir et lui rappelant cette date : « Belle fête ! belle fête! » s'écria le prêtre mourant, avec une sorte d'enthousiasme grave et recueilli.

Son confesseur, prévenu qu'il paraissait à l'extrémité, vint aussi dans l'après-midi de ce jour. « Comment vous trouvez-vous, demanda-t-il en entrant dans la chambre du malade ? » — « Pas trop mal, sauf la bouche qui est bien sèche et des quintes de toux de temps en temps ; ce sont de petites misères... » — « De petites misères qui vaudront beaucoup pour l'éternité. » — « Je l'espère de la miséricorde du bon Dieu. » — « Mais est-il vrai que j'aille mieux ? » demanda peu après le pauvre malade, sans que l'on ait bien su ce qui pouvait lui causer cette illusion...« Vous êtes bien toujours, » dit le confesseur, « dans la voie qui vous conduira prochai-

nement à Dieu » — « Ah, tant mieux! répondit
M. Hubert avec une grande ardeur ; puis, comme
son confesseur lui parlait encore de la récompense
éternelle : « Ce n'est pas à cela que je pense, » répondit-il simplement ; « j'aime mieux penser qu'en
souffrant, je fais la volonté de Dieu. »

Une telle parole, sortant du cœur en de telles circonstances, était le digne couronnement de toute
une sainte vie. Celui qui la prononçait à trente ans
avait réellement plus vécu que la grande multitude
des vieillards.

Le frère de M. Hubert, qui veilla dans sa chambre, pendant une grande partie de la nuit suivante,
put encore s'entretenir avec lui des questions qui
leur étaient personnelles. La présence d'esprit du
mourant demeurait entière ; la somnolence seule
l'interrompait par instants.

Ce fut le mercredi matin, comme on l'a dit, que
voyant entrer vers les cinq heures une personne de
sa famille, qui, la veille, avait été souffrante, il s'informa immédiatement de sa santé et la remercia de
sa visite. Puis il demanda un livre pour en feuilleter
les gravures « parce que, disait-il, son intelligence
ne faisait rien et que c'était une fatigue pour lui. »

Quelques moments après, comme sa garde arrangeait la chambre : « Vous êtes bien loin, » lui dit-il,
sa vue se troublant sans doute ; « Que faites-vous? »
— « J'arrange votre chambre parce ce que vous
aurez une grande visite aujourd'hui. » — « Oh oui! »
répondit-il en joignant les mains avec un air de
bonheur : car il savait que M. le curé devait lui
apporter encore une fois le saint viatique comme

les deux mercredis précédents. Dieu cependant réservait à son serviteur une autre communion que celle de la terre.

Un instant plus tard, en effet, la garde s'aperçut d'un affaissement plus marqué. Elle demanda au malade s'il fallait appeler son père. Quelques jours auparavant il avait répondu à pareille question : « Non, ce n'est pas encore mon heure. » Mais, cette fois, il fit un signe affirmatif, embrassa le crucifix qu'il portait à son cou, puis leva les yeux vers celui qui était suspendu à la muraille, et murmura qu'il y avait quelque chose qui l'empêchait de voir ; sa garde commençant alors à se désoler : « Allons, lui dit-il, courage et confiance en Dieu ! » Ce fut sa dernière parole, et le dernier soupir la suivit de près. A 6 heures du matin, ce mercredi 27 juin, M. Hubert s'endormait entre les bras de son Père céleste, comme il l'avait tant désiré.

De bonne heure, la nouvelle en fut apportée au séminaire d'Issy où la communauté de Saint-Sulpice passait la journée, pour la dernière fois avant les vacances. Il fut permis à plusieurs des confrères de M. Hubert et des séminaristes qui l'avaient connu, d'aller prier devant ses restes et de le voir encore une fois sur son lit de mort. Ceux qui le considérèrent de plus près, reçurent alors des impressions ineffaçables. On ne peut dire que sa physionomie continuât d'exprimer la sainte joie qui l'avait animée au milieu des souffrances ; un profond épuisement était peint sur ses traits, comme sur ceux du combattant qui a lutté jusqu'au bout de ses forces. Mais si l'âme avait emporté la joie avec elle, il semblait qu'en se séparant de sa dépouille elle l'eût enseveli dans un linceuil de paix ineffable. Sur ce visage endormi dans la mort, on lisait sensiblement que le moment était venu dont parle l'Imitation, « où la paix sera solide, une paix sans trouble possible, la paix affermie de toutes parts; » de la face de Dieu sur celle de son généreux enfant était descendu ce « fleuve de paix » dont parle la sainte Écriture, et le regard se perdait dans ces eaux divines sans pouvoir en trouver le fond.

CONCLUSION

Un jour qu'à l'infirmerie de Saint-Sulpice il avait
fermé les yeux à l'un de ses condisciples, M. Hubert, après le repas, alla lui faire une dernière visite,
puis descendit dans le cloître où la communauté
prenait sa récréation. « Voyez », dit-il au groupe de
promeneurs auquel il se joignit, « voyez comme
nous sommes peu de chose. Voilà M. J*** entré dans
l'éternité, et tout sur la terre continue son train
ordinaire. Les exercices de la communauté suivent
leur cours ; il semble qu'il n'y ait rien de changé.
Un jour, il en sera de même pour nous ; et puis, on
nous oubliera bientôt, car nous tenons bien peu de
place ici-bas, et tout marche aussi bien sans nous. »
Par un côté, du moins, ce qu'il annonçait ainsi
devait se réaliser pour lui : la force des circonstances,
en ces derniers jours de l'année, s'imposait avec rigueur aux mouvements des deux communautés de
Saint-Sulpice et d'Issy. Elle mit un bien dur obstacle
au vif désir qu'on aurait eu d'entourer d'honneurs
plus complets les funérailles de M. Hubert. Le jour
où elles devaient être célébrées, vendredi 29 juin,
était précisément celui où le séminaire d'Issy entrait
en vacances ; les jeunes gens qui le composaient
étaient attendus par leurs familles dans toutes les

parties de la France. Au séminaire de Paris, les examens de fin d'année s'achevaient ; toutes les heures, jusqu'à la dernière, étaient comptées pour les professeurs comme pour les élèves ; une députation très-limitée put donc seule représenter Saint-Sulpice à la cérémonie des obsèques : mais beaucoup de ceux qui n'y vinrent pas furent présents d'esprit et de cœur. Pour le clergé même des paroisses, ce vendredi, si voisin de la solennité de la Saint-Pierre, n'était pas un jour favorable à une longue absence, et le devoir retint à leur poste plusieurs des meilleurs amis de M. Hubert.

Toutes ces circonstances contraires ne rendirent que plus remarquable le concours encore nombreux que les ecclésiastiques formèrent à l'église de Bellevue et même au petit cimetière de Lorette.

Une radieuse matinée de juin faisait briller sur l'appareil funèbre comme une aurore de résurrection ; la lumière de la foi jetait en même temps ses pures et vives clartés dans les cœurs, et dans ceux même qu'une perte si douloureuse affligeait le plus sensiblement ; aussi des emblèmes de joie et de triomphe se mêlaient aux signes de deuil, dans la modeste décoration de la maison mortuaire : des branchages odorants avaient été semés autour de l'entrée ; la tête et les pieds du cercueil étaient couronnés de fleurs ; au milieu du drap funèbre, deux beaux lys fraîchement cueillis croisaient leurs tiges vertes et leurs corolles immaculées. Savait-on ce qu'un si pur symbole avait dit autrefois à l'âme de M. Hubert, alors qu'il commençait à lire les saintes Écritures et à en goûter les chastes délices ? « Combien une âme parfaite est-elle supérieure aux autres ! » avait-il inscrit à côté de ce texte du cantique de l'époux des âmes : « Celle que j'aime est parmi les autres comme un lys parmi les épines. *Sicut lilium inter spinas, sic amica mea inter filias.* »

Le saint sacrifice fut célébré par M. le curé de Bellevue, sur cet autel de son église au pied duquel M. Hubert avait si bien prié jusqu'au jour d'y monter lui-même. Le cortége prit ensuite le chemin d'Issy en passant par Meudon et les Moulineaux. Plus d'une fois, sans doute, M. Hubert avait suivi cette route, longue d'une heure, lorsque, pendant ses vacances, il venait visiter le séminaire ou la Solitude, sans jamais oublier le sanctuaire de Lorette. Plus d'une fois, en la suivant, son cœur avait battu de la douce émotion qu'éprouvent les enfants de Dieu en approchant de la maison de leur père.

Quelques jours avant de mourir, il avait encore témoigné une joie très-vive, à la pensée qu'il pourrait reposer dans le cimetière de Lorette, non loin du vénérable M. Ardaine, son supérieur de Solitude. Ce désir de son âme allait être accompli.

Vers onze heures et demie, le char funèbre arrivait, par la rue de la Glaisière, à l'entrée du séminaire. Un groupe nombreux de parents, de confrères, d'amis, l'avait suivi à pied, sans se laisser arrêter ni par la chaleur du jour, ni par la longueur du chemin. M. Icard, supérieur général de Saint-Sulpice, avait voulu, malgré ses grandes occupations, donner au cher défunt un dernier témoignage d'affection paternelle, avec les dernières bénédictions de l'Église. Revêtu de la chape noire et entouré d'ecclésiastiques en surplis, il attendait l'arrivée du cercueil à la porte du parc.

Les voitures y furent arrêtées ; car de ce point jusqu'au cimetière c'était, suivant l'usage, par les mains des solitaires, que le corps devait être porté, tandis que des prêtres de Saint-Sulpice tiendraient les coins du drap mortuaire.

Au chant du *Benedictus*, la procession, précédée de la croix, se mit en marche sous les voûtes de verdure ; elle arriva bientôt à la porte de l'humble cloître, où se rapprochent, dans le dernier sommeil, et dans une commune espérance, ceux qui ne formaient dans la vie qu'une seule famille de prêtres. Une croix de bois noir, portant un numéro d'ordre, désigne et protége chaque tombe ; les noms et prénoms du défunt, les lieux et dates de sa naissance et de sa mort en composent toute l'inscription. Quels souvenirs, cependant, et quelles leçons, les vivants trouvent à lire dans le spectacle de ces tombes et de leur rapprochement ! M. Hubert venait se ranger sous le numéro 45 dans cette série de prêtres modestes, qu'ouvre le beau nom de M. Emery. Le dernier qui l'eût précédé, de six mois seulement, était M. Ardaine, dont la foi vive, l'humilité profonde, la charité plus que paternelle, la vie toute d'abnégation, exerçaient sur ses disciples une influence si pénétrante. Le premier qui dût le suivre, de six mois aussi, était le bon M. Dugrais, auquel M. Hubert, depuis son entrée à Issy jusqu'aux dernières visites qu'il y put faire, avait si souvent prodigué les marques délicates de sentiments tout filials. Au contact de M. Ardaine, la vertu de M. Hubert avait

pu se tremper encore, alors que les infirmités croissantes de ce vénérable supérieur mettaient plus que
jamais en relief la sainte énergie de son âme. Auprès
de M. Dugrais, son jeune confrère avait eu à donner, en même temps qu'à recevoir : en compatissant
aux épreuves physiques et morales de cet humble et
pieux vieillard, il avait appris de lui plus d'une
sainte leçon ; mais il n'eut pas le temps d'apprendre
jusqu'au bout l'une des plus difficiles pour les âmes
de sa trempe ; celle de mortifier jusqu'à son
courage, comme disait saint François de Sales écrivant à sainte Chantal.

L'ordre des sépultures précédentes avait laissé
une place vacante entre les tombes de M. Caduc et
de M. de la Foulhouze : elle fut choisie pour M. Hubert. Combien de rapports encore, et combien de
contrastes dans cette rencontre de trois cercueils.
M. de la Foulhouze, vicaire à Saint-Sulpice, avait
été le guide de M. Hubert depuis sa sortie du collége jusqu'à son entrée au séminaire, le premier
confident de sa vocation, et pendant sept difficiles
années, le soutien de sa patience encore plus que de
sa persévérance. Entré à Saint-Sulpice dans les
derniers jours de M. Caduc, M. Hubert, par les belles
espérances qu'il y apportait, et par ses soins affectueux, était devenu l'un des plus chers consolateurs
de ce vénérable ancien.

M. de la Foulhouze, dévoué, depuis le jour de son
sacerdoce, à l'apostolat des jeunes gens, leur avait
été subitement enlevé, à l'âge de quarante ans, et
dans la pleine activité d'un zèle infatigable. « Sa
mort, écrivait M. Hamon, a vraiment été pour

nous, pour la religion, pour la jeunesse, une perte indicible ». M. Caduc, au contraire, avait survécu cinquante ans, dans l'intérieur du séminaire, à la perte de sa santé. Obligé, depuis lors, de renoncer à l'enseignement, il n'avait plus eu, a dit M. Caval, d'autre chaire que la croix, et, pendant cinquante ans, il ne lui avait pas été permis d'en descendre : doué d'une grâce puissante pour sanctifier les âmes, et soumis à de telles épreuves intérieures, que le seul nom de la mort le faisait frissonner, jusqu'à la veille du jour où elle le réunit à Dieu.

Bien différent de l'un et de l'autre, M. Hubert venait à peine de cueillir les prémices de son travail sacerdotal ; il avait salué de loin le jour de sa mort comme un jour bienheureux, et jusque dans les dernières défaillances de la nature, ce sentiment n'avait pas varié en lui. — Aux yeux de Celui qui regarde moins nos œuvres que nos cœurs, qui entend et exauce jusqu'à nos désirs, n'avait-il pas aussi rempli la mesure d'une belle vie ? N'avait-il pas atteint cette « vieillesse vénérable, qui ne se compte point, » dit la parole divine « au nombre des années, mais dont les cheveux blancs sont de sages pensées, et le grand âge une vie sans tache ? »

Au moment où s'achève l'histoire de cette vie pure et généreuse, le plus digne hommage à lui rendre est d'en recueillir les leçons. Consumée trop vite, au gré de nos cœurs, elle en répand du moins un éclat plus vif sur les voies qui l'ont conduite à la sainteté. A ce terme, en effet, sont venues converger toutes les lignes de sa destinée providentielle : riche dotation de nature et de grâce ; vocation éprouvée et fidèlement conservée ; travaux, combats, progrès, victoires.

Cette âme d'élite n'a point à s'attarder dans la lutte contre le mal ; elle est gardée par la main des anges. Sur un sol vierge et sur un roc solide qu'elle jette donc d'emblée le fondement de la perfection : le temps est court ; l'œuvre doit monter haut.

Les plus longues années d'une vie si brève se passent, il est vrai, dans le monde, mais sans être perdues pour l'œuvre qu'elle doit accomplir. Sous les charmants dehors d'un naturel heureux et bien formé, se cache le travail d'une piété profonde, d'une vertu sérieuse et virile. La douceur et l'énergie natives du jeune homme sont déjà toutes pénétrées des influences de la grâce divine.

« Je n'ai rien fait encore », s'écrie-t-il au moment de son entrée au séminaire, et dès le premier jour, il y prend son essor vers les hauts sommets de la perfection. Mais d'où vient qu'une ardeur si sainte aura si vite épuisé sa vie ? L'esprit de Dieu n'est-il pas l'esprit de sagesse ?

A Dieu seul appartient toute l'intelligence de ses desseins ; une leçon pourtant est claire parmi celles qu'il nous donne en la personne de M. Hubert. Si cette âme généreuse a passé les bornes de la prudence, c'est pour avoir ignoré trop longtemps le besoin de la direction : ce n'est qu'au terme d'une longue série d'épreuves et d'expériences intérieures qu'elle l'a comme découvert et pleinement compris.

Dieu cependant met lui-même la main à l'achèvement de son œuvre. Détaché dès l'enfance des vanités de la terre, M. Hubert doit encore, à l'école des peines spirituelles, se déprendre de tout ce qui n'est pas l'essentiel de la grâce et de la vertu. C'est dans l'année de son noviciat, c'est à la veille de son sacerdoce, qu'il arrive au terme de ce long travail. La maxime de la Solitude, DIEU SEUL SUFFIT, est vraiment devenue sa maxime personnelle.

Il est mûr alors pour le ciel auquel il aspire ; il ne cueillera les prémices du travail sacerdotal que pour en faire l'objet de son dernier sacrifice.

Il reste ample matière aux esprits méditatifs pour s'étendre, ils en ont l'attrait, les points de vue d'un résumé si sommaire. Cette notice demeurera plus fidèle à son caractère en recueillant seulement, pour achever le portrait de M. Hubert, quelques nouveaux passages de ses lettres et des témoignages qu'on lui a rendus. Aux lignes d'une trop froide esquisse, ils ajouteront du moins quelques touches de coloris et quelques traits de vigueur.

Dans le travail de sanctification qui prit tant d'intensité en M. Hubert depuis son entrée au séminaire, on a sans doute remarqué comment il s'attachait, suivant les temps, à la poursuite particulière de telle ou telle vertu, se courbant sur le sillon et le creusant jusqu'au bout. Sa correspondance de vacances ouvre à ce sujet d'intéressants aperçus.

« Si vous avez la patience de l'ouïr, » écrivait-il gaiement au mois d'août 1874, « je vous ferai, en passant, une petite confidence. J'ai toujours envié beaucoup et continue d'envier votre heureux caractère, votre bonne figure toujours joyeuse et sou-

17.

riante, semblable à ces roses parfumées, qui s'épanouissent, pleines de fraîcheur et d'éclat, aux premiers rayons du matin (demeure, Pégase, je t'en conjure), et votre humeur toujours égale et prévenante. Oh ! que vous possédez là un précieux trésor, et comme il serait bon à vous de prier le bon Dieu d'en rendre un peu participants les êtres moroses et grognons qui se présentent en ce moment à votre esprit ! Vous le ferez, n'est-ce pas ? Ce sera un acte bien méritoire de charité, car rien dans une communauté n'aide à gagner les cœurs, et à faire quelque bien au cher prochain comme cet abord avenant, et cette physionomie toujours saintement gaie, dont je vous demanderai volontiers le secret.

« Pendant les vacances mêmes, nous pouvons être fort utiles aux personnes qui nous entourent, et les édifier grandement par notre piété profonde, forte sans affectation, et bien joyeuse. J'insiste sur ce dernier point, bien plus pour l'instruction de votre malheureux confrère, qui a tant besoin de se pénétrer de ces conseils, que de la vôtre ; oui, les personnes du monde sont fort touchées de cette alliance des solides vertus chrétiennes avec l'amabilité et la rondeur du caractère : c'est au parfait mélange de ces choses excellentes, que saint François de Sales a dû et doit encore son prodigieux succès. »

Un an plus tard, avec le même ami, la note est bien différente :

« L'important est d'être intimement convaincu de cette grande vérité, que le bonheur est dans la souffrance. Ce qui rend la chose dure à croire, et comme contradictoire en apparence, c'est qu'il nous répugne souverainement de souffrir, ne fût-ce qu'une piqûre de puce. Nous nous imaginons que le bonheur dont on nous parle est une délectation sensible, assez forte pour contre-balancer et annihiler la douleur devant laquelle nous fuyons : là gît l'erreur. En réalité ce bonheur ne réside, sauf exception, qu'en la fine pointe de l'âme, et point dans le corps qui souffre et se débat; point davantage dans la partie inférieure de l'âme qui gémit et crie: *Transeat calix.* Chose étrange, il a son siége dans cette faculté de l'âme qui n'a rien à voir avec la délectation après laquelle notre maudite nature court sans cesse et partout ; dans la volonté, exactement comme l'amour de Dieu !..... »

« Voyez-vous, le moyen unique de se pénétrer de ces simples, claires, profondes vérités qui transforment l'âme, est d'y penser sans cesse devant Dieu, dans la prière. Quand le bon Dieu ne nous en accorderait l'intelligence qu'au bout de cinquante ans d'une prière assidue, ne devrions-nous pas éclater en actions de grâces pour cette faveur qui nous établit dans la vérité et nous donne Dieu lui-même? »

Ces deux lettres, comme les deux profils d'un célèbre crucifix, rapprochent deux expressions opposées. mais solidaires, de la sainte physionomie de M. Hubert : cette cordialité joyeuse et cet amour de la souffrance dont ses exemples expliquent bien les intimes et vivants rapports. Cependant, s'il y a un temps pour se donner charitablement au prochain, et un temps pour s'unir à Dieu par le sacrifice du cœur, il y a aussi, pour tous les temps, un principe de vie chrétienne qui domine et relie tous les devoirs particuliers. L'esprit de foi en est le nom pratique : il suppose l'habitude, passée en seconde nature, de se placer, en toutes sortes de sujets et de circonstances, au point de vue de nos fins surnaturelles et des maximes de l'Évangile, comme le financier se place instinctivement au point de vue de l'argent, et l'artiste au point de vue du beau. Toutes les perspectives de la terre sont projetées par l'homme de foi sur les horizons de l'éternité. C'est le contre-pied de l'esprit d'un monde, qui rétrécit toutes ses vues dans les limites de la vie présente, et ne tolère la religion qu'aux heures de la prière et dans l'enceinte du temple.

Comme tous ceux dont l'esprit s'est formé près de ce monde, M. Hubert eut besoin d'un profond travail sur lui-même pour se purger entièrement de ses malsaines influences. Aussi, le contraste vivement senti entre la vie de foi et l'esprit du monde reparaît souvent dans ses lettres :

« Il y a un mot de Notre-Seigneur, » écrit-il par exemple, « qui m'a toujours vivement pénétré : *Quoniam abundavit iniquitas, refrigescet caritas multorum.* Oui ; c'est là, ce me semble, un des grands dangers de notre époque. La vie de la foi, qui jadis s'exprimait de mille manières, et dans la vie civile, et dans la vie publique, au dedans des maisons et à l'extérieur, sur les chemins et sur les places ; cette vie de la foi est maintenant tout intérieure en ceux chez lesquels elle persiste : extérieurement, toute manifestation a cessé, et même, nous supportons difficilement les débris de ces démonstrations publiques, autrefois si éclatantes : une procession, la robe d'un franciscain nous paraissent de l'autre siècle. Et pourtant, on ne peut méconnaître qu'il n'y ait là pour la foi un puissant secours. Rien ne glace tant que le commerce de gens tièdes, indifférents, et qui semblent persuadés que tout doit finir avec cette vie ; pour qui le sage est celui qui jouit le plus ici-bas.

« Nous sommes plongés dans l'illusion des apparences. L'homme en réalité n'est grand que par sa ressemblance à Dieu. Mais le monde ne voit que la beauté du corps et celle de l'esprit ; il dépense toute son estime à louer les dons purement naturels; quant à ceux de la grâce, il ne les soupçonne même pas. Et cependant, rien n'est plus réel, plus profond, plus solide et plus durable. Tout doit disparaître devant ce feu intérieur, qui est une participation à la vie divine, et au prix duquel le génie même n'est rien. » —Ailleurs encore, parlant des fins dernières auxquelles bon gré, mal gré, doit aboutir notre vie : « Quand on est pénétré de ces vérités, dit-il, on sent le besoin de crier à tous les hommes comme David : *Filii hominum usquequo gravi corde? utquid diligitis vanitatem?* Oui, à quoi pensent-ils? que font-ils, les malheureux ? Ils courent après des fantômes, ils s'étourdisssent, se grisent du matin au soir, et tous les jours, jusqu'au dernier, et alors le voile tombe et ces terribles vérités qu'on a traitées de chimères se dressent devant le malheureux pour l'accabler. »

M. Hubert obtint à un degré peu commun la grâce de s'affranchir de l'esprit du monde, et de faire régner le pur esprit de foi sur tous les départements de sa pensée : le don de l'infuser en toutes sortes de sujets, petits ou grands, si remarquable en ses conversations, ne l'est pas moins dans ses lettres.

Ses parents de province se plaignaient un peu de ne plus recevoir, comme autrefois, ses aimables visites à l'époque des vacances : « L'important » répondait-il, « n'est pas de se voir souvent en ce monde, mais de se retrouver dans le ciel et d'y vivre ensemble sans crainte d'être désormais séparés. »

Une personne de sa famille venait de terminer un voyage d'agrément qui n'avait point été sans mélange de petites contrariétés : « Il est donc fini, » lui écrivait M. Hubert, « ce brillant et doux voyage, si longtemps rêvé et désiré, il est fini comme toutes les choses de la terre ; il a passé, et qu'en reste-t-il? d'agréables souvenirs, de riantes imaginations, qui viendront de temps en temps réjouir notre existence dans les moments de peine ; mais surtout les mérites que nous y avons acquis, par les petits ennuis généreusement portés qui sont venus, comme autant d'aimables ennemis, fondre sur nous les uns après les autres, à commencer par les nuages du Righi pour finir par notre fluxion. »

Un jeune homme, dont il avait souvent égayé l'enfance, lui annonce son premier succès dans un examen public. Après quelques paroles de félicitations, M. Hubert veut sur un ton aimable lui donner une leçon sérieuse :

« Sais-tu ce qui m'est venu en tête à la nouvelle

de ton triomphe? la joie que tu pouvais en ressentir? ta satisfaction d'être débarrassé d'un examen qui pèse comme un ennuyeux fardeau sur les épaules? le contentement de ta famille et de tes amis? Non; point du tout; mais la vanité des choses de ce monde, fût-ce des boules blanches, avec les éloges qui les accompagnent. »

« Grande est mon audace, n'est-ce pas, ou plutôt bizarre est cette cervelle où se forgent d'aussi singulières imaginations. Soit; cependant, écoute jusqu'au bout, et après, juge si tu peux, condamne si tu l'oses. »

Peu après son départ pour Dijon, une autre séparation avait eu lieu dans la famille qu'il avait laissée à Paris. Il renouvelle à cette occasion des adieux pleins d'affection, puis continue bientôt : « Voilà la vie humaine. Réunis aujourd'hui, on est séparé demain, et ce sera toujours à renouer et à dénouer jusqu'au moment béni où c'en sera fait pour toujours. Alors plus de séparation : on se verra, on se comprendra, on se parlera même sans cesse, ou plutôt on lira les uns dans les autres sans se parler, et quelles choses ravissantes! On y verra les merveilles du bon Dieu dans chacun de ses élus ; on y suivra l'histoire de sa bonté infinie pour l'âme de chacun de nos parents, de nos amis. Oh! quelle ravissante lecture! »

« Hélas! chère sœur, il faut en attendant ce béni moment, traîner sa misère le plus joyeusement possible, comme le mendiant qui marche sous ses guenilles vers le palais où il doit les changer pour la pourpre royale...., cela viendra un peu plus tôt, un plus tard ; en somme cela viendra vite, probablement plus vite que nous ne pensons, et alors, ce sera la vraie vie, comme dit saint Paul, *vera vita*; ce sera le jour de notre naissance à la bienheureuse éternité; *natalis dies* : voilà comme il faut renverser les choses pour se mettre au vrai point de vue et dans la vérité. Que ce monde nous semblera petit et mesquin, que les stériles agitations de ces hommes qui remplissent tout de leur nom nous sembleront ridicules et basses ! Pauvre sœur, nous dominons de cent pieds, nous chrétiens, tous ces pauvres gens. »

« Voilà la vie, » dit-il une autre fois, « on ne fait jamais pleinement ce qu'on veut, et on n'est jamais tout à fait comme on voudrait être. Aussi, ceux-là sont-ils bienheureux et jamais déçus, qui ne désirent pas grand'chose et aiment volontiers à n'être guère bien. Pauvre sœur ! il en faut porter, n'est-ce pas, avant d'arriver au terme du voyage ? Mais aussi, ne sommes-nous pas seuls à supporter le faix ; un autre plus puissant nous aide, et nous console en chemin, et voilà que nous passons paisiblement, et même assez joyeusement, les années de notre pèlerinage terrestre. N'importe, le dernier de nos jours sera un bien beau jour, s'il plaît au bon Dieu ! »

Il commençait seulement sa seconde année de séminaire lorsqu'il écrivait à un parent dans une lettre du nouvel an : « Lorsqu'on pense sérieusement à tout le bien qu'on peut faire en une année saintement employée, on est plein de joie et de reconnaissance envers Dieu. Combien d'hommes, hélas !

vont perdre cette année comme ils ont perdu les précédentes..... Que d'illustres savants, que d'hommes d'Etat, que de hauts personnages voudraient, au dernier jour, échanger leur savoir, leurs combinaisons, leurs dignités, contre la foi naïve d'une pauvre femme ou d'un petit enfant! Tous leurs efforts seront perdus parce qu'ils n'auront pas été faits dans la pure intention de glorifier Dieu et de lui plaire. »

« Le temps, le temps » écrivait-il encore quelques mois plus tard « Oh, quel précieux trésor! Amassons, amassons, soyons avares ; sou à sou, thésaurisons ces biens que la rouille et les voleurs ne sauraient nous ravir. Ah, les gens persévérants! qui nous donnera des persévérants? Ceux-là viennent à bout de tout : ils trouvent moyen d'acquérir dix talents avec un seul. »

Peu d'idées reparaissent plus fréquemment dans ses lettres de cette époque que celle du prix surnaturel du temps. Voici comme il y revient encore, aux vacances de 1874: « N'y aurait-il pas folie, et folie insigne, à perdre, ou même à négliger en partie, quelques-unes des miettes de ce très-précieux temps, sous prétexte de changement de ciel, de domicile, d'habitudes, de milieu? Qu'importe tout cela? Dieu demeure ce qu'il est; ses droits à notre amour sont aujourd'hui ce qu'ils étaient hier ; et nous-mêmes, qu'importe la distance où nos corps ont été transportés? Qu'importent les objets nouveaux qui les récréent? Ne sommes-nous pas au fond ce que nous étions hier ? et la mort reculera-t-elle, si elle doit bientôt venir, parce que nous habiterons non plus le centre, mais les extrémités de la France. »

« Ces distractions qui nous sont imposées, » ajoute-t-il avec grâce et profondeur, « nous habituent à demeurer unis à Dieu, malgré les changements du dehors, rentrant dans la petite cellule de notre âme, pour y trouver Celui qui seul mérite de fixer notre amour et nos pensées. »

Au zèle du progrès personnel, il veut qu'on joigne toujours celui de l'édification du prochain. Mais voici de quelle manière paisible et libre il entend que s'exerce en famille ce zèle de tous les moments : « En parlant, en agissant, ayons fréquemment, du fond du cœur, un regard vers ce Dieu, qui habite en nous et nous est intimement présent, et demandons-lui de nous bénir, de nous donner de faire, de dire, ce qui lui doit rapporter le plus de gloire et au prochain plus d'édification. Pas de contention, pas de fastidieux sermons, mais en tout beaucoup de joyeuseté et de sainte allégresse ; pas d'empressement, ni de trouble, ni de précipitation ; mais un recueillement modeste, accompagné d'entrain et d'épanouissement extérieur. De temps en temps, pour assaisonner le tout, un bon petit mot venant du cœur, une pieuse réflexion, et voilà. »

Avait-il à consoler un ami de la perte d'une personne chère, il le faisait presque toujours dans l'esprit des lignes suivantes : « Y a-t-il rien de plus efficace que ces vérités ? Dieu m'aime plus que je ne fais moi-même. Il sait mieux que moi ce qui m'est bon. Il pouvait m'épargner un coup si douloureux. C'est donc sa main pleine d'amour qui m'envoie cette épreuve, afin que j'en sorte plus parfait et plus digne de lui. »

Il conseillait le même remède, dans toutes les peines de la vie, et ne craignait pas, en pareil cas, de se citer en exemple, pour être plus persuasif. Il écrivait, quelques mois avant sa mort, à une parente atteinte d'une maladie grave : « Il ne faut pas penser au passé, et surtout, ne point se préoccuper de l'avenir : nous sommes entre les mains de notre Père céleste, qui dispose de nous pour le mieux, bien que souvent nous ne comprenions pas ses voies. Je vous assure que j'aime beaucoup à me rappeler ces vérités, car, moi aussi, j'ai grand besoin de soutien en ce moment. Ma santé est sérieusement délabrée, et j'ai été obligé de revenir à Paris pour me refaire; mais, au train dont vont les choses, je crois que vous reviendrez sur l'eau avant moi. En vérité, j'en serai ravi, et je ne crains pas trop de n'être guère bien, parce que rien n'est plus précieux au monde que la croix, et qu'en somme, il vaut mieux et il est plus sûr de souffrir que d'agir. » Cette dernière pensée était profondément entrée dans son esprit, depuis surtout qu'il avait débuté à Dijon dans l'exercice du saint ministère. Il y revient souvent dans ses lettres à un jeune prêtre, qui fut, dans les derniers mois de sa vie, l'un de ses correspondants privilégiés.

« Tentation subtile de croire que l'activité extérieure, si conforme ordinairement à nos goûts naturels, fait plus de bien que l'inaction; comme si l'inaction, voulue de Dieu, et par conséquent bénie de lui, ne pouvait attirer sur nos frères autant de grâces que des paroles, des œuvres, si souvent, hélas ! mêlées d'amour-propre. L'action, et surtout l'action couronnée de succès marquants, me semble infiniment plus dangereuse pour une âme médiocre, et par conséquent beaucoup moins souhaitable que cette impuissance où le bon Dieu nous met de travailler au dehors pour Lui. » M. Hubert s'exprimait souvent dans le même sens en conversation, spécialement au sujet de la prédication. Le danger d'y mêler des recherches d'amour-propre alarmait son âme, jalouse d'aimer Dieu très-purement.

La lettre précédente est du 30 janvier 1877. Il ajoutait deux mois plus tard dans l'une des dernières qu'il ait écrites : « En général, on est plus sûr, à notre âge surtout, de faire purement la volonté de Dieu, dans la passion que dans l'action ; voilà pourquoi je n'envie pas trop votre sort. »

Depuis longtemps, d'ailleurs, il écartait par ce genre de raisons les condoléances et les remontrances que l'altération de sa santé lui attirait. Une lettre du mois d'août 1875, après son retour de Cauterets, présente à ce sujet d'autant plus d'intérêt, qu'il s'y exprime avec un plus grand abandon ? « Je n'ai jamais bien compris cette parole si souvent répétée, et par de très-saintes gens : « Avec une robuste santé, vous ferez beaucoup plus de bien. » Plus de bruit dans le monde, plus de discours, plus d'œuvres de zèle, soit ; plus de bien réel, je ne sais. Assurément, celui qui, sciemment et volontairement, a détraqué sa machine a mal fait en cela, parce qu'il a été contre la volonté de Dieu, qui nous donne la santé comme tout le reste, intelligence, biens de la fortune, etc. ;

pour que nous le tournions à sa gloire. Mais ce ne sont là que des moyens, et quand Dieu nous retire ces moyens, il ne faut pas nous en affliger, puisqu'après tout, ils ne sont pas nécessaires à l'œuvre que nous devons faire en ce monde. Pâtir vaut bien agir. Si nous avions le choix, il vaudrait mieux peut-être choisir la passion que l'action : mais nous n'avons pas le choix. Dieu nous donne-t-il les moyens d'agir, agissons ; les enlève-t-il, souffrons : qu'importe en fin de compte. *Unum est necessarium :* glorifier Dieu, et pour y arriver, tout est bon. Voilà ce me semble la consolation des consolations, et le très-sûr moyen de rester en paix au milieu des vicissitudes de notre chétif organisme. »

« N'allez pas au moins conclure, mon bien cher maître, que ce bavardage tende à excuser mes sottises d'autrefois ou à justifier celles que j'espère bien ne plus commettre à l'avenir. Non ; ce sont simplement des idées qui me reviennent souvent en tête, sous mille formes, et que, faute de matière plus intéressante, je confie à votre indulgence, en acceptant pleinement d'avance, et ratifiant de bon cœur, ce que vous y trouverez à reprendre. »

On voit bien maintenant à quel point l'esprit de foi avait pénétré toutes les vues et toute la conduite de M. Hubert. Redouter une activité, naturellement pleine d'attrait pour lui ; estimer la souffrance, non-seulement de loin et en théorie, mais alors qu'elle est présente et s'attache à tous ses pas : ce sont deux signes assez manifestes de cette vie de foi que les maximes de l'Évangile avaient implantée dans son âme.

Il n'en continuait pas moins de redouter pour lui-même, comme pour les autres prêtres, l'influence de l'esprit du monde. « Il en est du prêtre au milieu du monde, écrivait-il, comme d'un fer chauffé à blanc et transporté sous un ciel glacé. Heureusement, les sacrements et la prière sont là, pour ranimer dans nos âmes le feu du saint amour; mais avec quelle avidité il faut puiser à ces sources pour réparer nos pertes! »

C'était encore contre l'esprit du monde qu'il protestait dans les lignes suivantes : « Je crois qu'il n'est pas, même parmi les bons chrétiens, de vérités plus méconnues que celles dont l'ensemble peut s'appeler doctrine de la croix. On sait, on dit que la croix a sauvé le monde ; que notre qualité de membres de l'Église nous oblige à souffrir comme notre divin modèle; que, d'ailleurs, des peines d'un moment méritent un poids éternel de gloire, etc. On dit tout cela, et vienne la moindre misère, c'est un brusque changement de langage ; et quelles raisons spécieuses ne met-on pas en avant pour justifier ses plaintes, voire même la plus grande gloire de Dieu, comme si rien pouvait mieux glorifier Dieu que l'acceptation paisible et joyeuse de notre croix. »

« N'est-il pas vrai qu'il en faut toujours venir là, que c'est l'*alpha* et l'*oméga* de notre vie, notre raison d'être, notre pensée constante, notre amour, notre force, notre joie même, car il n'y a dilatation d'âme qu'au prix de l'abnégation et de la croix.

Ces lignes peuvent servir de dernier trait à cette espèce de portrait de M. Hubert que sa correspondance vient de nous retracer. Elles sont de la fin de sa vie, et la résument tout entière. Mais s'il est juste que l'amour de la croix ait le dernier mot dans cette esquisse d'une vie dont il fut l'âme, n'est-il pas juste aussi de rappeler encore combien la croix a rendu M. Hubert aimable et secourable à ses frères ? Non, ce n'est pas pour lui seul qu'il a recueilli le baume de cet arbre du salut, et sa mémoire n'a pas cessé d'en exhaler les bienfaisants parfums. Mille inspirations de charité s'étaient élevées en son cœur, du sacrifice même des mille sentiments humains qu'il avait mortifiés au pied de la croix, depuis les joies naïves de la première jeunesse, jusqu'à la dernière ambition d'exceller, fût-ce dans la vertu. Tant de peines aussi, de corps et d'esprit, noyées l'une après l'autre dans le cœur sacré du Sauveur, avaient formé chez le disciple cette science chrétienne de la souffrance qui est en même temps la science des solides consolations.

« Béni soit Dieu » disait saint Paul, « béni soit ce Père de miséricorde et ce Dieu de toutes consolations. Il nous console en toutes sortes d'épreuves, afin qu'à notre tour, nous puissions consoler toutes les âmes éprouvées, car les exhortations que nous leur adressons sont les mêmes que Dieu nous adresse. » Cette parole inspirée nous explique mieux que toute autre la douce puissance attachée aux exhortations de M. Hubert.

Vers le temps de sa mort, un jeune et vertueux ecclésiastique, souffrant depuis longtemps aussi d'une maladie très-douloureuse, rendait à cette puissance un bien touchant hommage. « Dans mes souffrances aiguës, avouait-il, je ne puis entendre

personne me parler de patience et de résignation.
M. Hubert seul avait le don de le faire sans m'irriter.
Il y avait dans son accent un tel sentiment de conviction, qu'il m'était impossible de lui résister. » Beaucoup d'autres ont pareillement éprouvé dans la souffrance l'heureux effet de sa parole. Le souvenir de
ses derniers entretiens sur l'excellence des contrariétés de la vie, reste vivant et fécond en ceux qui
les ont recueillis. « Il avait à un haut degré, » ajoute
un de ses condisciples, « le don de rendre la vertu
aimable ; il le devait à un complet oubli de lui-
même. Tout entier aux autres, il ne cherchait qu'à
leur être utile et agréable, sans s'occuper de sa
propre personne ; à le voir consoler ceux qui souf-
fraient, on eût dit qu'il n'avait lui-même rien à
souffrir. »

Rien ne prouve mieux l'entière vérité de ce portrait que l'accord unanime et le ton pénétré de
toutes les personnes qui se sont exprimées sur la
mémoire de M. Hubert. Un petit nombre de témoignages, à peine choisis entre beaucoup d'autres,
achèveront d'en donner l'impression.

Un prélat vénérable écrivait au père du défunt :
« Très-excellent ami, après la vie, après la mort
héroïque de votre cher fils, ce n'est pas lui que nous
devons pleurer. J'ai prié, je prierai encore, mais
surtout pour vous et votre chère famille. »

« Vous vous rappelez peut-être, » écrivait un
médecin, « la vive impression qu'avait produite sur
mon esprit, tout au début de sa carrière médicale,
le talent précoce de ce jeune homme. Il était aisé
alors, sans être prophète, de lui prédire de brillants

succès. Il a eu de plus hautes ambitions que celles de ce monde ; il a choisi la meilleure part, et il a aujourd'hui sa récompense. »

Un autre ami de son père, moins préparé à comprendre une telle vocation, n'en disait pas moins : « Léon était trop pur, trop parfait, trop grand, pour vivre dans ce monde, où le mal occupe une si large place. C'est donc vous que je plains. »

Un jeune médecin protestant avait été, dans l'internat, le principal émule des succès de M. Hubert ; il parvenait, au moment de sa mort, aux plus brillants honneurs professionnels qu'un homme de son âge pût ambitionner. « Hubert-Valleroux, écrivait-il, est le plus noble cœur et la plus belle intelligence que j'aie jamais rencontrés. »

Mais les éloges les mieux proportionnés aux mérites de M. Hubert sont certainement ceux des personnes que leurs sentiments et les circonstances ont le plus rapprochées de lui pendant les dernières années de sa vie.

Les lignes suivantes, d'un condisciple digne de l'apprécier, disent beaucoup déjà, malgré leur forme négative : « C'est à peine si j'ose dire que j'ai connu M. Hubert ; les trois années que j'ai passées près de lui sont précisément celles où le principal but de ses efforts semblait être le *nesciri et pro nihilo reputari* de l'Imitation. Jamais nous n'avons été en correspondance ; je me sentais trop humain, trop terrestre dans mes pensées et mes affections, pour oser les lui communiquer. C'est donc uniquement un souvenir intérieur que je conserve de lui, mais un souvenir profond et ineffaçable. »

« Je n'approchais de lui qu'avec un sentiment de respect », ajoute un autre condisciple entré pourtant bien plus avant dans l'intimité de M. Hubert. « Il a exercé sur le séminaire, sans en avoir conscience la plus efficace et la plus salutaire influence. Tous nous avions l'œil sur lui, et maintes fois j'ai entendu faire son éloge avec une véritable vénération. Pour moi, je ne saurais perdre le souvenir de cette figure si grave, si douce, si reposée ; de cette conduite si pleinement surnaturelle : *je lui dois une partie notable de mon éducation cléricale.* »

« Quelle grâce de pouvoir contempler de ses yeux les actions d'un saint », répond un confrère de Solitude de M. Hubert. « Dirai-je jamais tout le bien que mon âme en a retiré ? pourrai-je jamais assez en bénir, en remercier Dieu ? Non ; je ne le crois pas. Aussi, de tous les souvenirs dont cette année de Solitude est pour moi si riche, le plus doux, je dirais presque le meilleur, est celui de cet excellent confrère. — Avec un courage qui ne connut point de défaillance, M. Hubert marcha toujours droit à Dieu, et de tous les exemples de vertu qu'il nous a laissés, c'est sans contredit sa constante et son énergique fidélité qui m'ont le plus édifié. »

« Malgré la brièveté de son passage à Dijon, son souvenir y prêchera longtemps », disait peu après la mort de M. Hubert, son ancien supérieur dans ce séminaire ; et il ajoutait, près d'un an plus tard : « Le souvenir de profonde estime et de pieuse vénération que nos jeunes gens gardent unanimement pour M. Hubert montre qu'ils étaient dignes qu'il leur fût envoyé. »

« Ecoutez-le, ce cher défunt, » écrivait-on enfin aux plus proches témoins de ses derniers exemples ; « il vous parlera longtemps encore ; il vous enseignera la voie de la sainteté, et vous conduira, un jour, au terme qu'il a atteint d'un seul bond, à cause du grand élan qu'il avait pris. »

Mais si nous vous écoutons ainsi, bien-aimé frère, n'allez-vous pas blâmer ceux auquels vous donniez ce nom de ce qu'ils ont paru vous louer ?

Ils ne le craignent point, parce qu'ils ont parlé dans la simplicité de leur cœur. Ce sera toute leur excuse ; et nous pourrons, n'est-ce pas, tout concilier et tout conclure par ce mot de la divine Mère que vous-même traduisiez ainsi : « Le Tout-Puissant a fait en moi de grandes choses : à Lui seul en revient la gloire. »

TABLE

Préface. IX

Chapitre I.   Jeunesse de M. Hubert dans le monde. . .   1

Chapitre II. Le Séminaire d'Issy.   56

Chapitre III. Le Séminaire de Saint-Sulpice   98

Chapitre IV. La Solitude. 166

Chapitre V.   Derniers travaux, dernières souffrances. . 210

    I.   Le Séminaire de Dijon. 210

    II. Dernier hiver à Paris. 237

    III. Dernière maladie à Bellevue 259

Conclusion. 276

PARIS. — IMP. V. GOUPY ET JOURDAN, RUE DE RENNES, 71.